하나님의
허용하심과 작정하심

저자 김만근 목사

ἐς Ἰησοῦς

도서출판 카리타스

하나님의 허용하심과 작정하심

발행 2023년 8월 18일
지은이 김만근
펴낸이 박수정
발행처 도서출판 카리타스
등록번호 제 3-144호
주소 부산광역시 동구 중앙대로 298
전화 051)462-5495
ISBN 978-89-97087-70-9

하나님의
허용하심과 작정하심

저자 김만근 목사

- 목 차 -

5

서 문

　목회자의 길을 걷기 위해 신학대학원을 다니던 중 2016년 20대 국회의원 선거를 앞두고 출마를 염두에 두었습니다. 그리고 이에 대한 성경적 판단을 얻기 위해 나를 지도하시던 고故 이승철 목사님께, 목회자의 길을 걸으려고 하는 사람이 정치를 해도 되는지 상담을 받은 적이 있었습니다.

　이 자리에서 고故 이승철 목사님께서는 하나님의 '허용하심' 과 '작정하심' 사역에 대해 짧게 설명을 하셨고 오래지 않아 하나님 곁으로 가셨습니다.
　이후 나는 목사 안수를 받고, 생활 사역을 하기 위해 직접 제조업을 운영하였습니다. 그리고 전투와 같은 치열한 현장 경험을 통하여 하나님의 '허용하심' 으로 운영되는 세상 속에서 살아가는 자연인과 '작정하심' 으로 관장하고 있는 그리스도인에 대해 어떤 뜻을 가지고 계시는지, 그리고 우리는 그 뜻을 어떻게 알 수 있는지, 또한 우리를 위해 무엇을 준비하시는지 등을 알고자 하였습니다.

　이 세상은 믿는 자든, 믿지 않는 자든, 많은 사람들이 오로지 돈! 돈! 돈! 하며 경제문제로 아우성을 치고 있습니다. 살얼음판을 걷는 금융 거래, 사업의 부도나 직장을 잃어 실의에 빠진 사람들, 그리고 삶의 목적을 잃고 방황하면서 생활보호대상자가 되어 정부가 주는 보조금에 의지해 미래의 희망을 잃고 살아가는 사람들을 바라보면서, 하나님께서 허용하시는 우리의 삶이 고작 이것이었던가? 하는 회의가 들었던 것도 사실입니다.

나는 넓은 오지랖 관계로 힘든 나날을 보내었고 또한 무심한 고통 속에서 살았던 적도 있었습니다. 하지만 진리는 사람의 말이 아니라 오직 성경 말씀이기에 생활 목회 과정에서 경험하는 일상들을 통해 하나님의 '허용하심'과 '작정하심'의 사역에 대해 깨닫고자 했습니다.

이제 나는 그동안의 경험을 통하여 하나님의 두 가지 사역인 '허용하심'과 '작정하심'의 법칙들이 우리의 삶에 어떻게 적용되고 운용되는지 내주하신 성령님의 도움으로 독자들에게 전하고자 합니다.

믿음이란 한계를 넘어서야 합니다. 나는 그것을 '절대 믿음'이라 부릅니다. 성경에서 진술하는 초대교회의 선진들이 그랬고, 로마의 탄압으로 산채로 사자 밥이 되면서도 기쁘게 주를 찬양했던 중세시대 믿음의 선진들이 그랬고, 2차 세계대전 당시 아우슈비츠 가스실에서 죽음을 맞이하면서도 시편(시편 23:1~6)을 낭송하며 세상보다 하늘나라를 소망했던 믿음의 선진들이 그랬습니다.

"여호와는 나의 목자시니 내게 부족함이 없으리로다.
그가 나를 푸른 풀밭에 누이시며 쉴 만한 물 가로 인도

하시는도다. 내 영혼을 소생시키시고 자기 이름을 위
하여 의의 길로 인도하시는도다. 내가 사망의 음침한
골짜기로 다닐지라도 해를 두려워하지 않을 것은 주께
서 나와 함께 하심이라 주의 지팡이와 막대기가 나를
안위하시나이다. 주께서 내 원수의 목전에서 내게 상
을 차려 주시고 기름을 내 머리에 부으셨으니 내 잔이
넘치나이다. 내 평생에 선하심과 인자하심이 반드시
나를 따르리니 내가 여호와의 집에 영원히 살리로다
(시 23:1~6)"

이렇듯 믿음이란, 우리 자신에게 어떠한 상황이 닥치더라도 변
함이 없어야 합니다. 그렇다고 믿음이 '자기 확신'으로 착각되어
서도 안됩니다.
　믿음은 어떠한 환경속에서도 그 환경을 대하는 우리의 반응을
입술을 통해 드러나야 하는 것이며, 믿음은 반드시 행위가 전제 되
어야 하기 때문입니다.

　하나님께서는 우리에게 직접 그 모습을 드러내시지 않지만 만물
가운데에서 나타내시는 행사만으로도 충분히 하나님을 알 수 있습
니다. 그렇기에 이 책에서는 우리 그리스도인들이 하나님의 '허용
하심'으로 통치되고 있는 이 세상 속에서 겪는 고난과, 시련을 중
심으로 하나님으로부터 택함을 받은 '작정된 자'들을 향한 뜻이
어떻게 나타나고 또한 우리가 그러한 사실들을 어떻게 알 수 있는
지, 그리고 그 뜻을 깨닫기 위해서 우리는 어떻게 해야 하는지, 성
령님의 도움으로 그 비밀들을 독자들에게 알리고저 합니다.

이제 '작정된 자' 들의 일상 속에서 나타나는 하나님의 음성 즉, 하나님의 간섭을 통해 나타내시는 '설득하심' 으로, 독자 여러분들의 믿음이 더욱 더 공고히 세워져 늘 주님과 함께 동행하는 삶이 되시기를 진심으로 간구懇求 드립니다.

참고로 이 책에서는 독자들에게 내용을 알기 쉽게 전달하고자, 출처가 불분명한 인용문들이 있음을 밝혀드립니다.

끝으로 나는 목사가 된 지금까지도 뇌리에서 떠나지 않는 고故 이승철 목사님의 가르침이 이제는 땅속 깊이 뿌리를 내려 줄기를 내고 꽃이 피고 열매를 맺을 수 있을 것으로 믿습니다. 하지만 자라게 하시는 이는 오직 하나님이심을 고백하면서 이 책을 고故 이승철 목사님 영전에 바칩니다. 주님의 은혜가 내게 족합니다.

> *"그런즉 심는 이나 물 주는 이는 아무 것도 아니로되 오직 자라게 하시는 이는 하나님뿐이니라 (고전 3:7)."*

한 점으로 이어지는 그대의 삶

故 이승철 목사님의 영전에 바치는 시

김만근

그대
꺼질 줄 모르는 불꽃으로 살다가
연기처럼 사라진 빛의 전사여 사명자여

세상은 천박하기 그지없었지만
그대 거룩함을 잃지 않음은
오직 주의 영광 때문이었음이라

그래도 살아 숨 쉬는
이 세상 모든 것들을 사랑했던 가슴 뜨거운 이여

거대한 역사의 줄기가 여지없이 휘어지는 변곡점 變曲點 에서
그대가 찍은 점 하나는
먼 옛날 선대로부터 시작된 그 한 점에 또 한 점으로 남아
역사의 징검다리로 끈질기게 이어질 것이기에
그대는 이내 사라질 세상 속에서 그렇게 불꽃을 피웠으리라

이제 또 다시
변화의 거대한 물결이 이는
역사의 변곡점 變曲點 에 다다랐기에
그대는 그렇게 힘들게 싸웠고
역사가 원래 그러하지 않았음에
당연한 일들을 그러하게 하려
그대는 그토록 싸웠던 노라

오늘
불꽃처럼 살다간 그대의 영정 앞에서
새로이 옷깃을 여미는 것은
그대가 남긴 한 점에 또 이렇게 남겨진 자들의 한 점으
후대에 이어질 것이 자명하기 때문에

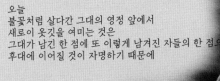

11

하나님의 택함을 받은 자녀들의 삶

하나님의 가족

하나님의 가족은 누구입니까? 그것은 바로 하나님, 예수님, 성령님, 그리고 우리 그리스도인들입니다. 다시 말하자면 우리는 예수그리스도와 형제이며 하나님의 자녀들입니다. 그렇기 때문에 우리는 하나님과 한 가족입니다. 이렇듯 우리가 아버지이신 하나님과 한 가족이라면 하나님은 어떻게 만날 수 있을까요?

사실 사람들 눈에 보이는 음식은 40일을 먹지 않아도 살 수 있다고 합니다. 하지만 눈에 보이지 않는 공기는 불과 4분만 마시지 않아도 죽습니다. 이렇듯 눈에 보이는 음식보다 눈에 보이지 않는 공기가 훨씬 더 중요하다는 사실을 잘 알 수 있습니다.

우리가 숨을 쉬어보면 그 사실을 잘 알 수 있는 것은 비록 공기는 눈에 보이지 않지만 공기가 있다는 것은 느낄 수 있습니다.

그렇습니다. 하나님께서도 눈에 보이지는 않지만 예수님을 만나보면 하나님이 계시다는 사실을 확실하게 알 수 있습니다.

예수님께서는 직접 인간의 몸으로 이 땅에 오셨으니 그것은 우리가 알 것 아닙니까? 이렇듯 비록 우리의 눈에는 보이지 않지만 이 세상 우주 만물을 만드신 하나님께서 바로 우리의 아버지이시고 가족입니다.

> *"곧 창세 전에 그리스도 안에서 우리를 택하사 우리로 사랑 안에서 그 앞에 거룩하고 흠이 없게 하시려고 (엡1:4)"*

> *"우리가 주목하는 것은 보이는 것이 아니요 보이지 않는 것이니 보이는 것은 잠깐이요 보이지 않는 것은 영원함이라 (고후 4:18)"*

요즘 믿음이 좋다고 하시는 분들이 말실수를 많이 하는 것을 봅니다.

예수님께서는 우리와 형제로서 친구처럼 대할 수 있습니다 (눅 12:8). 하지만 하나님께서는 비록 자비하신 분이시기는 하지만 엄연한 우리의 아버지로서 경외의 대상이십니다. 그런데 마치 자신이 하나님과 친구가 되는 것처럼 많은 성도들 앞에서 과시하거나 막말을 서슴지 않는 교회 지도자들이 있습니다. 물론 하나님을 친구처럼 대하고 싶어 하는 그 마음을 모르는 바는 아니지만, 자신의 믿음이 그 순간은 자랑이 될지 모르겠으나 하나님의 진노를 피할 수 없을 것입니다.

신앙과 믿음은 하나님의 은혜로 주어지는 것이며, 온전히 나와 하나님과의 관계입니다. 그렇기 때문에 신앙과 믿음을 자기 것이라고 남들에게 자랑할 수 있는 것이 아닙니다. 만약 당신에게 어떤 신념이 있다면 그것은 하나님과 당신과의 관계로 가져가야 합니다.

이처럼 우리는 하나님과 나와의 관계를 은밀하게 즐길 줄도 알아야 합니다.

> *"너는 기도할 때에 네 골방에 들어가 문을 닫고 은밀한 중에 계신 네 아버지께 기도하라 은밀한 중에 보시는 네 아버지께서 갚으시리라(마 6:18)"*

'패러다임과 메타인지' 라는 용어가 있습니다.

'패러다임' 이란 어떤 한 사람의 견해나 사고를 지배하고, 이론적 틀이나 개념의 집합체입니다. 즉 '나' 라는 사람이 세상을 바라보고 있는 색안경이자 그에 따른 행동과 말들, 즉 행위라고 할 수 있습니다. 그렇다면 이 패러다임이 우리가 예수님을 믿고 받아들이는데 왜 중요할까요? 그것은 지금 당신은 예수님을 그리스도로 믿고 있지만 아직 당신의 삶에 변화가 없다면 '패러다임' 을 바꾸어야 하기 때문입니다. 그것은 지금 당신이 끼고 있는 색안경은 당신의 삶을 변화시키지 못하고 있기 때문에, 성경적 삶을 살아가는 '패러다임' 으로 바꿔야 한다는 사실을 지적하는 것입니다.

그렇다면 패러다임은 어떻게 바꿀 수 있을까요? 물론 한 사람의 가치관을 바꾼다는 것은 안경을 바꾸는 것처럼 그렇게 쉽지는 않습니다. 하지만 스스로 '메타인지' 능력을 키우면 바꿀 수 있습니다.

메타인지란? 자신을 객관적으로 바라보는 능력입니다. 당신의 세계관이나 종교관을 바꾸려면, 당신 자신을 3인칭의 시점으로 바라보면서 당신이 외부의 자극에 쉽게 반응하는 사람이 아닌, 자유의지로 자신을 컨트롤할 수 있게 하는 것입니다.

거울을 생각하면 쉽습니다. 거울에 비춰진 당신을 바라보고 있는 그 모습을 제3자라고 가정하고 거울 속에 있는 당신에게 질문하면서 직접 컨트롤하면서 훈련 하십시오. 이런 식으로 당신의 삶을 성경적인 삶으로 패러다임을 바꾸면 결국 현실의 당신을 바꿀 수 있게 됩니다. 이렇듯 당신은 하나님과 한 가족이며 예수그리스도와 형제라는 사실을 메타인지 능력으로 패러다임을 바꾸어 주님 안에서 성공하는 삶을 살아가야 합니다.

아버지이신 하나님께서는 우리에게 어떤 마음으로 계실까요?
부모의 심정을 나타내는 이런 이야기가 있습니다. 하루는 어느 여성이 친정어머니에게 찾아와서 어머니의 눈치를 조심스럽게 살피며 고백을 합니다. *"어머니 화내지 마세요. 도저히 힘들어서 못 살겠어요. 이혼해야겠어요."* 어머니는 딸의 그 말을 듣고 너무 속이 상해했습니다. 딸은 어머니의 속상해하는 모습을 보고 죄송한 마음에, *"어머니 제가 이혼한다고 속이 상하셨어요? 죄송해요"* 라고 말하니, 어머니는 딸에게 이렇게 말합니다.

『 *"내 딸아 그것이 아니란다. 너는 결혼하기 전에도 내 딸이었고, 결혼하고 나서도 내 딸이었고, 지금 이혼을 한다고 해도 내 딸이다. 그런데 내가 가슴이 미어지는 것은, 네가 이혼하려고 마음먹기 까지 얼마나 오랜 시간을 '혼자서 고민하고, 혼자서 울었겠으며, 혼자서 애태웠을까' 하고 생각하니, 그것이 내 마음을 너무 아프게 하는 것뿐이란다." "너는 그 결심까지 오랜 시간 동안 가슴 아파하며 지냈을 텐데 어미는 그것도 모르고 있었구나. 내 딸아 이 어미가 오히려 미안하다.*』 그렇습니다. 이것이 곧 부모의 마음이며,

15

가족의 사랑입니다.

지금 당신이 이 책을 읽고 있다면 당신은 앞으로 10년 또는 20년 후를 생각해 보십시오. 그때 만약 오늘을 기억한다면 아마 충분히 할 수 있음에도 하지 않았던 일로 인해 매우 실망할 것이 분명합니다. 충분히 '그럴 수 있겠다' 라는 생각이 든다면 지금 당장 세상에 얽매어 있는 마음속의 닻줄을 끊고, 자유 함이 기다리는 하나님의 항구로 떠나십시오. 하나님께서는 당신이 펼친 돛에 '성령' 이라는 무역풍을 실어주셔서, 당신이 진정한 가치를 발견하게 될 그곳으로 안내할 것입니다. 그곳에 영혼의 닻을 내리십시오.

"우리가 이 소망을 가지고 있는 것은 영혼의 닻 같아서
튼튼하고 견고하여 휘장 안에 들어가나니 (히 6:19)"

당신의 가치를 발견하는 변화의 비밀은 한 번에 한 걸음씩이면 충분합니다. 당신이 매일 주님을 영접하는 삶을 살아간다면 오랜 시간이 지나지 않아 많은 사람들이 당신의 변화된 모습에 매우 놀랄 것입니다. 사람은 '좋은 칭찬 한마디로 두 달은 힘을 얻고 살아갈 수 있다' 고 말하지만 하나님의 칭찬은 '영원히 사는 힘' 이라는 사실을 꼭 기억하십시오.

인생에서 가장 중요한 날에는 '두 가지가 있다' 고 합니다. 하나는 '자신이 태어난 생일' 이며, 또 하나는 '내가 왜 이 세상에 태어났는지?' 그 이유를 알게 하는 날이라고 합니다. 당신에게 그날은 곧 '오늘' 입니다.

당신은 '오늘' 이라는 시간 속에서 하나님을 만나야 하며, 그때는 곧 '지금' 입니다.

지금 당장 하나님께로 나아가십시오. '지속적인 개선은 지연된 완성보다 낫다' 라고 했습니다. 우리 인생에서 꼭 필요한 것은 '무지한 도전정신' 만으로 뭉쳐진 자신의 의지로 '오늘' 다 끝장내는 것이 아니라 매일 매일 한 걸음씩 하나님 앞으로 다가가는 일입니다.

그것은 마치 도공 장인이 도자기 빚듯 하나님께서 우리를 조금씩 빚어 가시는 것과 같으며 목공 장인처럼 우리를 조금씩 조각하고 계시는 것과 같습니다. 예술품은 하루아침에 '짠~' 하고 완성되어 드러나는 것이 아닙니다. 만약 당신이 집안 '청소를 한다' 고 생각해봅시다. 이것저것 정리 정돈도 안된 상태에서 일주일이나 지나서 '한꺼번에 청소를 한다' 고 하면 당신이 생활하는 공간은 매일 매일 어지럽게 널려진 공간에서 생활하게 될 것입니다. 하지만 계획을 세워 오늘은 욕실, 내일은 주방, 모래는 베란다 등 매일 매일 하나씩 계획적으로 관리해 나간다면 당신은 매일 깨끗한 환경 속에서 생활할 수 있지 않겠습니까?

이렇듯 만약 당신이 좋지 않은 습관을 가지고 있다면 이 역시 지속적인 개선을 통해 완성도를 높일 수 있습니다. 그렇기 때문에 당신의 마음속에 세상의 염려가 어지럽게 널려있다면, 매일 조금씩 치워내고 아버지이신 하나님과 교통할 수 있는 공간을 만들어 가십시오.

때로는 누구나 목적지에 가기 위해 잘못된 선택을 할 수 있습니다. 그것을 알아차린다면 주저하지 말고 빨리 돌이키면 됩니다.

당신은 신령한 것을 사모하는 사람입니다. 그래서 예수님을 그리스도로 영접하여 하나님의 자녀가 되었고, 또 당신은 인생 전반을 통해 신령함을 사모하면서 예수님과 함께 살아가기를 원합니다. 세상의 칭찬이나 비난에 마음 두지 않고 정말 청산에 살듯이 그렇게 신령한 마음으로 살고 싶어 합니다. 교회 봉사도 열심히 하고, 성경 말씀을 잘 지켜 일상에서도 모범을 보이고 살고 싶어 합니다. 그리고 많은 사람들도 도우면서 살고 싶어 합니다.

그래서 당신은 목사님에게 묻습니다. *"목사님 어떻게 하면 그렇게 살 수 있습니까? 상세하게 알려주십시오."* 라고 말입니다. 하지만 정말 당신은 세상의 칭찬이나 비난에 마음을 두지 않고 살고 싶은 것일까요? '아닙니다.' 오히려 '그렇게 살기 싫다' 는 말입니다. 그렇다면 당신이 하나님의 자녀로서 '그렇게 살고 싶다' 고 하면, 그렇게 살면 되는데 왜 안 될까요?

사실인즉, 지금 당신은 착각하고 있기 때문입니다. 솔직히 당신은 그렇게 살기 싫어서 그렇게 되지 않는 것입니다. 다시 말하자면, 당신은 '그렇게 살고 싶은데 안 되는 것' 으로 착각하는 것입니다.

이렇게 생각해봅시다. 당신이 '아내하고 정말 사랑하고 살고 싶은데 안 된다?' 곧 그것은 착각이고 거짓말입니다. 냉정하게 말하면, 당신이 싫어서 안 되는 것이지 만약 정말 그렇게 아내를 사랑하면서 살고 싶다면 사랑하면 되는 것입니다. '사랑하고는 싶은데 사랑할 수가 없다' 라는 말은 '사랑하기 싫다' 라는 뜻입니다. 즉 당신은 예수님을 사랑하고는 싶은데 사랑할 수 없는 것과 같은 이치입니다.

이유는 다른데 있지 않습니다. 당신은 지금 '왜?' 라는 말을 하고 싶기 때문입니다.

아내는 당신을 사랑하지 않는데, '왜? 당신만 사랑해야 하느냐?' 라는 보상심리가 당신의 내면에서 마치 뱀처럼 똬리를 틀고 앉아 있는 것입니다. 솔직히 사랑하는데 내 마음 네 마음이 어디 있겠습니까? 사랑하는 데는 조건이 없습니다.

이것은 이래서 안 되고, 저것은 저래서 안 된다고 하면 되는 것이 아무것도 없습니다. 솔직히 당신에게 사랑하는 마음이 일어나지 않기 때문에 서로의 관계가 행복하지 않은 것입니다.

서로의 관계가 행복하려면 당신 자신은 아무것도 아닌 줄 알아야 하지만, 솔직히 당신은 그러한 사실을 인정할 수 없는 것입니다. 당신은 가진 것이 많은 줄 압니다. 그렇기 때문에 자신도 모르게 자존심부터 튀어나옵니다. 만약 돈이나 명예가 있으면 더할것입니다. 이렇듯 당신은 돈이나 명예가 없다고 하더라도, 내세울것이 많은 사람입니다. 하지만 그런 것은 별것 아니라고 생각해야합니다. 당신 자신을 철저히 내려놓아야 합니다.

그렇게 당신이 별것 아니라고 생각하면 누가 당신을 칭찬해봐야별것 아닐 것이고 또 비난한다고 해도 당신은 별것 아닐것이라고생각될 것입니다. 모두 다 당신 마음입니다.

모든 것은 당신의 생각이 문제인 것이지, 당신이 청산에 살듯이신령하게 살고 싶으면 그렇게 살면 되고 또 교회 봉사도 열심히 하고 성경 말씀 잘 지키고 일상에서도 모범이 되고 싶으면 그렇게 하면 됩니다. 사실 그렇게 하는 것이 당신에게 '아무것도 아니다' 라고 생각하면 별것 아닙니다. 그런데 당신은 그렇게 하면 되는데 굳이 '그렇게 하고 싶다' 라고 표현하니 곧 그것이 당신의 발목을 잡게 되는 것입니다.

> *"오라 우리가 아침까지 흡족하게 서로 사랑하며 사랑함*
> *으로 희락하자 (잠 7:18)"*

사실 우리는 엄청난 착각 속에서 살아가고 있습니다. 하나님의 자녀이면 하나님의 자녀인 것입니다. 그렇게 하나님의 자녀로 살아가시면 됩니다. 다만 당신의 마음이 문제일 뿐 여기에는 어떤 특별한 방법이 있는 것이 아닙니다.

그럼 불교 용어 하나를 예를 들어보겠습니다.

아상我相이라는 용어가 있습니다. 이것은 실체적인 자아自我가 있다는 그릇된 관념을 의미하는 불교 교리라고 하는데, 아상我相이나, 아만我慢이라는 두 단어는 오늘날 거의 비슷한 말로 쓰이고 있다고 합니다. 이는 일반적으로 자기가 최고라는 생각, 잘 났다는 생각, 교만심, 월등의식 등으로서 요즘 말로는 자존심으로 해석할 수 있습니다. 즉 나我 를 드러내는 표현을 말한다고 합니다.

그렇다면 현실의 나는 누구입니까? 예를 들어 만약 내가 차를 타면 '승객' 이라 불릴 것이고 식당에 가면 '손님' 으로 불릴 것입니다. 그리고 아내에게는 '남편' 이 될 것이며 부모에게는 '자식' 이 될 것이고 교회에 가면 '신자' 로 불릴 것입니다.

이렇듯 우리는 일상에서 접하는 환경에 따라 나라는 자신이 다르게 불립니다. 그러면 이 가운데 어떤 나가 진짜 나이겠습니까? 환경에 따라 나라는 존재가 다르니 모두 나라고 할 수 있습니까? 아니면 환경에 따라 달리 불리는 것이니 나자신이 아니라고 할 수 있겠습니까?

사실 우리는 그때그때 마다 그 불리어지는 존재가 나我라고 생각합니다. 하지만 그것은 착각이라는 것입니다. 그렇다면 우리는 현실에서 이 문제를 어떻게 받아들여야 되겠습니까? 이렇게 생각해 봅시다. 하늘의 뭉게구름은 시시각각으로 호랑이가 되었다가, 코끼리가 되었다가, 또 꽃이 되었다가, 또 어떤 때는 그리운 사람의 얼굴이 되기도 합니다. 그렇다고 과연 그것이 호랑이고, 코끼리이며, 꽃이고, 그리운 사람 얼굴이겠습니까? 사실 거기에는 아무것도 없습니다. 단지 허상虛像일 뿐입니다.

따라서 우리가 현실에서 불리는 나라는 존재는 처해진 환경에 따라 이리저리 불릴 뿐이지, 거기에는 '승객' 이라는, '손님' 이라는 특성이 전혀 없습니다.
이렇듯 우리는 이 세상에서 여러 모습으로 살아가지만 진짜 나라는 존재는 어느 것도 아니기 때문에 우리는 항상 착각 속에서 살아갈 수밖에 없는 것입니다.

우리는 영원하지 않은 이 세상의 삶에서 우리의 영원한 실체도 모른 채 그냥 여러 이름으로 불리어지면서 살아갑니다. 그렇다면 나는 누구이며 당신은 누구입니까? 대체 나와 당신, 그리고 우리의 실체는 무엇이란 말입니까? 그것은 바로 우리는 예수그리스도와 형제이며 하나님의 자녀라는 사실뿐입니다.

하나님께서는 당신을 선택하셨습니다. 그분은 당신이 하나님의 자녀로서 영생에 이르게 하시려는 계획을 가지고 계시기 때문에 '오늘', '지금'이라는 이 시간에 당신을 들어 사용하려고 하십니다. 이를 위해 하나님께서 태초로부터 당신을 콕 찍어 '선택하시고 오랫동안 기다려 오셨다'는 사실은, 기적처럼 놀라운 일이 아닐수 없습니다. 그렇다면 성경에서 어떻게 진술하고 있는지 한번 확인해 보겠습니다.

나는 너를 너무나도 잘 아니라
"여호와여 주께서 나를 살펴 보셨으므로 나를 아시나이다 (시 139:1)"

너의 앉고 일어섬과 생각을 알고
"주께서 내가 앉고 일어섬을 아시고 멀리서도 나의 생각을 밝히 아시오며 (시 139:2)"

너의 모든 행위를 너무나 잘 알며
"나의 모든 길과 내가 눕는 것을 살펴 보셨으므로 나의 모든 행위를 익히 아시오니 (시 139:3)"

너의 머리털을 다 셀 정도이다
"너희에게는 머리털까지 다 세신 바 되었나니 (마 10:30)"

이는 내 형상대로 너를 만들었고

"하나님이 자기 형상 곧 하나님의 형상대로 사람을 창조
하시되 남자와 여자를 창조하시고 (창 1:27)"

너는 항상 내 안에서 살며 기동하며 존재하기 때문인 것은

"우리가 그를 힘입어 살며 기동하며 존재하느니라
(행 17:28 상반절)"

너는 나의 소생이기 때문이라

"너희 시인 중 어떤 사람들의 말과 같이 우리가 그의 소
생이라 하니 (행 17:28 하반절)"

복중에 너를 짓기 전에 내가 너를 알았고

"내가 너를 모태에 짓기 전에 너를 알았고 네가 배에서
나오기 전에 너를 성별하였고 너를 여러 나라의 선지자
로 세웠노라 하시기로 (렘 1:5)"

내가 창세 전에 너를 택하였노라

"곧 창세 전에 그리스도 안에서 우리를 택하사
(엡 1:4 상반절)"

너는 우연히 아니라 너의 정한 날이 내 책에 다 기록되어 있고

"내 형질이 이루어지기 전에 주의 눈이 보셨으며 나를 위
하여 정한 날이 하루도 되기 전에 주의 책에 다 기록이
되었나이다 (시 139:16)"

너의 태어날 때와 살 곳을 정하였노라

"인류의 모든 족속을 한 혈통으로 만드사 온 땅에 살게
하시고 그들의 연대를 정하시며 거주의 경계를 한정하
셨으니 (행 17:26)"

내가 너를 '신묘막측神妙莫測' 하게 만들었고

"내가 주께 감사하옴은 나를 지으심이 심히 기묘함이라
(시 139:14 상반절)"

어미의 모태에서 지었으며

"주께서 내 내장을 지으시며 나의 모태에서 나를 만드셨
나이다 (시 139:13)"

내 너를 취하여 태어나게 하였노라

"나의 어머니 배에서부터 주께서 나를 택하셨사오니
(시 71:6)"

나를 모르는 자들이 나를 잘못 알았지만

"나는 스스로 온 것이 아니요 아버지께서 나를 보내신 것
이니라 (요 8:42 하반절)"

나는 너와 함께 있는 사랑이니라

"하나님이 우리를 사랑하시는 사랑을 우리가 알고 믿었
노니 하나님은 사랑이시라 사랑 안에 거하는 자는 하나
님 안에 거하고 하나님도 그의 안에 거하시느니라

(요일 4:16)"

이 사랑을 너에게 아낌없이 줄 것이다

"보라 아버지께서 어떠한 사랑을 우리에게 베푸사
(요일 3:1 상반절)"

너는 나의 자녀이고 나는 너의 아비니라

"하나님의 자녀라 일컬음을 받게 하셨는가
(요일 3:1 상반절)"

육신의 아비가 줄 수 없는 것을 내가 주리니

"하물며 하늘에 계신 너희 아버지께서 구하는 자에게 좋
은 것으로 주시지 않겠느냐 (마 7:11 하반절)"

나는 온전한 아비니라

"그러므로 하늘에 계신 너희 아버지의 온전하심과 같이
(마 5:48 상반절)"

각양 좋은 은사와 온전한 선물이 다 내게로부터 오나니

"온갖 좋은 은사와 온전한 선물이 다 위로부터 빛들의 아
버지께로부터 내려오나니 (약 1:17 상반절)"

네게 있어야 할 것을 내가 아니라

"너희 하늘 아버지께서 이 모든 것이 너희에게 있어야 할
줄을 아시느니라 (마 6:32 하반절)"

너를 향한 나의 생각은 평안이요 너의 장래에 소망을 주려는 것은

"너희를 향한 나의 생각을 내가 아나니 평안이요 재앙이 아니니라 너희에게 미래와 희망을 주는 것이니라 (렘 29:11)"

내가 무궁한 사랑으로 너를 사랑하기 때문이라

"내가 영원한 사랑으로 너를 사랑하기에 인자함으로 너를 이끌었다 하였노라 (렘 31:3)"

너를 향한 나의 마음을 헤아릴 수 조차 없는 것은

"하나님이여 주의 생각이 내게 어찌 그리 보배로우신지요 그 수가 어찌 그리 많은지요 (시 139:17)"

나는 너로 인하여 기쁨을 이기지 못하여 노래 부르며

"그가 너로 말미암아 기쁨을 이기지 못하시며 너를 잠잠히 사랑하시며 너로 말미암아 즐거이 부르며 기뻐하시리라 하리라 (습 3:17 하반절)"

너에게 복 주기를 멈추지 아니하리니

"내가 그들에게 복을 주기 위하여 그들을 떠나지 아니하리라 (렘 32:40)"

너는 곧 내 것이라

"너희는 모든 민족 중에서 내 소유가 되겠고 (출 19:5)"

내가 너에게 복을 주며, 나의 전심을 다하여
너를 이 땅에 세우리라
  *"내가 기쁨으로 그들에게 복을 주되 분명히 나의 마음과
  정성을 다하여 그들을 이 땅에 심으리라 (렘 32:41)"*

보아라! 내게 말하라 크고 비밀한 일을 네게 보이고 이끌 테니
  *"너는 내게 부르짖으라 내가 네게 응답하겠고 네가 알지
  못하는 크고 은밀한 일을 네게 보이리라 (렘 33:3)"*

네가 마음과 성품을 다하여 구하면 나를 만나리라
  *"만일 마음을 다하고 뜻을 다하여 그를 찾으면 만나리라
  (신명기 4:29 하반절)"*

나를 기뻐하라, 네 마음의 소원을 이루어 주고
  *"또 여호와를 기뻐하라 그가 네 마음의 소원을 네게 이루
  어 주시리로다 (시 37:4)"*

네가 소원을 두고 행하기를 원하노라
  *"자기의 기쁘신 뜻을 위하여 너희에게 소원을 두고 행하
  게 하시나니 (빌 2:13 하반절)"*

네가 구하거나 생각하는 것 보다 넘치도록 주리니
  *우리 가운데서 역사하시는 능력대로 우리가 구하거나 생
  각하는 모든 것에 더 넘치도록 능히 하실 이에게
  (엡 3:20)*

나는 너의 위로자이며

영원한 위로와 좋은 소망을 은혜로 주신 하나님 우리 아
버지께서 너희 마음을 위로하시고
(살후 2:16 하반절~2:17 상반절)

모든 환난 중에도 너를 위로하리라

"우리의 모든 환난 중에서 우리를 위로하사
(고후 1:4 상반절)"

너의 마음이 상할 때 내가 너를 더욱 가까이 할 것이며

"여호와는 마음이 상한 자를 가까이 하시고 충심으로 통
회하는 자를 구원하시는도다 (시 34:18)"

양을 안는 목자같이 내가 너를 품속에 안으리라

"그는 목자 같이 양 떼를 먹이시며 어린 양을 그 팔로 모
아 품에 안으시며 (사 40:11 상반절)"

솔직히 우리는 죄인이었습니다. 알고 있듯이 죄인이라는 것은 죄
의 종이라는 말이며 죄의 종은 사망에 이를 수밖에 없습니다. 하지
만 이 말의 이면에는 우리가 사탄의 노예 상태에서 벗어나면 '죽
지 않는다'는 뜻도 함께 내포되어 있습니다.

그렇다면 죽지 않고 영생함을 얻는 방법은, 새 생명으로 다시 태
어나는 길 뿐인데, 그 부활함을 입는 것은 사탄의 종인 상태에 있
는 우리가 '죄 사함 받는 길' 밖에 없습니다. 바로 그것 때문에 예
수님께서 이 땅에 오신것입니다.

이 길은 내가 노력하고 우리의 머리를 돌려서 가는 길이 아닙니다. 또한 이 길은 우리 스스로가 갈 수 있는 길도 아니며 반드시 하나님께서 이끌어 주셔야만 갈 수 있는 길입니다.

빛은 어디에나 있습니다. 하지만 우리는 이기심 때문에 스스로 어둠 속에서 헤어 나오지를 못하고 있습니다. 욕망과 탐욕이 함께하는 이기적인 마음속에서는 성령님께서 절대 거하실 수가 없습니다.

우리는 욕구欲求를 가지고 있습니다. 그런데 이 욕구는 생존을 위한 기본적 욕구입니다. 사람은 잠을 자야 하며, 먹어야 되며, 배설과 배뇨를 해야 합니다.

만약 잠을 다 잤는데 또 자려 하면 잘 수 없는 것이고, 이미 먹고 배부른데 또 먹을 수 없는 것처럼 이러한 욕구는 기본적 욕구 또는 생활적 욕구로서 무한정 커지는 것이 아니라 충족되는 욕구입니다.

욕구의 사전적 의미는 생활체의 '생리적 · 심리적 기구機構'에 생기는 부족 상태를 보충하며, 과잉 상태를 배제하려는 생리적 · 심리적 과정이라 정의하고 있습니다. 그리고 생명을 유지하고 생활을 무사히 영위하기 위하여 외부 환경에 적응하면서 물질을 교환하고 또한 사회적 접촉을 하는 것입니다.

그리고 이런 과정을 통해, 생활체의 생리적 기구 내의 물리화학적 성질이 어느 한계 내에서 변동하게 된다고 합니다. 그리고 이 변동이 한계에 도달하게 되면 생명의 위험을 초래하게 되기 때문에 우리의 인체는 이에 대한 자율 조절 기능을 가지고 있습니다. 즉 욕구는 충족의 대상으로서 욕구 없이는 생활체가 유지될 수 없기 때문입니다.

하지만 이 욕구에 '바라는 것欲'이 '더 바라는 것'으로 바뀌면 욕망欲望이 됩니다. 이 욕망의 사전적 의미는 '충족이 가능한 생물학적 욕구나 요구와 달리 충족될 수 없는 사회적 구성물로 다른 주체들과의 상호관계 속에서 그리고 이 주체들을 매개로 삼는 것'입니다.

그렇기에 욕망은 기본적 욕구와는 달리 상대적 욕구로서 예를 들면 더 편한 침대에서 잠을 자고 싶다, 또는 지금 먹는 음식보다 더 맛있는 것을 먹고 싶다 등 기본적 욕구 외에 바라는 것을 더하는 것이라 할 수 있습니다.

따라서 생존적 욕구는 끝이 있지만 상대적 욕구인 욕망은 끝이 없습니다. 그래서 상대적 욕구는 타인이 아니라 자기 자신을 해치는 경우가 많습니다.

즉 형편이 되지 않으면서 고급침대를 들인다든지, 오늘 맛있는 음식을 먹기 위해 일주일 식사비를 소비한다든지, 따라서 개인적으로는 이 욕망을 절제해야만 만족할 수 있습니다.

그리고 자기도 해치고 남도 같이 해치는 것이 있습니다. 그것은 욕망을 넘어선 탐욕貪慾이라고 하는 괴물입니다. 이는 지나치게 탐하는 욕심이기 때문에 반드시 버려야 합니다. 지나치게 많은 욕심(시 119:36)이나 부당하게 탐하는 욕망에 대해 예수님께서는 탐욕이 사람을 더럽게 하는 인간의 '일반적인 속성'이라고 가르쳤으며(막 7:22), 사람의 생명이 소유의 넉넉함에 있는 것이 아니기 때문에 탐욕을 물리치라고 권면하셨습니다(눅 12:15).

성경의 진술에서 빛의 자녀로서 탐욕은 그 이름이라도 멀리해야 하고(엡 5:5), 탐욕에 단련된 자는 '저주의 자식'이라고 선포하고 있습니다(벧후 2:14). 특히 교회의 직분 자들의 기본 요건으로 탐욕이 없어야 한다는 사실이 강조되고 있음을 유념하십시오. (딤전 3:2-3; 3:8-9; 딛 1:7).

"욕심이 잉태한즉 죄를 낳고 죄가 장성한즉 사망을 낳느니라 (약 1:15)"

성경에서 진술하는 *"욕심이 잉태한즉 죄를 낳고(약 1:15)"* 라는 말씀은 믿는 자를 위한 교훈입니다. 어떤 사람이 이렇게 묻습니다. 자신이 지금 하고 있는 일이 동종업체와 관계를 유지하면서 협의하고 협상이나 조정 등을 하면서 담합해야 하는 일인데, 입찰 때는 하나의 회사를 밀어주기도 하면서 뒷돈을 챙겨 받을 수밖에 없는 그런 업종에 근무하고 있다 합니다. 그렇다고 이들을 멀리하자니 비난받거나 후일 경쟁에서 밀릴 것은 뻔하고 또한 하지 않으려니 이미 저질러온 것도 있지만 회사의 유지가 걱정 되어 어찌할 수도 없다고 토로합니다.

당신은 도저히 그런 일을 하고 싶지 않은데, 그것이 업계의 관행이라서 어쩔 수 없습니다. 그래서 당신은 비록 외면을 당하더라도 이대로 계속 가야 하는지, 아니면 회사에 문제가 생기더라도 이들과 만나지 말아야 하는지 괴로워하고 있습니다. 그리고 특히 당신은 하나님의 자녀로서 당신이 '작정하심'에 거하고 있다는 사실을 알고 있기 때문에 하나님의 자녀답게 살고 싶어 합니다.

솔직히 말씀드리자면 과연 그럴까요? 당신은 지금 그리스도의 도를 구하고 있는것처럼 보이지만 사실은 욕심 덩어리로 뭉쳐진 사람입니다. 욕심은 다른 것이 아닙니다. 이것도 가지고 싶고 저것도 가지고 싶은데, 안되면 괴로운 것입니다. 사실 우리가 잘 못 알고 있는것은 이것도 가지고 싶고 저것도 가지고 싶고, 또 돈도 '많이 벌겠다'고 하는 것이 욕심은 아니라는 사실입니다.

당신은 예쁜 여자와 결혼도 하고 싶고, 아기도 잘 키우고 싶고, 외제 자가용도 갖고 싶고, 50평형 아파트도 갖고 싶고, 돈도 많이 갖고 싶은 것입니다. 즉 왔다 갔다 합니다. 이 왔다 갔다 하는 시간 동안 당신은 '아무것도 변화시키지 못하고, 안되니까 괴로워하는 것' 아닙니까?

당신이 진정 하나님의 자녀라고 믿는다면, 이것들을 과감하게 놓아버려야 합니다. 인생은 이것도 잘되고 저것도 잘되는 것이 아닙니다. 하나를 위해서는 반드시 다른 하나를 놓아야 하는 것입니다. 그래서 인생은 *선택이 아니라 결정* 하는 것이라고 필자는 강조하는 것입니다. 그래서 결정은 반드시 다른쪽의 이별을 전제해야만 합니다.

사람들은 자기가 하고 있는 일에 이끌려 살면서 말하고 생각하고 행동할 뿐입니다. 따라서 자유롭게 스스로를 돌아보고 깨우치는 기회를 갖지 못하는 것입니다. 모두 몸과 마음이 욕심에 사로잡히고 매달려서 인간 본연의 본성을 회복하지 못하고 어느덧 늙어버립니다. 그리고 곧 죽음이 찾아옵니다. 정말 안타까운 일이 아닐 수 없습니다.

어둠을 만들어내는 욕망과 탐욕과 이기심을 걷어내십시오. 하나님께서 인도하시는 길은 괴물이 범람하는 어두운 길이 아니라 광명의 빛이 비춰지는 길이며, 우리로 길을 잃지 않게 비춰지는 은혜의 길이기 때문입니다.

> *"죄의 삯은 사망이요 하나님의 은사는 그리스도 예수 우리 주 안에 있는 영생이니라 (롬 6:23)"*

지금 하나님께서 당신에게 과연 무엇을 원하시고 계시며 또 무엇을 '작정' 하고 계신지 궁금하지 않습니까? 그것은 곧 당신이 태어난 이유가 될것이며, 짧지 않은 인생에서 당신이 누려야 할 최대의 가치가 되기 때문입니다. 만약 당신이 그러한 사실을 알고 있다면, 당신은 이미 성공한 인생을 누리며 살아가고 있는 것과 다름이 없습니다.

생각만으로 주저하지 마십시오. 알아내는 것이 더욱 중요합니다. 그렇다고 주변을 붙잡고 물어본다고 알 수 있는 것도 아닙니다.
'마크 트웨인' 은 *"어리석은 사람과 논쟁하지 말라"* 고 하였습니다. 그 이유는 그런 사람들은 당신을 자신의 수준으로 끌어내린 다음, 그들의 경험으로 당신을 이기려 하기 때문이라고 충고합니다.

타인을 기대하고 의지하지 마십시오. 아무도 당신의 삶에 신경 쓰지 않습니다. 당신이 할 일은 오직 신령한 일을 사모하며, 오직 십자가만 붙잡고, 오직 당신과 형제 된 예수그리스도와 함께 담대 함으로 세상에 나서는 일입니다.

그렇습니다. 하나님의 자녀인 당신은 가치 없는 사람에게 이끌 리지 말고, 아버지이신 하나님께서 주시는 말씀의 지혜로 무장하 여, 하나님을 중심으로 '반응' 하는 삶을 살아가십시오, 그렇게 하 면 아버지이신 하나님께서 당신에게 진정으로 원하시는 '그 뜻' 이 무엇인지 알 수 있습니다.

지금 당신은 인생이라는 달리기를 하고 있습니다. 바깥에는 비 가 오고, 기온은 영하 5도를 오르락내리락하고 있습니다. 도저히 밖에 나갈 엄두가 나지 않습니다. 하지만 당신은 그 추운 밖에서 비를 맞으면서도 달려야 합니다. 그러나 삶이란 항상 사람을 시험 하기 때문에 이런 중에도 빠져나갈 구멍을 꼭 만들어 줍니다. 그것 은 곧 그것은 *"오늘은 쉬어도 된다"* 라는 달콤한 사탄의 속삭임입 니다.

하지만 '오늘' 당신은 그런 사탄의 속삭임은 중요하지 않다는 것을 알고 있습니다.
왜냐하면 '오늘', '지금' 이라는 이 시간에 반드시 해야 될 일이 있기 때문입니다. 이 추운 겨울의 비 따위가 중요한 것이 아니라 의미가 중요합니다. 당신에게 삶의 의미는 무엇인지 스스로 질문 해 보십시오.

오늘은 당신에게 이 '비와 추위'가 시험으로 다가왔습니다. 내일은 또 어떤 시험으로 다가올지 모릅니다. 그렇기에 당신은 스스로의 삶을 통제할 믿음으로 무장되어 있지 않으면 사탄이 언제 그 방심한 틈을 타서 당신의 마음에 숨어들어 올 줄 모르기 때문입니다.

삶이 비록 당신을 절망의 구덩이에 내팽개치더라도 당신은 예수 그리스도께서 '세상을 이겼다(요 16:33)'는 사실을 기억하고 예수 그리스도와 함께 이겨내어야 합니다. 그것은 하나님의 가족인 당신이 싸워야 할 대상은 살과 피를 가진 인간이 아니라 권세 잡은 사탄과의 싸움이기 때문입니다.

> *"우리의 씨름은 혈과 육을 상대하는 것이 아니요 통치자*
> *들과 권세들과 이 어둠의 세상 주관자들과 하늘에 있는*
> *악의 영들을 상대함이라 (엡 6:12)"*

돈을 싫어하는 사람은 없을 것입니다. 그런데 돈은 많이 버는 사람이 부자가 아니라 많이 가두는 사람이 부자가 된다는 사실을 아십니까? 이것이 무슨 말이냐 하면, 어떤 할머니가 시장에서 콩나물 팔아서 모은 7억 원을 어느 '학교에 기부했다'라는 기사를 읽은 적이 있습니다. 우리는 이런 기사들을 심심치 않게 봅니다. 대체 어떻게 콩나물을 팔아 7억을 모으겠습니까? 도저히 상상이 가지 않지만, 하지만 이 할머니가 가능했던 것은 바로 그 돈을 가두었기 때문입니다.

충분히 가능한 일입니다. 하지만 처음에는 천만 원 벌기가 정말 힘듭니다. 그런데 천만 원 벌어본 사람은 1억이 보이고 또 벌어볼 힘이 생깁니다. 그리고 1억을 벌어 본 사람은 10억이 보입니다. 그리고 또 10억을 벌어 본 사람은 100억이 보입니다. 이렇듯 점점 돈 그릇이 커지는 것입니다. 돈 그릇이 커진다는 말은 그만큼 담을 수 있다는 뜻입니다. 그래서 돈 액수만큼 돈 그릇이 커지는 것입니다. 이 할머니의 비결은 바로 작은 돈 들이 흐르지 않도록 관리하는 것 뿐이었습니다.

우리의 믿음 역시 마찬가지입니다. 주변을 살펴보면 정말 엄청난 고난과 시련을 겪으면서도 아무렇지 않게 꾸준한 사람을 볼 수 있습니다. 주변에서는 '내공이 엄청나다' 또는 '멘탈이 강하다' 라고 말들 합니다.

이렇듯 우리의 믿음은 바다의 표면에 일렁이는 잔파도와 같아서는 안 됩니다. 마치 부자가 되는 비결이 작은 돈들이 흐르지 않도록 하듯이 고난속에서도 유유히 흐르는 믿음처럼, 당신의 믿음을 마음속에 가두고 쌓인 그 믿음을 마치 바닷속에 흐르는 거대한 물결처럼 흐르게 해야 합니다. 하지만 그 거대하게 흐르는 믿음은 하나님께서 거저 주시는 은혜라는 사실을 잊어서는 안됩니다.

아브라함의 믿음은 일상에서 나타나는 하나님의 간섭을 통해, '어? 이건 뭐지' 하는 식으로 조금씩 쌓여간 믿음입니다. 의심이 해소되면 확신으로 바뀌는 것처럼, 믿음은 한 단계가 끝나면 또 그 다음 단계, 그리고 또 그다음 단계, 하는 식으로 당신의 마음에 차근차근 쌓이게 됩니다. 즉 믿음의 그릇이 점차 커지는 것입니다.

하지만 우리는 은혜를 입고도 너무나 쉽게 잊어버립니다. 왜냐하면 그것이 은혜인 줄 모르기 때문입니다. 마치 돈이 새듯 믿음이 새어 버립니다. 그 은혜 다음에 또 더 큰 은혜를 맛보기 위해 자신 안에 믿음을 가두고 쌓아가야 하는데 일렁이는 잔파도처럼 너무 쉽게 나타났다가 곧 사라져 버립니다. 이래서는 믿음의 부자가 될 수 없습니다. 자녀가 부자 되어 살기를 원하지 않는 부모가 어디 있겠습니까? 하나님 역시 우리 자녀들이 믿음의 부자로 살아가기를 원하십니다.

아버지이신 하나님께서는 자녀인 당신에게 밭을 주시면서 "당신이 다른 사람의 힘을 빌리지 않고 잡초를 제거하여, 더 이상 잡초가 자라지 않게 하라 (고전 6:10)"고 말씀하셨습니다. 그리고 만약 당신 힘으로 그 잡초를 제거하고, 그 잡초가 다시 '자라지 않게 한다' 면 하나님께서는 '그 땅과 이방 나라를 기업과 유업을 삼게 하시겠다(시 2:8)'고 약속하셨습니다.

그래서 당신은 열심히 그 밭의 잡초를 뽑아내었습니다. 그러나 어느새 이미 뽑아내었던 곳에서 또 잡초가 자라기 시작하고 있습니다. 그래도 당신은 계속 잡초 뽑기에 열중하고 있습니다. 하지만 당신의 노력이 무색할 만큼 또 다른 곳에서는 보란 듯이 또다시 잡초들이 무성하게 자라납니다. 이제 당신은 더 이상 잡초를 뽑을 힘이 없습니다. 그래서 잠깐 한숨 돌려 쉬는 동안 잡초는 당신마저 덮어버렸습니다.

그렇다면 어떻게 해야 잡초를 뽑은 자리에 '더 이상 잡초가 자라지 않게 할 수 있을까요?' 방법은 생각 외로 간단합니다. 잡초를 뽑은 자리에 곡식을 심으면 더 이상 잡초가 자라나지 않습니다.

당신이 잡초를 뽑은 그 자리에 곡식, 즉 알곡이 열리는 복음의 말씀을 함께 심어가면 됩니다. 성경은 *"슬기로운 종은 부끄러운 짓을 하는 주인의 아들을 다스리겠고 또 형제들 중에서 유업을 나누어 얻으리라 (잠 17:2)"* 진술하고 있습니다.

그렇게 잡초를 뽑은 자리에, 곡식을 심고 하다 보면 어느새 당신의 마음 밭은 도적 같은 사악한 탐욕의 잡초가 사라지고 알곡이 누렇게 익어 가득 찬 논처럼 풍요로움이 함께 할 것입니다. 이제 당신은 하나님께서 주시는 기업을 경영할 '작정된 자'가 되고 하나님께서 뜻하시는 계획 속에서 하늘나라를 유업으로 받을 수 있습니다.

> *"도적이나 탐욕을 부리는 자나 술 취하는 자나 모욕하는 자나 속여 빼앗는 자들은 하나님의 나라를 유업으로 받지 못하리라 (고전 6:10)"*

우리 그리스도인들의 신앙생활에서 볼 때 놓치고 있는 두 가지가 있습니다. 하나는 구원받은 그리스도인이 하나님의 자녀로서 그분의 '작정하심' 속에 거하고 있음에도 그 사실을 잊은 채, 예수님을 그리스도로 믿지 않는 세상 속의 자연인들과 구분되지 않는 삶을 살아가는 것에 매우 익숙해져 있다는 사실이며 또 하나는 세상에 마음과 눈과 귀가 멀어 일상에서 여러 형태로 나타내시는 하나님의 설득을 듣지 못하고 있다는 사실입니다.

곧 설득은 하나님의 약속의 말씀이라는 사실을 잊지 마십시오.

아브라함에게 그랬듯이 하나님께서는 간섭하시는 아버지이시며, 자녀인 우리에게 항상 미세한 음성으로 속삭이며 설득하고 계신다는 사실을 깨달아야 합니다. 믿음은 하나님의 설득으로 맺어지는 소중한 열매가 되기 때문입니다.

사회생활을 하는 사람들은 거의 다 자신을 나타내는 명함을 가지고 있습니다. 그리고 그 명함에는 자신이 무슨 일을 하며 어떤 역할을 하는 사람인지 하는 등등 타이틀이 붙고 또 자신의 연락처가 기재되어 있습니다.

그리고 그 명함에는 그 사람의 이름이 있고 그 사람 이름 앞에 따라다니는 형용사로서 OO 회사 사장 또는 부장, 과장 등등 그 사람을 대표하는 지위 등을 나타내는 수식어가 따라 붙습니다. 그래서 우리는 그 사람을 기억할 때 그 사람을 나타내는 명함의 내용을 보고 기억합니다.

사람 이름은 자기 부모님이 붙여주시기 때문에 자기가 만드는 것이 아니지만, 그 이름 앞에 붙는 형용사는 평생 자신의 삶으로 만들어 가기 때문에 현재 자신의 사회적 위치와 하는 일에 대해 알게 합니다.

따라서 우리는 사람을 기억할 때 이름보다 우선하여 사장 OOO, 부장 OOO, 과장 OOO 등 그 사람을 나타내는 형용사를 먼저 기억하는 것입니다.

우리 그리스도인들의 인생도 마찬가지입니다. 이름만 기억되어서 안됩니다. 누군가가 당신을 생각나게 할 때 먼저 그리스도가 생각나게 해야 하며 당신이 이름 앞에 붙는 형용사가 그리스도인으로 기억되어야 합니다.

왜냐하면 그리스도인의 인생은 성화聖化의 과정을 밟고 있는 삶이기 때문에 예수그리스도를 '브랜드'로 만들고, 그리스도인을 '브랜드'로 만들어야 합니다. 꾸준하면 저절로 브랜드가 됩니다. 그 시작은 곧 1일부터라는 사실을 명심하십시오.

그러면 어떻게 하면 그 1일을 만들 수 있는지 알려드리겠습니다.

그것은 곧 브랜드를 만들기 위한 실천을 시작하는 날이 1일이 되고, 이것이 또 그다음 날 1일로 꾸준하게 이어져야 합니다.

어느 유명 강사분의 이야기를 들으니, 당신이 50일을 목표로 다이어트를 하겠다고 가정하면, 고칼로리 음식을 자제하고 규칙적인 식단을 마련하여 다이어트를 시작한 날이 바로 1일이 되어야 한다고 하면서 그렇기 때문에 우리는 그 최초의 1일을 꼭 기억해야 한다고 강조합니다.

그런데 다이어트를 하다가 2~3일 정도 지나서 피자를 먹고 콜라를 마시고 하면, 그 1일이 어떻게 되겠습니까? 사라지고 없어집니다. 즉 최초의 1일 차에 계획했던 일이 2일, 3일 등 꾸준하게 50일 동안 지속되어야 당신이 목표로 한 다이어트 감량에 성공할 수 있는데 꾸준하지 않으니 그 1일이 무용지물이 되는 것입니다.

만약 부단한 노력 끝에 당신이 다이어트를 끝내면 반드시 누군가가 당신에게 묻습니다. '언제부터 다이어트 시작했어요?', '언제부터 고칼로리 음식을 안 먹었어요?' 그러면 당신은 '1월 12일부터입니다' 고 분명하게 말할 수 있어야 합니다. 그래야 그것이 성공한 것입니다. 당신 자신이 정한 날짜도 당신이 기억을 못한다면 어떻게 주님안에서 성공하겠습니까?

이렇듯 당신이 예수그리스도를 브랜드로 만들고 당신 자신을 그리스도인이라 브랜드를 만들고 싶으면 1일부터 계획하십시오. 반드시 하나님께서 당신을 주님 안에서 성공하실 수 있도록 길을 열어주시고 응원을 아끼지 않으실 것입니다.

우리는 복음 안에서 인생을 살아가고 있습니다. 이는 곧 우리가 '복음을 증거하는 삶' 을 살아가야 함을 뜻하기도 합니다. 하지만 우리가 세상과 구분된 삶을 살지 못하고 예수님을 믿지 않는 자연인과 전혀 다를 바 없는 삶을 살아간다면 하늘 아버지이신 하나님께서는 뭐라고 하시겠습니까? 이에 대해 성경은 부르심에 합당하게 행하고 '이방인과 같이 허망한 것으로 행하지 말아야 한다' 고 권면하고 있다는 사실을 잊지 마십시오.

"그러므로 주 안에서 갇힌 내가 너희를 권하노니 너희가 부르심을 받은 일에 합당하게 행하여 (엡 4:1)"

"그러므로 내가 이것을 말하며 주 안에서 증언하노니 이제부터 너희는 이방인이 그 마음의 허망한 것으로 행함 같이 행하지 말라 (엡 4:17)"

우리 그리스도인은 하나님으로부터 선택받은 '작정된 자' 이자 하나님의 가족이지만 또 한편으로는 이 세상 속 자연인들과 함께 매일 살아 숨 쉬며 살아가고 있습니다. 이 세상은 하나님의 '허용하심'의 법칙이 적용되는 세상이기 때문입니다.

'허용하심'은 세상 질서를 위한 하나님의 공의(창 1:28~30; 2:18~19, 욥 38:4~39:30) 이기 때문에 하나님의 완전하신 지혜와 그가 창조하신 자연 질서에 대한 완전한 지배를 증명해주는 것임에도 세상 속 자연인들은 이러한 사실을 모르고 살아갑니다.

그래서 우리 그리스도인들은 세상 권세 아래에서 살아가면서, 동시에 하나님의 법 아래에서 살아가고 있다는 사실은 어찌보면 기적 같은 삶이 아닐수 없는 것입니다.

> *"하나님이 그들에게 복을 주시며...(중략)...*
> *생육하고 번성하여 땅에 충만하라...(중략)...*
> *모든 생물을 다스리게 하시니라 (창 1:28~30)."*

> *"우리 주 예수 그리스도로 말미암아 하나님께 감사하리*
> *로다. 그런 즉 내 자신이 마음으로는 하나님의 법을 육*
> *신으로는 죄의 법을 섬기노라 (롬 7:25)."*

전자에 밝혔듯이 우리의 삶은 이미 복음을 증거하는 삶을 살아가고 있는 것과 다름이 없습니다. 왜냐하면 하나님의 자녀이기 때문에 우리의 삶 자체가 복음을 증거 하는 대상이 될 수밖에 없기 때문입니다. 다만, 그렇게 살아가는 그리스도인이 있는 반면에 그렇게 살지 않는 그리스도인이 있을 뿐입니다.

따라서 우리의 삶은 세상 속 자연인들과는 다르게 하루하루가 아버지이신 하나님께서 영광을 받으시는 복된 날들이 되어야 합니다. 하지만 우리는 이를 복된 삶이라 여기지 못하고 이 복이 뭔가 특정하게 나타나서 경험해야 하는 것으로 생각하고 있다는 것이 문제입니다.

만약 우리가 살아가는 삶 자체가 매일같이 기적을 체험하는 복된 삶이 아니라면 우리가 어떻게 어머니 태에서 나와 숨을 쉴 수 있고, 우리가 어떻게 어머니의 무릎에 앉아 있을 수 있으며, 우리가 어떻게 학교에 다니며 결혼하여 사회생활을 할 수 있는지, 욥이 자기 자신의 생일을 저주하고 있는 성경의 진술(욥 3:1~ 26) 에서 바라볼 때, 우리는 분명 살아 숨 쉬고 있으며, 또한 매일의 일상을 맞이하는 그 자체가 곧 '기적'이며 축복된 삶이 아닐 수 없다는 사실입니다.

> "그 후에 욥이 입을 열어 자기의 생일을 저주하니라 욥이
> 입을 열어 이르되. 내가 난 날이 멸망하였었더라면
> ...(중략)... 어찌하여 내가 태에서 죽어 나오지 아니하였
> 던가 어찌하여 내 어머니가 해산할 때에 내가 숨지지
> 아니 하였던가. 어찌하여 무릎이 나를 받았던가 어찌하
> 여 내가 젖을 빨았던가 (욥 3:1~26)"

그렇습니다. 우리가 경험하는 세상 모든 것은 기적으로 존재합니다. 그리고 이러한 존재의 연속선상에서 우리는 일상을 경험하면서 살아가고 있습니다. 그런데 우리에게는 예수그리스도와 동행

하는 복된 삶까지 주어졌으니 매일 매일의 삶이 어찌 감사의 연속이 되지 않을 수 있겠습니까?

> *"항상 기뻐하라 쉬지 말고 기도하라 범사에 감사하라 이*
> *것이 그리스도 예수 안에서 너희를 향하신 하나님의 뜻*
> *이니라 (살전 5:16~18)"*

    지금 당신에게 고난과 시련이 닥쳤습니까? 그 환란으로 인해 고통스럽습니까? 그리고 당신이 지금 겪는 고난과 시련이 다른 사람들보다 훨씬 더 괴롭고 고통스럽다고 생각하십니까? 하지만 너무 괴로워하지 마십시오. 너무 고통스러워하지 마십시오. 세상 모든 사람에게 동일하게 적용되는 고난과 시련이란 없습니다.
    사람마다 삶의 무게가 다르듯, 고난을 감당하는 무게도 다르기 때문에 당신이 겪는 시련이 남이 겪는 것보다 더 고통스럽고 힘들어 보이는 것은 어찌보면 당연한 것입니다.

    그렇다면 왜 당신이 겪는 고난이나 시련이 다른 사람이 겪는 시련보다 더 고통스럽고 힘들게 여겨지는지 그 이유를 먼저 알아야 합니다.
    만약 당신이 겪는 그 고난과 시련이 다른 사람들보다 훨씬 더 고통스럽고 확연히 다르다라고 생각된다면, 그것은 당신은 하나님의 자녀로서 세상 속 자연인들과 같은 세상의 삶을 사는 것이 아니라 복음의 삶을 살아가는 것이기 때문에 '그만한 가치가 있다는 사실을 증명' 하는 것입니다.
    하나님의 자녀인 당신은 고난과 시련이 닥쳤을때 세상 속의 자연인들처럼 포기하고, 괴로워하고, 슬퍼하고, 몸부림치고 등등 내면의 감정을 마음대로 표현할 수가 없습니다. 앞서 말했듯이, 당신의 삶 자체가 복음을 증거 하는 삶이기 때문에 더더욱 괴로운 것입니다.

하지만 당신은 이렇게 말할 수도 있을 것입니다, *"나는 하나님을 믿지만 먹고살기 바빠서 아직 전도도 한 명도 하지 못했을 뿐 아니라, 또 주일 예배도 어쩌다가 한 번씩 나가고, 어디 가서 성경 말씀 한번 전해보지도 않았는데 어떻게 내 삶이 복음을 증거 하는 삶이 됩니까?"* 라고 말입니다. 그리고 또 당신은, *"나는 지금 복음 때문이 아니라 내 실수로, 내 잘못으로 지금 고통을 받고 있는 것"* 이라고 자괴감으로 스스로 정죄하며 괴로워할지도 모릅니다.

물론 당신이 자신의 잘못을 스스로 깨닫고 회개하는 것은 그리스도인의 기본품성이며 당연한 것입니다. 하지만 복음을 증거하는 삶이라고 해서 꼭 전도하는 행위에만 그 정당성이 부여되는 것이 아닙니다.

그것은 당신이 그리스도인이기 때문에 반드시 *'복음을 위해 살아야 한다'* 는 것이 아니라, 이미 예수그리스도와 연합하여 한 몸된 당신의 삶 자체가 *'복음을 위해 살아가고 있는 삶'* 이 될 수 밖에 없기 때문에 당신에게 닥친 그 고난과 시련이 비록 당신의 실수나 잘못에 의한 것이라 할지라도 그것은 곧 *'복음을 증거 하는 과정'* 에서 닥쳐온 것이라고 할 수 있는 것입니다. 다만, 당신이 그런 삶을 살아가지 못하고 있을 뿐입니다.

앞서 지적했듯이 당신은 예수님을 그리스도로 영접했지만 교회도 잘 나가지 않고 전도 역시 하지 않는 등 당신은 당신 스스로가 복음을 증거하는 삶을 살아가야 함에도 그렇게 살고 있지 않고 있다는 것뿐이지, 곧 *'당신 자신은 하나님으로부터 작정된 자이기 때문에 당신 스스로가 복음을 증거하는 대상이 되는 것이므로, 당신의 삶은 복음을 증거 하는 과정'* 입니다.

만약 그렇지 않다고 하면 예수님께서는 선택적 그리스도가 될 수밖에 없게 될 뿐 아니라, 당신은 하나님의 자녀이지만 복음하고는 전혀 상관없게 됩니다. 즉 당신이 예수님을 그리스도로 영접한 사실이 거짓이 되기 때문에 당신에게 닥쳐온 고난이나 시련으로 유익될 일은 전혀 없다는 사실입니다. 당신의 삶은 그저 세상 속 자연인들과 동일한 삶이 될 뿐입니다.

사실 우리는 복음을 위해 한 것은 아무것도 없습니다. 우리 모두는 그저 하나님의 부르심으로 예수님을 만난 것뿐입니다. 모든 것을 하나님의 은혜로 거저 받았습니다.

그렇기 때문에 하나님 안에서 우리의 삶 자체는 이미 복음을 증거하는 삶으로 살아가고 있는 것이지만 솔직히 그렇게 살아가고 있지 못하고 있는 것입니다.

우리는 우리의 현실이 이럼에도 불구하고 '주님을 위해 살아야 한다'고 너무나 쉽게 말을 합니다. 그리고 주님을 위해 살려는 노력을 자랑으로 생각합니다.

하지만 *"주님을 위해 살려는 노력 자체가 교만이라는 사실을 아십니까?"*, *"왜냐고요?"* 그렇다면 이렇게 생각해봅시다. 만약 우리에게 고난과 시련이 닥친다면 우리 스스로는 끝까지 견디리라하면서 확신합니다. 그렇겠지요? 하지만 과연 그것이 우리 의지로 견디는 것입니까? 아니지 않습니까?

자 그럼 이제 다른 방향에서 생각해봅시다. 만약 당신에게 고난과 시련이 닥쳤는데 당신이 도저히 못 견딘다고 하면, 주님께서 뭐라고 하실까요? *"너는 아웃"* 이라고 하십니까?

절대 아닙니다. 예수님을 세 번씩이나 부인하고 못 견뎠던 베드로를 찾아오신 것처럼, 주님은 우리를 다시 찾아오십니다. 주님은 집을 떠나 방황하는 자기의 형제인 우리를 다시 찾아오시기 때문에, 그래서 우리는 끝까지 견딜 수 있는 것입니다.

많은 그리스도인이 *"주님 저가 끝까지 견뎌야 되는데, 고난에 지쳐서 견디지 못할 것 같아요"* 라고 고백합니다. 많은 신앙인들이 사는 것이 너무 힘들다고 *"주님 오늘도 열심히 한다고 했는데 너무 힘들어요. 이제는 어떻게 살아야 될지도 모르겠어요"* 라고 합니다. 하지만 이러한 고백은 겸손을 가장한 교만이라는 사실 임을 알아야 합니다.

당신은 지금 여전히 무엇인가를 놓지 못하고 있다는 사실을 에둘러 겸손으로 가장한 고백을 하고 있는것입니다. 그것은 자기 행위, 즉 자기의 의義때문에 그렇습니다. 그것을 버려야 합니다.

또 세상 이야기로 돌아가서 부자이야기를 한번 더 해보겠습니다. 많은 사람들이 부자로 살기를 원하며 부자로 성공하기 원합니다. 하지만 부자가 되는 법은 매우 간단합니다. 왜냐하면 결정만 하면 됩니다. 아마 당신은 이렇게 말할지 모르겠습니다. *"나는 수십 번도 더 결정했지만 아직 가난합니다"* 라고 말입니다.

하지만 그것은 제대로 된 결정을 하지 않아서 그렇습니다. 독일어로 '결정이란 ent-Schedung' 인데 여기서 'Schedung은 이별' 이라는 뜻입니다. 즉 결정은 무조건 이별을 수반해야 하는데 당신은 가난과 도저히 이별할 생각이 없으니 그래서 부자가 되지 못하는 것입니다. 되지 않는 일들을 붙잡거나 또는 도저히 성공할 수 없는 습관을 붙잡고는 부자뿐 아니라 성공도 할 수 없습니다.

그렇습니다. 이런 세상 속 성공과 같이 당신이 정말 믿음을 바로 세워 아버지인 하나님의 자녀로서 제대로 된 가족의 일원이 되려고 '결정한다' 고 하면 장애 요인들을 반드시 포기해야 합니다.

매주 당신이 습관처럼 가야 하는 골프장, 그리고 주말마다 찾는 낚시터와 매일 저녁마다 갖는 회식이나 잡다한 놀이문화들을 과감하게 버려야 합니다. 하지만 대부분의 사람들은 '결정은 하되 이별' 할 생각을 하지 않습니다.

예를 들어봅시다. 만약 당신이 '다이어트를 하려고 한다' 고 결정했다면 무엇부터 버려야 하겠습니까? 그것은 바로 고칼로리 음식과 빈둥거리는 시간입니다. 우리가 실패하는 이유는 여전히 소파에 누워서 과자를 먹기 때문 아닙니까? 즉 습관 때문입니다. 다이어트로 도저히 성공할 수 없는 습관 말입니다. 이 말은 당신은 다이어트를 하려고 결정은 했지만 제대로 된 결정을 하지 않았다는 사실입니다.

지금 당신은 하나님을 말하고, 예수그리스도를 말하고, 믿음을 말하지만, 먼저 그 이전에 당신을 예수님과 멀어지게 하는 원인부터 찾아서 이별해야 합니다. 당신을 믿음에서 멀어지게 하는 습관들이 뭔지 떠올리고 그것들과 과감하게 헤어질 결심을 하십시오.

물론 세상에서 부자가 되고 성공하는 법도 동일합니다. 하나님의 자녀들이 부자가 되면 하나님께서도 기분이 좋습니다. 왜냐하면 당신은 속빈이 아니라 성부가 되어 성빈들을 도울 수 있으니 기분이 좋지 않겠습니까?

그렇게 되려면 먼저 당신을 가난하게 하는 것들과 먼저 이별해야 합니다. 빚은 내지 말고 남기지도 마십시오. 편리하다고 카드를 남발하지 마십시오. '외상이면 소도 잡아먹는다' 는 속담도 있습니다. 사탄은 당신을 편하게 하고, 교만하게 하여 그것이 마치 자신이 지위인양 착각하게 만들고 사정없이 당신의 경제를 무너뜨립니다.

성경을 세상의 윤리로 바꾸지 마십시오. 성경을 윤리와 도덕으로 바꿔서 당신이 그것을 얼마만큼 지키면 성숙한 그리스도인이 된다고 생각하지 마십시오. 그것은 대단한 착각입니다. 그것이 곧 악한 사람이고, 그것이 곧 바리새인과 서기관의 길이며 그것이야말로 곧 새 부대가 아닌 헌 부대의 길을 걸어가는 것입니다.

다음 내용은 어디서 본 기억이 있는데 비록 출처가 확실하지 않지만 소개하겠습니다.

당신은 꿈을 가지고 있습니까? '꿈' 의 사전적 의미는 실현시키고 싶은 희망이나 이상理想입니다. 그런데 많은 사람들이 이 꿈을 세상적 꿈으로 이야기합니다.

"목사님, 이번에 직장에 들어갔는데 제가 맡은 일이 가슴을 뛰게 하지 않습니다. 혹시 내 '꿈' 이 아닌가요?" 즉 자신이 맡은 일이 가슴을 뛰게 하지 않으니 자기 꿈이 아니라고 하는 것입니다. 그래서 다른 일을 찾아보려고 합니까?

그렇다면 그 가슴 뛰는 일을 죽을 때까지 찾아보십시오. 하지만 절대 가슴 뛰는 일은 만나지 못합니다.

어떤 사람은 이 문제에 대해 이렇게 말합니다. 자신은 오랫동안 직장을 잡지 못해 애를 먹다가 취직이 되자 처음에는 기대에 정말 가슴이 뛰었는데, 날이 갈수록 그 일이 싫어지더라는 것입니다. 그래서 이후부터는 희망도 없이 순전히 '먹고 살기 위해서 일을 했다' 고 하는데 그는 정말 그 일이 싫었고 자기의 꿈이 아니라서 포기해야겠다는 마음을 먹었던 적이 한두 번이 아니었다고 합니다.

그런데 어느 날 순간, 자신이 처음 회사에 들어와 기뻤던 순간이 불현듯 떠올랐는데 갑자기 마음속에서 "그래 이대로는 갈 수 없다. 비록 내가 원했던 '꿈' 이었든 아니든, 이 일이 내 가슴이 뛸 때까지 한번 해보자"라는 생각이 들었습니다.

그렇게 생각이 바뀌고 나니 놀랍게도 회사도 새벽같이 나가게 되고 그 싫던 일을 먼저 솔선수범해서 하다 보니 잠들 때는 자연스럽게 내일은 또 어떤 일이 자기를 기다릴까? 하는 기대가 생겨났고 또 자신이 그토록 싫어했던 그 일들이 그렇게 '가슴 뛰게 할 수가 없더라' 는 것입니다. 그렇게 그 사람은 "그렇게 하기 싫은 일을 만나 가슴 뛸 때까지 20년이 걸렸다"라고 고백합니다. 사실 이러한 이야기는 사회의 비전 강의에서 많이 인용되고 있습니다.

그렇습니다. 우리가 믿음으로 살아가는 하나님의 자녀라 할지라도 처음 예수님을 만날 때 그 흥분을 잊을 수는 없습니다. 그런데 점차 그 기쁨은 사라지고 자녀 걱정, 물질 걱정, 직장 걱정 등등 세상 속 자연인들과 똑같이 살다 보니 자신의 환경에 따라, 자신의 처지에 따라, 예수님이 계셨다가 사라지기를 반복하면서 주일 예배도 들락날락하게 됩니다. 다시 말하자면 처음 예수님을 영접할 때와는 다르게 이제는 가슴이 뛰지 않습니다. 그래서 '새로운 말씀이다'라고 주장하는 이단들의 소굴을 기웃거리게 되는 것입니다.

사실 우리가 잊고 있는 것이 있습니다. 솔직히 우리는 예수님을 그리스도로 영접한 후 일상에서 많은 것들이 은혜로 주어짐을 체험 하지 않은 사람은 거의 없을 것입니다. 그럼에도 불구하고 세상에 비중을 두고 살다 보니, 그 은혜는 까마득히 잊어버리고 또 돌아보니 어느새 교회에서 예배드린 지도 오래일뿐아니라, 굳이 예배드려봐야 가슴 뛰게 할 것 같지도 않습니다.
그래서 당신은 이렇게 생각합니다. 예수님 믿는 것이 한 때 내 소망인줄 알았는데 그게 아니라 다른 것인가? 하고 말입니다.

첫사랑의 설렘을 잊지 마십시오. 만약 당신의 가슴이 뛰지 않는다면, 비록 경험상 잠깐 동안이라 하겠지만 예수님을 영접하고 그분의 사랑을 당신의 입으로 고백한 사실을 기억하십시오. 그리고 가슴 뛸 때까지 한 번 해보십시오. 20년이면 어떻고 30년이면 어떻습니까? 어차피 주님께서 우리의 영생을 담보하시는데 그런 시간이 뭐가 그리 중요하고 아깝겠습니까? *"현생은 잠깐이지만, 내생은 영원하다(딤전 4:8)"* 는 사실을 잊지 마십시오.

지금 당신이 책임지고 있는 가족에게 당신은 어떻게 하고 있는지 생각해보십시오. 물론 아내나 남편을 사랑하고 자녀들을 사랑하실 것입니다. 그리고 화목한 가정을 위해 노력하시지 않겠습니까? 그렇다면 하나님 역시 한 가족 아닙니까? 그렇기 때문에 당신은 당신이 처한 환경이나 처지보다 가족을 우선하는 삶으로 변화되기를 노력해야 합니다.

그리되면 반드시 가슴 뛰는 하루하루를 맞이할 수 밖에 없습니다. 예수님을 처음 만났을 때 그 처음의 첫사랑으로 가슴 뛰었던 순간을 잊지 마십시오.

> *"처음 믿음을 저버렸으므로 정죄를 받느니라*
> *(딤전 5:12)"*

하나님의 가족들은 실패라고 여겨지는 오늘의 시간속에서도 오히려 기뻐할 수 있어야 합니다. 그러나 당신은 '나는 오늘도 주님 뜻대로 못 살았습니다' 라고 칭얼대면, 당신은 '주님과 함께하고 있지 않다' 는 사실을 당신 스스로 자복하는 것밖에 되지 않습니다. 만약 당신의 일상이 매 이런 식이라면 어떻게 당신 말대로 주님을 위해 살겠습니까? 주님의 뜻이 무엇입니까? 그것은 은혜의 자리로 나오라는 것입니다. 예수님께서는 *"너는 나와라 네가 하려고 하지 말고 너와 형제인 나에게 나와라"* 하고, '오늘, 지금' 이라는 시간에 가족인 당신을 애타게 부르고 계십니다. 주님께서는 직무유기하시는 분이 아니십니다.

　　"우리가 시작할 때에 확신한 것을 끝까지 견고히 잡고 있
　　　으면 그리스도와 함께 참여한 자가 되리라 (히 3:14)"

　다시 정리하면, 당신은 예수님을 그리스도로 영접함으로써 하나
님의 자녀가 되었고, 또한 하나님과 한 가족이 되었습니다. 그리고
지금은 그리스도의 거룩성을 닮아가는 성화^{聖化}의 과정을 밟아가
고 있습니다. 따라서 이러한 사실이 말해주는 것은, 당신이 복음
안에서 살아가고 있다라는 사실이며, 곧 복음을 증거 하는 삶이라
할 수 있습니다.
　그렇기에 비록 당신의 실수나 잘못으로 고난과 시련이 닥쳤다고
하더라도 그것은 곧 주님께서 함께하시는 고난과 시련기 때문에
오히려 고난과 시련이 복음안에서 유익하게 되는 것입니다.
　이것이 곧 은혜가 아니면 무엇이란 말입니까? 이렇듯 하나님의
'작정하심'의 비밀은 아버지의 긍휼하심으로 베푸시는 은혜로
인해 '신념의 은총'으로 우리들을 살아가게 하시는 능력입니다.

　　"고난 당한 것이 내게 유익이라 이로 말미암아 내가 주의
　　　율례들을 배우게 되었나이다 (시 119:71)"

　예수님께서는 우리에게 이렇게 말씀하십니다. *"너희는 이 세상*
에서 많은 시련과 슬픔을 겪을 것이다. 하지만 용기를 내어라, 내
가 세상을 이겼다(요 16:33)" 라고 말입니다.
　당신이 예수그리스도를 믿는다면 세상을 이기신 그로 말미암아

오히려 그 속에서 평안을 누려야 하는 것이 옳지 않겠습니까? 그분은 육신으로 오셔서 지상에서 현재 우리가 겪는것보다 더한 고통을 겪으신 분이신데, 왜 당신의 고통을 모르시겠습니까? 그런데 당신은 *"오늘도 주님 뜻대로 못 살았습니다"* 라고 한다면 그것은 오히려 주님을 '직무 유기자' 로 만드는 일입니다.

다시 말하자면 주님이 당신과 *'함께 하시지 않았다'* 라고 당신 입으로 증언하고 있으니, *'주님이 직무를 유기했다는 말밖에 되지 않는 것'* 입니다. 솔직히 *'당신은 하나님에게 기도하면서 예수님 이름으로 기도드립니다 하지 않습니까? 그런데도 당신은 하나님께 예수님께서 직무 유기를 했습니다고 한다면 그것은 대체 뭐란 말입니까?'* 어디 주님이 당신이 고통받고 힘들어하는 것을 가만히 지켜보고만 계셨습니까? 주님께서 *'당신에게 그토록 오라고 손짓하실 때, 당신은 대체 어디서 뭘 했습니까?'*

> *"이것을 너희에게 이르는 것은 너희로 내 안에서 평안을 누리게 하려 함이라 세상에서는 너희가 환난을 당하나 담대하라 내가 세상을 이기었노라 (요 16:33)"*

지금 당신이 겪는 고난과 시련은 과연 무엇을 뜻합니까? 그것은 곧 당신이 다른 사람보다 특별하기 때문입니다. 부모님이 자기의 자녀를 잘 알듯이 아버지이신 하나님께서는 우리가 감당할 수 있는 고난과 시련의 무게를 너무 잘 알고 계시기 때문에 당신이 그것을 감당할 수 있을 만큼만 허락하고 계십니다.

뿐만 아니라, 그것도 가족으로서 형제 된 예수그리스도께서 당신 안에 연합하여 함께 계시면서 당신과 함께 그 고난과 시련을 감당하고 계신다는 사실을 알아야 합니다.

> *"사람이 감당할 시험 밖에는 너희가 당한 것이 없나니*
> *오직 하나님은 미쁘사 너희가 감당하지 못할 시험 당함*
> *을 허락하지 아니하시고 시험 당할 즈음에 또한 피할*
> *길을 내사 너희로 능히 감당하게 하시느니라*
> *(고전 10:13)"*

당신에게 닥친 고난과 시련이 아무리 고통스럽고 힘들더라도 가족이신 주님께서는 당신을 '그냥 내버려 두지 않겠다(요 14:18; 고전 10:13; 갈 2:17)'라고 약속하신 사실을 성경은 진술하고 있습니다. 그것은 당신이 아버지이신 하나님과 한 가족이기 때문에 당신이 겪는 이러한 역경은 오히려 희망을 바라볼 수 있는 시련이 되는 것입니다. 그리고 그 역경은, 세상 그 많은 사람들 중에서 당신만을 콕 집어서 주시는 것이기 때문에 기적이라는 사실 외에 달리 다른 말로 표현할 수가 없습니다.

이렇듯 우리에게 닥친 고난과 시련은 세상 속 자연인과는 달리 곧 하나님께서 허락하시고 관장하시면서 응원하시는 것입니다.

우리의 어린 시절을 생각해봅시다. 신나는 학교 운동회에서 달리기 경주할 때처럼 당신은 열심히 달려가다가 운동장에 넘어져서 무릎이 까지고 피가 나고 손바닥도 피부가 벗겨져서 쓰리고 아픕니다. 친구들은 벌써 앞서 뛰어가고 있는데 당신은 '계속 뛸까 말까?' 하며 울먹거리면서 망설이고 있습니다.

그때 어디선가 아버지의 목소리가 울려 퍼집니다. *"일어나서 뛰어! 넌 할 수 있어!"* 돌아보니 운동장의 관람석에서 당신의 아버지께서 목이 터져라 당신을 응원하고 있습니다. 그런데 어찌 힘이 나지 않을 수 있겠습니까?

당신은 정말 하기 싫은 일을 해야 하고, 또는 피하고 싶은 일을 해야 할 때가 있습니다. 그리고 닥쳐온 고난과 시련을 극복해야 하는데 어떻게 해야 할지 모릅니다.

페이스타임 정신과 정신건강 전문의인 이상헌씨는 이를 극복할 수 있도록 컴포트 존Comfort Zone에 대해 설명합니다. 그는 전문 분야의 의사로서 사람이 고통을 받아들이고 싶지 않아서 회피하고 있는 상태를 컴포트 존에 있다라고 합니다.

즉 컴포트 존이란 편안한 영역이라는 말인데, 이는 마치 따뜻한 욕조 안에 몸을 담그듯 몸을 깊이 담그고 숨길수록 현실 세계의 찬물을 온몸에 끼얹고 싶은 마음은 점점 더 줄어드는 것이라고 합니다. 그리고 우리 삶에는 무궁무진한 기회와 가능성이 존재하지만 그것을 얻기 위해서는 반드시 고통이 따르며 또한 현실에서 고통을 겪고 있다고 하면 더욱더 그렇게 된다는 것을 강조합니다.

그리고 그는 많은 사람들이 이 고통을 받아들이지 못해 컴포트 존에만 머물고 있다고 지적합니다. 이는 마치 수줍음이 많은 사람이 사람들을 계속 피하며 살다 보면 사람들과 어울려 살아가는 활기찬 생활을 누릴 수 없는 것처럼 작은 세상에 갇히게 되는 셈이라고 말입니다.

또한 그는 자신이 비록 창의적 재능을 가지고 있다고 하더라도 비판을 수용할 줄 모르면 자신의 아이디어를 세상에 선보일 수 없게 되며 이러한 고통을 이겨낼 수 있는 방법을 '전진하기'라고 소개하고 있습니다.

그의 말을 빌리자면 만약 당신이 있는 현재 그 자리에 컴포트 존이 있고 또 당신 앞에는 고난과 시련이라는 고통의 강물이 가로막고 있다고 가정할 때, 그 강 건너에는 무궁무진한 기회와 가능성의 나무들이 성공이라는 열매를 맺고 있다고 생각한다면, 오히려 컴포트 존을 탈출하여 '전진하기'를 해야 한다고 권합니다.

당신이 더 이상 컴포트 존에 머무르지 않고 오히려 고통이라는 강물을 향해 헤엄쳐 가야 하는 것은 그렇게 '전진하기'를 통해 오히려 고통으로부터 자유로워질 수 있으며 무한한 가능성의 땅에 안착할 수 있다라고 말입니다.

그렇다면 "전진하기는 언제 사용하면 되겠습니까?"라는 질문에 그는 감독이 배우에게 연기를 시작하라고 보내는 신호를 '큐'사인이라고 하는데 '전진하기'에도 큐 사인이 있으며, 이것이 감지되면 전진하기를 시작하면 된다고 합니다.

그리고 그 '전진하기'의 큐사인은 하기 싫은 일을 해야 할 때 그리고 피하고 싶은 일을 해야 하는 상황이나 외부의 일로 두렵고 저항감이 느껴질 때라고 합니다.

그는 이때 대응하는 방법으로 전진하기의 단계에 따라 당신이 강한 마음으로 실행해보기를 권합니다. '전진하기 1단계'에서는 피하고 싶은 고통에 마음을 집중하고 그 고통이 뭉게구름이 되어 당신 앞으로 다가오는 것을 상상해 보면서 그 구름을 향해 조용히 외쳐보라고 권합니다.

"*자~나를 무너뜨리려거든 한번 해봐!*" 하고 그 다음에는 고통을 더욱더 강렬히 요구하라고 주문합니다. "*자~이 정도 고통은 고통도 아니야! 더 큰 고통으로 나를 무너뜨려 봐!*" 이렇게 고통을 요구하는 이유는, 그것이 당신에게 대단한 가치를 가져다주기 때문이라는 사실 때문입니다.

그리고 그는 '전진하기 2단계'에서는 '멈추지 말고 계속 전진하면서 조용히 외치라'고 주문하는데, 나는 고통이 너무 좋아라고 말입니다. 마치 우리나라 해병대 구호처럼, "*피할 수 없는 고통은 즐겨라!*"고 하는 것과 같습니다.

필자가 생각하기에는 이 구호를 만든 사람은 알 수 없지만, 분명 그리스도인일것이라고 생각합니다.

이렇듯 그는 오히려 고통을 요구하고 점점 더 깊숙이 고통 속으로 들어가 고통과 하나가 되어야 한다고 지적합니다.

그리고 '전진하기 3단계'는 구름이 당신을 뱉어내고 당신 뒤에서 흩어지는 것을 느껴보고 마음속으로 고통이 나를 놓아준다고 말하기를 권합니다. 그것은 우리가 고통에서 벗어나고 있는 동안 밝은 빛이 가득한 곳으로 나아가고 있다는 것을 느낄 수 있게 하는 것으로서 고통을 대하는 하나의 과정이 우리의 행위를 통해 끝을 맺는 것이라고 말입니다.

그는 '고통이란 절대적이지 않기 때문에 우리가 고통에 어떻게 반응하는가에 따라서 우리가 고통을 경험하는 방식은 달라질 수 있다' 고 합니다. 즉 우리가 고통을 향해 정면으로 다가가면 고통은 오히려 움츠러들고 반면 고통은 우리가 그 고통에서 달아나려고 하면 더욱더 커지는 특성을 가지고 있는 것입니다.

이렇듯 그는 '전진하기' 를 활용하면 나에게 '이런 일은 일어나지 말았어야 했는데' 라는 생각을 무시하고 뛰어넘을 수 있으며, 이미 일이 일어난 상태를 겸허하게 받아들일 수 있게 된다고 하는데, 다시 말하자면 고통은, 마치 강한 사람에게 약하고 약한 사람에게 강한 비겁한 동네 깡패와 같은 종류인 것입니다.

이렇듯 '전진하기' 의 최종 목표는 두려움을 편안하게 받아들이고 행동하게 될 수 있게 하는 것입니다. 그는 '전진하기' 의 과정을 통해 우리는 모든 시선과 의식을 외부로만 향성하려고 하는 현대인들에게 가장 부족한 내면의 위대함을 발견할 수 있게 할 뿐 아니라 우리의 삶을 의미 있게 만드는 곧 내면의 위대함을 발견하게 하는 것이라고 강조합니다.

19세기 위대한 철학자 니체는 다음과 같은 유명한 말을 남겼습니다. '죽음에 이르는 고통이 아닌 한 그 고통은 나를 더욱더 강하게 변화시킨다.' 하지만 그는 이러한 니체의 말은 고통 그 자체가 우리를 더욱더 강하게 만든다는 말처럼 들릴 수도 있지만 그렇지 않은 것은 우리에게 잠재된 내면의 힘은 누구나 가지고 있기 때문입니다. 그렇기에 오직 역경 앞에서 꿋꿋이 전진하는 사람만이 그 힘을 얻을 수 있기 때문에 그는 우선 '전진하기'를 시작하라고 권합니다.

그렇습니다. 지금 당신에게 닥친 고난과 시련이 왜 하필이면 다른 사람도 아닌 당신에게 닥쳤을까요? 정말 그 고난과 시련이 어떻게 수많은 세상 사람을 다 놔두고 어떻게 기적처럼 당신만을 향해 찾아왔을까요?

그런데 당신은 이렇게 말합니다. '불법을 저질렀기 때문이라고, 그렇기 때문에 그것은 기적이나 복이 될 수 없다'고 말입니다.

그렇다면 나는 당신에게 이렇게 말하겠습니다. 당신은 '당신의 의지대로 예수님을 만나서 구원받았습니까?' 만약 그렇지 않다면 당신 말대로 당신은 예수님과 아무 상관 없는 사람이며 당신이 지금 겪고 있는 고난이나 시련 역시 하나님의 응원도 필요 없습니다. 즉 당신은 세상 속 자연인들과 다름없이 스스로 극복하면 되는 것입니다.

하지만 지금 당신은 운동장에서 넘어져서 무릎이 까이고, 손바닥 피부가 벗겨져 피가 흐릅니다. 그것이 당신의 생각과 상관없이 함께 달리던 친구의 발에 걸려 넘어졌든, 아니면 당신이 의도적으로 친구의 발을 걸려다가 넘어졌든 응원석에 앉아있는 많은 사람들이 보고 있어 부끄러워 숨고 싶은 마음뿐 입니다. 응원석에 앉아서 응원하고 계시는 아버지에게 쫓아가서 울면서 매달리고 싶습니다. 하지만 아버지의 응원 소리는 곧 당신에게 큐 사인으로 다가온다는 사실입니다,

당신이 그것을 깨달았다면 지금 이 아픔을 딛고 일어서야 합니다. 전진해야 합니다. 혼신의 힘을 다해 달려야 합니다. 그래서 이 운동장의 트랙을 보란 듯이 달리고 달려서 결승점의 테이프를 끊어야 합니다. 지금 주위를 돌아보십시오. 많은 사람들이 당신이 다시 일어나서 완주하여 결승점의 테이프를 끊기를 응원하고 있지 않습니까?

'기적의 인생과 축복의 인생과 기쁨의 인생'은 서로 다른 것이 아닙니다. 노래도 사람을 바꾸는 힘이 있다고 하는데 하물며 어찌 아버지이신 하나님의 말씀에 힘이 없겠습니까?

당신은 하나님의 약속을 소망하는 그 분의 자녀이기에 오늘 당장 고난과 시련이 문을 두드린다고 하더라도 그것은 당신만을 향하여 찾아오는 기적이 되고, 또한 그것은 절망이 아니라 오히려 복으로 다가오는 선물이 되는 것입니다. 당연히 당신의 인생 여정은 기쁨의 삶으로 이어질 수밖에 없습니다.

> "우리는 그가 만드신 바라 그리스도 예수 안에서 선한 일
> 을 위하여 지으심을 받은 자니 이 일은 하나님이 전에
> 예비하사 우리로 그 가운데서 행하게 하려 하심이니라
> (엡 2:10)"

아마 미켈란젤로에 대해 모르는 분은 없을 것입니다. 그가 '시스티나 성당'의 천장화를 그릴 때, 성질 급한 교황과 번번이 부딪칠 정도로 그는 성격이 괴팍한 인물이었다고 합니다.

미켈란젤로는 작업 중 이런 글을 썼습니다. 『일이 너무 진척되지 않습니다. 일이 늦어지는 것은 이 일이 어렵고, 내 본업인 조각

도 아니기 때문입니다. 시간이 자꾸 헛되이 흘러갑니다. 신이여 도
와주소서』

그는 마치 고행자 같았으며 하루 겨우 2시간씩 자면서 푸석한
빵 덩어리와 포도주로 끼니를 때웠습니다. 그리고 1512년 11월 1일
그가 작업에 나선 지 무려 4년 만에 사람들은 미켈란젤로의 시스
티나 성당의 천장화를 볼 수 있었습니다.

미켈란젤로는 이 안에 아담과 이브의 창조 · 타락 · 추방 · 노아
이야기 등 구약성서의 주요 내용을 3묶음 9장면으로 그렸는데, 중
앙 천장화에서 4번째 있는 그림이 훗날 가장 유명해진 '아담의 창
조'입니다. 피 대신 철이 흐른다는 그 냉정한 교황도 미켈란젤로
의 그림에 전율했습니다. 모든 사람들은 울었고, 무릎 꿇고 속죄하
였으며, 두 손 모아 기도했습니다. 이때 미켈란젤로의 나이는 고작
37세였습니다.

이전에 미켈란젤로는 조각 학교에서 그의 천재성을 알아본 '메
디치가家'를 만납니다. '메디치가'는 그 시절 가장 힘 있는 가문
으로서 넘치는 돈으로 예술가들을 아낌없이 후원했습니다. 미켈란
젤로는 말할 때 빼어 놓을 수 없는 것이 꼬장꼬장한 성격이었는데
그는 이때부터 이미 독설의 대가로 정평이 나있던 인물이었다고
합니다.

이때 미켈란젤로는 로마를 찾은 프랑스 추기경 '장 드빌레르'
에게 '피에타' 상을 제작 의뢰를 받았습니다. 이탈리아어로 피에

타는 '자비를 베푸소서' 라는 뜻으로서 피에타는 성모마리아가 죽은 예수를 안은 모습의 모든 작품을 의미합니다.

그는 이 작품을 의뢰받기 직전 작품인, '술 취한 바쿠스' 가 품질이 좋지 않은 대리석을 사용하는 바람에 색상이 변하는 등 한 번의 실패를 경험한 터라 피에타 상은 대리석의 색상이 변하지 않는 고급 석재를 이탈리아 북부 도시 카라라Carrara에서 순백의 대리석을 직접 채석하여 1498년부터 1년간 피에타 상을 빚었다고 합니다.

미켈란젤로는 제대로 먹지도 쉬지도 않고 미친 집중력으로 매달린 결과 1499년 드디어 피에타 상이 모습을 드러냈습니다.

여러 피에타 작품 중에서 미켈란젤로의 피에타는 그중 최고의 피에타였습니다. 로마가 들썩였습니다. 성모마리아의 옷 주름에 예수의 머리카락까지 모두 진짜 같았습니다. 핏줄 한 가닥마저 생생하게 표현되어 사람들은 '무덤을 파내 시신을 꺼낸듯하다' 는 섬뜩한 말이 돌 정도였다고 합니다.

소문에는 '악마가 빚었다', '천사가 내려와 만들었다', '천재 조각가 도나텔로의 옛 작품이 솟아났다' 는 식의 소문은 또 소문을 낳았습니다.

심지어는 '롬바르디아Lombardia출신 조각가가 빚었다' 는 자존심 상하는 말까지 들은 미켈란젤로는 한밤중에 피에타 상에 몰래 접근하여 성모마리아가 두른 끈에 '피렌체인 미켈란젤로 부오나로티가 제작MICHEL. AGELVS. BONAROTVS. FLORENT. FACIEBAT' 라는 글을 새겨 넣었다고 합니다.

그리고 나서 그는 새벽의 달빛 아래를 걸었는데, 고요한 새벽은

취할 듯 황홀했고 하늘에는 별이 쏟아지는 듯했습니다. 여기서 미켈란젤로는 크게 깨달았다고 합니다.

『신께서는 이 아름다운 천지를 창조하셨는데, 어디 하나 이름을 새기지 않았구나. 그런데 나는 고작 하찮은 조각 하나 만들고 거만하게 이름을 새겼다』라고 말입니다. 이 깨달음 후에 미켈란젤로는 다시는 자신의 작품에 서명을 남기지 않았다고 합니다. 물론 너무 유명해졌기에 굳이 이름을 쓸 필요가 없었을지도 모릅니다.

우리의 소망은 천국에 있으며 이 세상에서는 주님 안에서 무아無我의 상태로 살아가기 때문에 이 땅에 남겨지는 사람들의 기억으로만 남겨질 뿐입니다.

하지만 우리는 이 세상의 무엇인가를 통해 나我라는 존재를 남기려고 합니다. 미켈란젤로의 말처럼 하나님께서는 이 아름다운 세상을 만드셨음에도 그의 이름을 남기지 않으셨다는 사실을 우리는 기억해야 하지만, 사실 우리는 다른 사람들이 자신을 어떻게 평가하는가에 많은 신경을 쓰고 살아갑니다. 나我를 내세우는 흔적들을 선전하기에 바쁩니다. 나를 자랑하기 바쁩니다.

그러나 우리는 자랑하고 내세울 것이 전혀 없습니다. 우리는 하나님을 너무 모르고 살아왔습니다. 그저 지각만 있다 뿐이지 사실은 여느 동물과 다를 바가 전혀 없습니다.

하나님께서는 자녀인 우리를 '절대 모른다 아니 하시고 버리지 아니하신다(레 26:44)'고 성경은 진술하고 있습니다. 그리고 '우리를 도와주고 굳세게 하시겠다(사 41:10)'고 약속하고 계십니다.

하나님께서는 우리를 너무 사랑하시기 때문에 우리를 만나려고 아담 이후 여러 선진들을 통해 역사를 만드셨고 또한 그 역사 속에서 우리를 예수님을 만나게 하여 우리를 자녀 삼으시고 가족이라고 불러 주십니다. 그저 감사드릴 뿐입니다.

> *"내가 땅 끝에서부터 너를 붙들며 땅 모퉁이에서부터 너를 부르고 네게 이르기를 너는 나의 종이라 내가 너를 택하고 싫어하여 버리지 아니하였다 하였노라 두려워하지 말라 내가 너와 함께 함이라 놀라지 말라 나는 네 하나님이 됨이라 내가 너를 굳세게 하리라 참으로 너를 도와 주리라 참으로 나의 의로운 오른손으로 너를 붙들리라 (사 41:9,10)"*

우리 그리스도인들이 규칙적으로 드리는 예배에는 아주 엄청난 비밀이 있습니다. 사람들이 가장 하기 싫어하는 것은 늘 똑같은 일을 되풀이하는 '반복'이라고 합니다. 그런데 그 반복이 돈이 좀 되는 일이면 어찌 좀 꾹 참고 해보겠는데, 만약 전혀 돈이 되지 않는 것이라고 하면 다릅니다.

그런데 그리스도인들은 누가 돈을 주는 것도 아닌데, 수요예배, 금요 철야 예배, 주일 예배 등 똑같은 일을 일상에서 항상 되풀이하는 삶을 살아갑니다. 그리고 늘 같은 듯 다른, 목사님의 설교 역시 '주님은 우리를 사랑하신다. 주님을 믿어라'고 하는 반복인 것 같이 느껴져도 아랑곳 없습니다.

이렇듯 돈이 되지도 않는 똑같은 일을 반복하며 살아가는 이 세상의 부류가 바로 그리스도인들입니다. 그렇다고 이러한 일들이 그리스도인들이 뭔가 특별한 초능력이 있어서 하는 것이 아니라 아주 평범한 사람으로서 반복적으로 행하는 일이라는 것이 중요합니다. 하지만 세상 속 자연인들은 이렇게 하지 못합니다.

여기에는 큰 비밀이 하나 있습니다. 이 '평범이 반복'을 만나면 어떻게 될까요? 그것은 곧 그 '반복이 비범'으로 바뀐다는 사실입니다. 그렇다면 평범이 반복을 만나면 비범으로 바뀔까요? 그것은 바로 반복은 아무나 할 수 없는 것이기 때문입니다.

그리스도인들은 평범한 반복을 통하여 영생을 준비하는 자들입니다. 그렇기 때문에 비범한 것입니다.

따라서 하나님으로부터 '작정된 자'들은 어디 가서도 인정받는 비범한 사람들임을 스스로 깨닫고 우리를 이렇게 비범하게 만드신 아버지이신 하나님께 감사하며 자랑스러워하십시오.

이제 독자 여러분들은 하나님 안에서 비범하신 분들입니다. 또한 주님이 주시는 은혜의 충만함으로 예수그리스도께서 이 세상을 이겼듯이, 성령 안에서 한 몸 되신 예수그리스도의 능력에 힘입어 하나님의 자녀로서 '신념의 은총'으로 세상을 담대하게 이기시기 바랍니다.

세상 권세 아래에서 세워가는 믿음

인생의 여정에서 우리는 예상하지 못하는 일들을 많이 겪으며 살아갑니다.

오지랖 넓은 탓에 자신과 직접 관련 없는 일에 예기치 않게 휘말리기도 하고 또 선의로 베푼 일이 왜곡되고 변질되어 사건화가 되거나 또는 더 나아가 사회적 지탄의 상황까지 가기도 합니다.

이러한 과정을 가만히 지켜보면, 사람들의 이기심으로 인해 걷잡을 수 없게 확대되고 나중에는 수습이 불가능한 상태까지 이르게 하는 경우도 많이 있습니다.

만약 하나님을 믿는 당신에게 이와 같은 문제가 발생되면 어떻게 대처하겠습니까?

혹시 *"주님, 왜 나와 아무 상관없는 일이 하나님의 자녀인 나에게 왜 이런 일이 생깁니까? 저는 주일 성수도 잘 지키고 십일조도 잘 드릴 뿐만 아니라, 주변의 불쌍한 이웃도 잘 돕고 살지 않습니까?"* 라고 하지는 않습니까?

> *"바리새인은 서서 따로 기도하여 ...(중략)...*
> *나는 이레에 두 번씩 금식하고 또 소득의 십일조를 드리*
> *나이다 하고 세리는...(중략)... 다만 가슴을 치며 이르되*
> *하나님이여 불쌍히 여기옵소서*
> *나는 죄인이로소이다 하였느니라 (눅 18:11~13)"*

아니면, 세상 속 자연인들과 다름없는 모습으로 문제해결을 위해 정신없이 뛰어다니십니까? 만약 그것도 아니라면, 혹시 *"하나님 나의 아버지..."* 하고 눈물 콧물 다 빼면서 당신이 하고 싶은 말만 실컷 하거나 마치 도를 닦는 사람인 양 두 눈 지그시 감고 주파수 맞추듯 *"음"* 하고 신음소리로 삼라만상을 휘젓고 다니지는 않습니까? 사실 이런 모습들은 '참 그리스도인'의 모습이 아닙니다.

솔직히 사람들에게 어떤 문제가 닥치면 핑계하기 급급한 것이 사실입니다. 그것은 그 문제가 벌어진 상황에서 자신의 존재를 가급적 삭제하지 않으면 안 되는 두려움 때문입니다.

하지만 모든 문제는 '내가 100% 잘했다, 잘못했다'는 것은 없습니다. 조금 비약적인 설명일지는 모르겠지만, 당신이 자동차를 몰고 가는데 반대편에서 과속하던 자동차가 앞차와 추돌하여 반대편에서 운전하던 당신의 차를 덮쳤다'라고 가정해 봅시다.

그렇게 되면 잘잘못의 판단은 당연히 세상 법에서 할 것이지만, 어느 누구도 *"왜 당신차가 하필이면 그 시간 그 자리에 있었느냐?"* 라고 따져 묻지는 않을 것입니다.

사람들을 다스리는 세상 법은, 하나님의 '허용하심' 법칙에 의해 전적으로 세상 권세에 맡겨졌기 때문에, 공공의 질서를 위한 판단 외에는 하지 않습니다. 그러나 당신이 그리스도인이라면 다릅니다. 오히려 당신은 그 사건을 통해 '하나님의 뜻'을 알고자 해야 합니다.

왜냐하면 세상 그 어느 것도 우연이란 없으며, 모든 것은 하나님의 계획 속에서 필연으로 나타나기 때문입니다.

이렇듯 크고 작은 사건들이 우리 주변에서 비록 자연스럽게 일어나고, 자주 겪는 일이라고 하더라도, 하나님을 찾고 의지하는 일은 바로 당신의 반응에 따라 당신의 행위를 통해 외부로 표현됩니다. 그리고 곧 그것은 곧 당신의 중심이 어디에 있는지 바로미터로 작용됩니다.

비록 이러한 갑작스러운 상황이 일상의 단편적 부분의 모습이라 할지라도 그 속에서 당신이 우선하여 하나님을 찾고자 한다면 그것은 은혜로서 당신의 마음속에 내주來駐하신 성령님께서 하나님을 찾고 의지하도록 생각나게 하신 것입니다.

따라서 이것이 곧 당신의 일상을 통해 하나님께서 간섭하시고 설득하는 과정이며 '작정하심'으로 당신을 계획하시고 계시다는 사실을 반증하는 즉 성령님이 행하시는 사역의 비밀인 것입니다.

"보혜사 곧 아버지께서 내 이름으로 보내실 성령 그가 너희에게 모든 것을 가르치고 내가 너희에게 말한 모든 것을 생각나게 하리라 (요 14:26)"

성경에서 *"모든 권세는 하나님이 정하신 바라(롬 13:1)"* 고 진술하고 있습니다.

그렇기 때문에, 비록 당신이 세상 권세가 불의하다고 생각되더라도, 하나님께서 정하신 것이라면 복종해야 합니다. 만약 앞서 예시한 교통사고의 경우 세상법의 판단이 너무 억울하여 도저히 수용할 수 없다고 한다면 그 복종을 거부할 수는 있습니다.

하지만 그로 인한 불이익은 당신 스스로가 감당해야 될 몫이지 그렇다고 해서 세상을 허용하신 하나님께서 잘못되었다고 말할 수는 없습니다.

당신이 진정 하나님의 자녀라고 믿는다면 이러한 문제들이 닥치는 그 순간 주저 없이 아버지이신 '하나님의 뜻'이 무엇인지 알려고 노력하십시오. 주님을 향한 즉각적인 당신의 반응은 당신이 주 안에서 삶을 살아가는 그리스도인임을 증명하는 것이기 때문에 성령님의 말씀방인 양심을 통해 그분의 속삭이는 음성을 듣게 하십니다.

특히 당신의 이러한 반응은 세상적인 표현이나 행위를 조심하도록 인도되며 주님 안에서 문제를 해결할 수 있도록 도와줍니다.

> *"분을 내어도 죄를 짓지 말며 해가 지도록 분을 품지 말고 (엡 4:26)"*

그리고 당신은 억울하고 부당하다고 여기는 것들이 혹여 악이 조장하는 '자기 확신'이나, 또는 '자신의 이기심'이 아닌지 판별해야 합니다. 그러므로 항상 *'양심이 증거가 된다(롬 2:15)'*는 성경의 진술을 생각하십시오.

> *"그러므로 복종하지 아니할 수 없으니 진노 때문에 할 것이 아니라 양심을 따라 할 것이라 (롬 13:5)"*

우리의 일상에서 벌어지는 크고 작은 모든 문제는 만유의 주재이신 '하나님의 뜻'에 따라 필연으로 우리에게 다가옵니다. 이는 모든 만물은 그 어느 것도 독립적이 없다는 사실을 뜻하는 것이며 세상 모든 것은 상호 간 긴밀하게 연결되어 있다는 것을 의미합니다.

우리의 인생 역시 자기의 의사와 상관없이 타인의 힘이 작용하는 것을 보면 마찬가지라는 것을 알 수 있습니다. 이것을 흔히 인연因緣이라고 말합니다.

세상의 모든 시스템은 하나님의 '허용하심의 법칙'에 따라 움직입니다. 그렇기 때문에 그리스도인들은 비록 자신이 세상 권세 속에서 살아가고 있다 할지라도 하나님의 '작정하심' 속에서 살아가는 자녀임을 한시도 잊어서는 안되며 그 믿음을 놓아서는 안 됩니다.

우리 인간은 몸속 안에 뼈가 있는 척추동물입니다. 하지만 갑각류는 뼈가 없고 오히려 몸 바깥의 껍질이 단단합니다. 재미있는 것은 그렇게 단단하면 성장은 어떻게 하는지 궁금하지 않을 수 없습니다. 갑각류는 성장할 때 허물을 벗기 때문에 허물을 벗고 나올 때는 아무리 힘이 센 왕 가재도 그 순간만큼은 말랑말랑해서 누구에게나 잡아먹힐 수 있는 상처받기 가장 쉬운 순간이 된다고 합니다.

그렇습니다. 우리는 이 갑각류처럼 자기의 생각과 단단한 고집으로 무장되어 있기 때문에 당신의 믿음이 성장할 수 있는 순간은 오히려 당신이 '가장 약할 때'입니다. 그렇다면 우리가 가장 약할 때가 언제입니까? 그때는 곧 당신이 고난과 시련을 겪을 때 바로 '그때'가 가장 약해지는 그 순간이며 또한 성장할 수 있는 '그때'이기도 합니다.

우리는 교만이라는 단단한 껍질 벗기를 주저하지 않고 스스로를 내려놓는 것을 습관화시켜야 합니다. 우리가 '영적으로 성장' 하기 위해서는 자신의 생각과 고집으로 단단히 무장된 껍질을 마치 갑각류가 허물을 벗듯 벗어버려야 합니다.

물론 그 과정은 비록 고통이 따르겠지만 하나님의 '작정하심' 속에 있는 그리스도인들은 필수적으로 거쳐야 하는 과정입니다. 우리는 우리에게 닥친 고난과 시련을 통해 가장 약할 때 오히려 딱딱한 껍질을 벗고 믿음이 한층 더 성장할 수 있는 기회로 만들 수 있습니다.

옛날 중국의 고대 왕조시대나 한국의 조선시대에는 수절과부守節寡婦라는 말이 있었습니다. 이 시대는 여인들에 대한 배려나 권리 같은 개념이 없었던 시대로서 특히 여인들의 정절에 대해서만큼은 가혹하리만큼 중요시 여겼습니다. 출가 후에 불행하게 남편이 세상을 떠나게 되면 아내는 거의 말 못하는 죄인처럼 살아야 했습니다. 그리고 남편의 상례喪禮절차를 마치고 나면 여인은 반드시 과부寡婦로 수절守節해야 하는 것이 당연시되었던 시절에 새로운 배우자를 만나 다시 '시집을 간다' 는 것은 꿈에도 생각을 할 수 없었습니다.

즉 남편이 죽으면 부인은 죽을 때까지 재가再嫁를 하지 않고 정절貞節을 지켜야 하는데 늘 은장도를 몸에 지녔습니다. 왜냐하면 정절을 빼앗기게 되면 스스로 자결해야 하기 때문입니다. 즉 은장도는 일종의 여성 자결용이라 할 수 있습니다.

하지만 여자로서 혼자 산다는 것은 이루 말할 수 없는 고통이 따랐습니다. 당시 남성 중심의 사회에서 과부가 혹여 자녀라도 있으면, 홀로 자녀들을 키우면서 '가정을 꾸린다' 는 것은 너무나 고통스러운 일이었고 특히 시부모님까지 모시면 더욱 그러했습니다.

물론 홀로된 여인은 새신랑을 찾아 새 삶을 시작하여 이러한 고통에서 벗어나야 하지만 이 시대의 문화가 그렇다 보니 어쩔 수 없었습니다.

하지만 만약 과부의 재가가 가능했다고 한다면 그 과부는 배우자와 함께 살아가면서 수절과부 때와는 다른 인생을 살 수 있었을 것입니다. 비록 또 다른 현실의 고통이 따를지라도 그래도 그 고통은 홀로 짊어지는 고통이 아니라, 부부가 함께 짊어지는 고통일 될 것이니 비록 삶이 힘들어도 극복하기가 훨씬 수월하지 않았겠습니까?

우리 역시 마찬가지입니다. 혼자서는 삶이 외롭고 고통스럽습니다. 하지만 비록 현실적인 고통이 따르더라도 우리에게는 예수그리스도께서 함께하고 계십니다. 예수그리스도께서 함께 하시기 때문에 우리는 더욱 담대해 질 수 있는 것입니다.

당신은 하나님의 자녀입니다. 그렇기에 악이 난무하는 이 세상에서 당신의 중심을 항상 믿음 안에 두어야 합니다. 그것은 어떤 내면적 에너지를 필요로 하는 것이 아닙니다.

내면적 에너지는 순전히 자기 자신을 나타내는 것이기 때문에, 자기의 의義를 드러낼 뿐입니다. 당신은 예수그리스도를 앞장세워 마치 새가 알을 깨고 나오듯 자기 스스로의 틀思考을 깨야 합니다. 물론 힘이 듭니다. 고통도 따릅니다. 하지만 예수님께서 당신과 연합하여 한 몸으로 위로하고 계실 뿐 아니라, 아버지이신 하나님께서도 응원하고 계시므로 담대하게 알을 깨고 나오십시오. 밖에서 깨트려지면 사망이지만 안에서 깨트려진다면 생명이라 했습니다.

사실 우리는 불행이 생기면 꼭 자기 자신에게만 생긴다고 생각합니다. 하지만 반드시 알아야 할 사실은 예기치 않게 나타나는 불행이 자기에게만 나타나는 것이 아니라, 자연인이든 그리스도인이든 가리지 않고 사람에 따라 그 형태가 각기 다른 모습으로 나타난다는 사실입니다.

이는 세상 사람 누구든지 인생 여정에서 수없이 겪으면서 살아가고 있다는 사실에서 볼 때 주님과 함께하는 우리의 삶은 여전히 아름답고 행복할 수밖에 없습니다.

우리는 믿음을 자랑합니다. 하지만 믿음은 자랑의 대상이 아닙니다. 왜냐하면 그것은 전적으로 모두 하나님의 은혜이기 때문입니다. 이런 고백을 하면 할수록 믿음은 더욱 성장됩니다.

따라서 믿음은 고난과 시련이 더하면 더할수록 성장하는 속성을 가지고 있지만 만약 믿음을 은혜로써 받아들이지 못한다면 역으로는 실족하는 믿음이 되어버립니다. 그렇기 때문에 은혜를 떠난 믿음은 없기때문에 성장된 믿음에 더욱 단단한 껍질로 새롭게 입혀질 수 있도록 은혜를 구하십시오.

따라서 이런 믿음을 가진 사람은 자기의 믿음을 자랑하지 않고 그 믿음으로 다른 사람을 정죄하지 않습니다.

믿음은 하나님의 긍휼함으로 베풀어지는 은혜이며 은총입니다.
하지만 믿음으로 살아가는 것이 '당신의 행함으로 이루어지는 것’이라고 주장하고 싶다면 과연 당신은 주님이 말씀하신 대로 살아가고 있는지 스스로를 한번 돌아보기 바랍니다. 아마 평생 살아도 주님 말씀대로 살지 못할 것입니다.

사실 믿음이란, 말은 있는데 행위로 검증이 되지 않기 때문에 만약 우리의 믿음이 행위나 우리의 의지에 근거한 것이라고 주장한다고 하면 우리가 받는 구원은 불확실할 수밖에 없습니다.

믿음에 대해 큰 실수를 범하는 사람들이 있는데, 그것은 자신의 막연한 생각으로 믿음을 망쳐버리게 되는 ‘왜곡된 망상적 긍정’이라는 사탄이 주는 달콤한 선물때문입니다.

‘스톡데일 패러독스’라는 말이 있습니다. 스톡데일은 사람 이름이고 ‘패러독스’는 역설이라는 뜻입니다.

베트남 전쟁에서 많은 미군들이 잡혀 수용소 생활을 했습니다. 미군 장교였던 스톡데일도 마찬가지로 베트남군에게 잡혀 ‘포로 생활을 시작했다’고 합니다. 매일매일 지독한 폭행과 고문이 남발하는 기약 없는 수용소 생활을 견디기 위해서는 언젠가 풀려날 것이라는 굳은 희망과 믿음이 필요했습니다.

포로가 된 스톡데일과 동료들은 자유로운 미래를 생각하면서 하루하루를 버텨나갔는데 딱 한 가지 차이점이 이들의 생사를 갈라놓았다고 합니다. 실제로 스톡데일은 8년에 가까운 포로 생활을 견뎌내며 무사히 석방되었지만 수많은 동료들은 수용소에서 세상을 떠났습니다.

과연 이들에게 어떤 차이가 있었던 것일까요? 스톡데일이 석방

되어 미국으로 귀환하던 당시에, 한 기자가 스톡데일에게 이런 질문을 합니다. *"기약 없는 수용소 생활을 어떻게 견딜 수 있었습니까?"* 그러자 스톡데일은 대답합니다. *"언젠가는 반드시 풀려날 것이라는 희망이 있었습니다."* 스톡데일이 그렇게 말하자 그 기자는 한 가지 질문을 더 던집니다. *"그러면 수용소 생활을 견디지 못한 사람들은 어떤 특징이 있었습니까?"* 아마 그 기자는 이들이 스톡데일처럼 긍정적인 미래를 꿈꾸지 않고 부정적인 현실에 낙담한 사람들이었을 것이라고 예상했던 것으로 보입니다.

하지만 스톡데일의 대답은 의외였습니다. *"그 사람들 역시 그 고통스러운 수용소 생활에서 언젠가는 반드시 풀려날 것이라는 희망과 믿음을 가졌던 사람들이었지만, 스스로 확신하는 희망으로 의도된 긍정을 가졌고, 그것을 믿음이라 생각했습니다."*
그리고 그들은 *"크리스마스를 앞두면 크리스마스에는 꼭 풀려날 거야."* 라는 부푼 희망에 기대다가 크리스마스가 지나도 풀려나지 않으면 큰 좌절을 겪었고 또 부활절을 앞두면 *"부활절에는 꼭 풀려날 거야라고 생각하면서 매달리다가 풀려나지 않으면 마찬가지로 큰 좌절을 경험했다"* 고 고백했습니다.

반면 스톡데일자신은 언젠가는 '반드시 풀려날 것' 이라는 희망과 믿음은 있었지만 그것은 현실적으로 쉬운 일이 아니니 '장기간 버텨야 한다' 는 각오로 매일매일 건강을 챙기면서 왜곡된 긍정을 버렸다고 합니다. 그리고 오로지 '풀려날 것은 분명하다' 라는 믿음으로 마음의 중심을 지켰고 동시에 풀려난 후에 자신이 할 일들을 생각하면서 희망으로 견뎌낸 것입니다.

즉 이 말이 뜻하는 것은, 무조건적인 긍정으로 미래의 희망에만 매달린 사람들은 그 희망이 절망이 되면서 더 이상 몸도 마음도 견딜 수 없는 지경에 이르게 된다는 사실입니다. 한편 스톡데일은 희망과 가능성뿐 아니라 현재 자신이 겪고 있는 고통스러운 현실을 '올바르게 직시하려고 노력했다' 는 사실이 동료들과 다른 점이었습니다.

그렇다면 우리는 '긍정' 이 어떤 것인지 알아야 합니다.

지금 당신은 긍정이라는 단어를 어떻게 알고 계십니까? 많은 사람들이 긍정이라는 뜻을 잘못 이해하고 있는데 그것은 좋게 생각한다는 뜻이 아닙니다. 긍정의 사전적 의미를 빌리자면, 긍정은 있는 그대로 인정하고, 납득하고, 수용하는 것입니다.

그런데 우리는 좋지 않은 상황을 무조건 밝고 희망차게 좋게 생각하는 것을 긍정으로 알고 있습니다. 이것은 거짓된 것이며 왜곡된 것입니다. 현재 상황이 '너무 좋지 않은데, 좋다' 고 말하면 그것은 왜곡을 넘어선 망상일 수밖에 없는 것입니다.

이렇게 부작용이 큰 긍정을 무조건적 긍정, 비현실적 긍정, 낭만적 긍정, 왜곡된 긍정, 망상적 긍정이라고 합니다. 진짜 긍정인 합리적인 긍정을 갖기 위해서는 미래에 대한 희망과 가능성은 열어두되, 눈앞에 놓인 고통스러운 현실을 객관적으로 인정하고, 현재 해야 하는 일에 집중하는 것이 매우 중요합니다. 그것이 곧 믿음입니다.

그러나 왜곡된 긍정은 사탄마귀가 우리에게 주어 망상을 일으키게 하는 마약입니다. 이러한 마약은 당신의 믿음을 반쪽짜리로 만들며 또한 그 반쪽에 '자기 확신'을 채움으로써 죄를 짓게 합니다. 당신은 오히려 믿고 있던 그 긍정으로 인해 더욱 처절함을 경험하게 할 뿐 아니라, 당신을 절망의 수렁으로 몰아넣게 합니다.

지금 당신에게 역시 많은 문제가 있을 수 있습니다. 하지만 그 문제가 많다는 사실을 인정하고 받아들여서 수용하여 자신이 할 수 있는 것들을 하는 것이 진짜 긍정입니다. 그렇기에 눈앞의 현실을 바라보지 않고 부정적인 상황을 긍정이라는 말로 회피하고 포장하고 미래는 무조건 행복하고 다 잘될 것이라는 생각은 버리십시오. 현실을 있는 그대로 바라보아야 합니다. 이 사실을 꼭 기억하십시오.

필자가 이 장에서 특히 강조하고자 하는 것은 많은 그리스도인들이 자신에게 어떤 문제 등이 생겼을 경우, 마음의 중심을 잃고 양심에 어긋난 행동이나 망상적 긍정으로 현실을 회피하는 것을 많이 보았습니다.
그리고 특히 세상 법에 관련된 문제의 경우에는 현실을 제대로 직시한다면, 오히려 아버지이신 하나님께 무릎을 꿇을 것인데 그렇게 하지 못하고 오로지 세상 법에 의한 판단만을 중요하게 생각합니다. 그렇다 보니 그 불안감을 감추려 핑계하고 망상적 긍정으로 애써 포장하려 합니다.

물론 세상 법도 중요합니다. 하지만 그것보다 더욱 중요한 것은 우리에게 어떤 문제가 생기면 예수그리스도와 형제요 하나님의 자녀인 우리의 신앙이 어느 위치에 있는가? 를 우선적으로 점검해봐야 한다는 사실입니다.

우리는 믿음의 결과를 확인하고 싶어 안달하는 습관이 있습니다. '내가 이렇게 믿고 있으니' 하면서 그 결과에 대해 유추하고 조급해 합니다. 하지만 우리는 허황된 내일을 바라보는 '자기 확신'의 희망을 가질 것이 아니라, 진짜 긍정인 합리적인 긍정으로 현실을 바라보고 먼저 마음의 중심을 세워 하나님께 즉각 '반응' 하는 습관부터 가져야 합니다.

정말 당신에게 믿음이 있다면 현실의 눈앞에 놓인 문제를 객관적으로 인정할 수 있을 것이며, 또한 당신이 그것을 인정할 때 당신의 믿음은 하나님께서 주시는 약속을 받을 수 있습니다. 당신은 하나님의 자녀이면서 동시에 세상 권세 속에서 살아간다는 사실을 명심하십시오.

> "두려워하지 말라 내가 너와 함께 함이라 놀라지 말라 나는 네 하나님이 됨이라 내가 너를 굳세게 하리라 참으로 너를 도와 주리라 참으로 나의 의로운 오른손으로 너를 붙들리라 (사 41:10)"

예수님을 그리스도로 영접하는 일은 '하나님의 자녀' 라는 신분이 되는 일입니다.

그것은 아버지이신 하나님께서 거저 주시는 은혜로 받는 은총이기에 당신의 의지로 받는 것이 아닙니다. 물론 당신은 한 때의 실수로 인해 세상 권세의 판단을 받고 또한 고난과 시련역시 겪을 수도 있겠지만 그러한 사실보다 당신은 하나님의 자녀임에도 불구하고 '세상 법에 맡겨졌다' 는 사실이 더 중요합니다.

우리 그리스도인의 속성은 세상 권세 속에서 하나님의 자녀라는 지위를 갖고 있기 때문에 비록 세상 법에 의해 판단을 받는다고 해도 그것은 아버지이신 '하나님의 뜻' 을 깨닫기 위한 것이라는 사실을 알아야 합니다.

즉 당신은 아버지의 '작정하심' 속에서 '징계훈육' 를 받는 것이기 때문에 그것을 극복하는 과정을 통해 자신을 스스로 되돌아 볼 수 있어야 하는 것은, 하나님께서는 당신이 겪는 일상의 문제들을 통해 당신이 돌이키고 당신이 주님과 함께 동행하는 삶을 살아가길 원하시기 때문입니다.

> *"너희가 참음은 징계를 받기 위함이라 하나님이 아들과*
> *같이 너희를 대우하시나니 어찌 아버지가 징계하지 않*
> *는 아들이 있으리요 징계는 다 받는 것이거늘 너희에게*
> *없으면 사생자요 친아들이 아니니라 (히 12:7,8)*

그렇다면 예수님을 그리스도로 영접하지 못한 세상 속 자연인들은 어떻게 대처할까요? 안타깝게도 그들은 그들만의 방법으로 그것을 극복하려고 애 쓸 것이며 세상 법 아래에서 스스로의 고통으로 감당해야 합니다. 하지만 당신은 아버지이신 하나님의 자녀로서 그분의 '작정하심' 속에서 겪는다는 사실이 이들과 다른것입니다.

즉 당신은 내주來駐하신 성령님 안에서, 당신과 하나 된 예수그리스도의 도움으로 이를 충분히 극복할 수 있기 때문에 그것은 분명 '복'이라는 이름으로 찾아오는 기적일 수밖에 없다고 밝혀 지적하는 것입니다.

이처럼 당신이 겪는 고난과 시련은 '하나님의 뜻'을 깨닫게 되는 과정이며 형통을 소망하는 기쁨인데 어떻게 감사 기도가 절로 나오지 않겠습니까?

이제 당신에게 고난과 시련이 기적처럼 들이닥친다면, 이를 하나님의 작정하심이라 깨닫고 오히려 기뻐하며 담대히 맞이하십시오. 그로 인해 다가올 소망은 얼마나 기다려질 것이며 또 그 열매가 얼마나 기다려지겠습니까? 그렇기 때문에 당신이 인내하며 극복하지 못할 하등의 이유가 없습니다.

믿음의 열매는 고난과 시련속에서 열립니다. 이런 이야기가 있습니다. 어느 시골집에 대추나무 한그루가 심어져 있었습니다. 시골 생활이 처음인 집주인은 열심히 대추나무를 가꾸고 보살폈지만 어느 해부터인가 이상하게도 대추나무에는 열매가 하나도 열리지 않았습니다,

집주인은 생각했습니다. *"정말 이상하지, 이렇게 가꾸고 정성을 들이는데 왜 열매를 맺지 못할까?"*

반면 옆집 할머니 집에 있는 대추나무는 한 해도 거르지 않고 풍성한 열매를 맺었습니다. 이에 궁금증이 생긴 집주인이 할머니를 찾아가 물었습니다. *"할머니, 할머니 집 대추는 이렇게 많이 열리는데, 저희 집 대추나무는 왜 열매를 맺지 못하는 걸까요?"* 할머니는 대답하였습니다. *"대추나무는 그렇게 잘해주면 열매가 열리지*

않아", "대추나무 밑에 개나 염소를 묶어놔." 그러자 집주인은 "할머니 저희 집에는 개나 염소가 없는데요?" 그러자 할머니가 다시 이렇게 말했습니다. "그러면 지나가면서 몽둥이로 한두 대씩 대추나무를 때려줘"

집주인은 할머니의 말대로 대추나무 밑을 지나가면서, 대추나무를 작대기로 한두 대씩 툭툭 쳤는데, 다음 해 정말 놀랍게도 많은 대추가 열렸습니다.

그렇습니다. 예전에는 편안해서 열매를 맺지 않던 대추나무가 위기를 느끼고서야 종족 번식을 위해 많은 열매를 맺은 것입니다.

그것은 바로 대추나무가 바로 궁窮해진 것과 같은 원리입니다.

우리의 믿음도 마찬가지입니다. 고난과 시련이라는 위기가 없으면 우리의 믿음은 성장할 수 없습니다. 궁窮이란 막다른 곳에 이르러 더 이상 앞으로 나아갈 수 없는 상황을 가리킵니다.

우리 인생에서 가장 중요한 전환기는 바로 궁窮한 상태에서 일어납니다. 대추나무가 그러하듯 우리 역시 안락과 평화 속에서는 굳이 변화하려 애쓰지 않습니다. 부서지고 망가지고, 궁窮해져야 그때서야 변화를 도모하기 때문입니다.

궁즉변窮則變이라는 말이 있습니다. 이 말은 힘들고 어렵지만 궁窮으로 나를 내몰 때 더욱 '단단한 내가 된다' 는 말입니다. 이렇듯 우리의 변화는 고난과 시련속에서 만들어질 수 있습니다.

하나님께서는 당신이 그 고난과 시련을 대하는 반응을 통하여 '당신의 중심을 지켜보신다' 는 사실을 명심하십시오. 믿음의 열매는 당신이 반응하는 행위로 외부에 표현됩니다.

따라서 우리는 비록 세상 권세 아래에서 살아가지만, 하늘에 계신 하늘 아버지의 자녀임을 망각하지 않고, 긍휼함의 은혜를 더하시는 하나님의 뜻을 알고, 베푸시는 그 믿음 위에 믿음을 더 세워 나가야 합니다.

> *"다만 이뿐 아니라 우리가 환난 중에도 즐거워하나니 이는 환난은 인내를, 인내는 연단을, 연단은 소망을 이루는 줄 앎이로다 (롬 5:3~4)"*

고난과 시련 속에서 세워지는 믿음

우리에게 고난과 시련이 닥쳤을 때 우리는 믿음을 어떻게 세워야 되는지 한번 살펴보겠습니다. 만약 자신에게 닥친 문제가 스스로의 잘못으로 발생되었다고 하면, 통상적으로 그리스도인의 대부분은 자신의 죄를 인정하고 전적으로 주님께 의지하면서 그 문제를 해소하기 위해 동분서주東奔西走하는 모습을 보입니다. 물론 신앙인으로서 아주 바람직한 모습입니다.

하지만 이와는 달리 '나 잘났다'고 주장하는 그리스도인들도 꽤 많은 것이 사실입니다. 이 나 잘났다는 것은 나의 의義 즉 나의 옳음을 전적으로 앞세우는 행위임을 알면서도 제어가 잘 안되는 것이 사실입니다.

따라서 우리가 분명히 알아야 할 사실은 우리에게는 이미 의라는 것은 이미 소멸되어 존재하지 않는다는 사실입니다.

자기 스스로를 앞세우는 의는 의가 아니라 우리들 자신의 본질로 나타나는 속성인 나 아我 즉 나의 고집我일 뿐입니다.

한자어 의義를 파자하면, 어린 양羊과 나를 나타내는 아我가 함께 뭉쳐야 하나가 되어 의롭다義로 표현된다는 사실을 알 수 있습니다. 그렇기 때문에 이는 예수님을 상징하는 어린양羊 앞에 나我 자신이 순종해야 비로소 의롭게義되는 것을 의미하는 것이기에 우리는 예수님을 통하지 않고는 '의롭다 함(갈 2:16)'을 얻을 수 없다는 사실입니다.

그리고 믿음은 우리들이 그저 받은 '긍휼함의 은혜로 얻는 은총'이라는 사실을 꼭 기억하고 우리의 행위로는 절대 '의롭다함'을 얻을 수 없음을 깨달아야 합니다.

한자어가 왜 이렇게 만들어졌는지는 더 연구를 해봐야 알 수 있겠지만, 독자 여러분들의 이해를 돕기 위해 예시를 든 것임을 이해하시기 바랍니다.

이렇듯 우리가 예수그리스도에 의지하여 의롭다함을 얻었음에도 불구하고 나를 앞장세우거나 '나 잘났다'라고 하는 행위는 나의 고집인 아我만을 나타냅니다.

즉 나를 나타내는 아我는 이미 어린양羊이신 예수그리스도와 하나義로 합쳐졌기 때문에 우리가 예수님을 만나서 그를 그리스도로 영접한 이상 믿음에 있어서 나我를 드러낼 '더 이상의 존재가 없다'는 것을 뜻합니다. 즉 무아無我의 상태라는 것입니다.

따라서 우리는 적어도 주님 안에서 무아無我의 상태가 되어야 합니다. 이 '무아'는 극도의 집중으로 스스로의 존재조차도 잊은 채 어떤 행위를 하고 있는 때에 무아지경無我之境이라고 할 때도 사용되는데, 정신이 한 곳에 몰려 '스스로조차도 잊는다.'는 의미로서 주로 '무아無我의 경지'라는 뜻으로 사용됩니다. 이렇듯 주님 안에서는 우리는 무아無我의 지경之境이 되어야 합니다.

무아無我라고 하니, 어떤 분들은 그것은 불교 용어 아니냐? 라고 말씀도 하지만 불교에서 한자어를 차용하여 사용했을 뿐입니다.

이 무아지경無我之境은 언뜻 보기에 뭔가 대단한 경지에 이른 것 같지만 사실 우리 역시 일상생활에서 간간히 경험할 수 있습니다.

주로 게임이나 악기 연주, 공부처럼 신체적 활동은 적으면서 정신을 고도로 집중해야 하는 활동을 하다 보면 가끔씩 평소 자기 실력보다 훨씬 더 나은 실력으로 표현될 때가 있습니다. *"어? 내가 이걸 어떻게 하고 있지?"* 라고 자각하는 순간, 집중이 깨어져 평소 상태로 돌아오는 것을 많이 경험들을 해보았을 것입니다.

그런데 이 집중이라고 하는 것은 몰입을 말하는데, 많은 사람들이 이 몰입을 엄청나게 집중해서 노력하는 것이라고 이해하지만 그것이 아닙니다.

세계적인 몰입의 최고 대가라 할 수 있는 '칙센트 미하이'는 엄청 집중해서 노력하는 것이 몰입이 아니라, 훨씬 더 자연스러움 상태에서 집중하는 것을 몰입이라고 말합니다.

이게 무슨 말인가 하면, 몰입이 되면 자신이 집중하고자 하는 것이 정말 자신이 바라는 것인지 아닌지를 구분할 수 있다고 하는 것입니다. 우리가 어릴 때 무엇을 하고 싶다는 것은 대체로 사회적 영향력이 없는 상태에서 순수하고 본성적인 욕구인 경우가 더 많습니다.

어린아이가 일어서서 걸음을 걸을 즈음에는 계속해서 넘어지지 않습니까? 그런데 아이는 수없이 반복해도 지치지를 않습니다. 아이들이 넘어지고 심지어는 어디에 머리를 부딪쳐서 아픈 경험을 해도 계속 일어서서 걸음 떼기를 주저하지 않습니다.

그리고 드디어 비록 불완전하지만 넘어지지 않고 아장아장 걷게됩니다. 이때 너무나 좋아하는 아이의 해맑은 웃음을 발견할 수 있습니다.

이렇듯 우리가 무엇인가 집중하고 몰입하려면 우리 자신의 진정한 욕구가 무엇인지 찾아내는 데 우선 노력을 경주해야 합니다.

그것이 나를 진정한 믿음의 사람으로 바꿔줄 단 한 가지 비밀인 것입니다.

우리가 예수님을 믿는다는 사실은 나我자신을 드러내지 않는 무아無我로 가는 길입니다. 사실 나我라는 존재는 피아노 소리나, 종소리나, 피리 소리와 같습니다. 그렇기 때문에 의로움義에는 나我를 개입시키지 않아야 합니다. 나我를 어린양¥이신 예수그리스도 앞에 철저히 내려놓으십시오.

살펴보았듯이 그 어떤 것도 나我라고 할 수 없기 때문에 무아無我라고 합니다. 그렇기에 현실은 착각의 현실이 됩니다. 그리고 나我라는 존재는 이미 어린 양이신 예수님¥으로 인해 의義롭다함을 얻었기 때문에 나 자신에게는 나를 드러낼 나라는 존재가 없는 무아無我상태이기 때문에, 나는 예수님과 한 몸이 됨으로서 '의義롭다' 함을 얻게 된다는 사실을 발견 할 수 있습니다.

우리 그리스도인들은 주의 도를 따르기 때문에 우리 자신의 고달픔으로 행하는 봉사를 보람이라고 여기지 않습니다. 그것은 선의의 봉사가 즐거움과 희락이 아니라 고행이 될 수밖에 없기 때문입니다.

그러나 많은 그리스도인들이 *"좁은 문으로 들어가라 멸망으로 인도하는 문은 크고 그 길이 넓어 그리로 들어가는 자가 많고 (마 7:13)"* 하는 성경 말씀을 '힘들지만 고행을 하며 힘들게라도 주님의 뜻을 이루고 다른 사람들이 다 피해 가는 길을 내가 가야 한다' 라고 착각합니다.

선행은 자랑하지 않고 베푸는 자의 고달픔을 전제로 하지 않습니다. 그리고 이웃을 향한 완전한 사랑의 표현이 되어야 합니다. 즉 하나님께서 '작정한 자' 들인 우리 자녀들은 자신만의 안위나 이익을 쫓지 않고 긍휼함으로 세상을 바라보아야 한다는 사실입니다.

다시 말하자면, 예수님께서는 *"생명으로 인도하는 문은 좁고 길이 협착하여 찾는 자가 적다(마 7:14)"*, *"거짓 선지자들이 양의 옷을 입고 나온다(마 7:15)."* 라고 말씀하시면서, *"나더러 주여 주여 하는 자마다 다 천국에 들어갈 것이 아니요 다만 하늘에 계신 내 아버지의 뜻대로 행하는 자라야 들어가리라 (마 7:21)."* 고 말씀하셨습니다.

그렇다면 이 '주여 주여' 하는 자는 누구이겠습니까? 바로 거짓 선지자들입니다. 성경 말씀을 아는 우리가 오히려 '거짓 선지자' 가 될 수 있습니다.

그리고 성경에는 예수님께서 *"내 아버지의 뜻대로 행하는 자라야 할 것이다 (마 7:21)"* 라고 말씀하시니, 그날에 많은 사람들이 *"우리가 주의 이름으로 선지자 노릇하고 귀신을 쫓아내고 권능을 행했지 않습니까? (마 7:22)"* 라고 진술하고 있습니다. 즉 이 말의 본질은 무엇입니까? 곧 '행했다고 자랑한다' 는 사실입니다.

즉 '내가 이렇게 많은 일을 주님을 위해 행하지 않았습니까?' 라고 하는 것인데 이러한 행위에 근거한 믿음, 그리고 이 믿음에 근거해서 '우리가 내가 천국에 들어갈 수 있지 않습니까?' 하는 뜻인 것입니다.

그런데 예수님께서 이들에게 뭐라고 말씀하십니까? *"내가 너희를 도무지 알지 못한다 물러가라 이 악한 자들아 (마 7:23)"*.

이렇듯 말씀의 본질을 알지 못하면, 자기의 행위로 구원을 받을 수 있다고 착각하게 됩니다.

그렇습니다. 이들은 자신들이 행한 믿음으로 '천국에 갈 수 있다고 믿고 있다는 사실은, 자신들의 행위로 구원을 받을 수 있다' 고 하는 착각에 불과합니다. 이렇듯 우리 주위의 많은 그리스도인들이 예수님께서 하시는 말씀의 본질을 이해하지 못하고 있습니다.

우리의 구원관救援觀을 바라볼 때, 솔직히 우리가 노력해서 구원 받을 수 있다는 것이 그냥 공짜로 그냥 주어진다는 것보다 훨씬 더 받아들여지기가 쉽게 느껴집니다. 그래서 우리는 '열심히'와 '노력'이라는 단어를 좋아하는지 모릅니다. 왜냐하면 노력 없이 얻어지는 구원은 '뭔가 아닌 것 같은 느낌' 을 받기 때문이 아니겠습니까?

만약 우리가 어떤 노력의 흔적에 의해서 구원을 얻는다면, 내가 이만큼 열심히 했고 노력했으니 하는 것이 훨씬 믿기가 쉬울 것입니다. 그렇기 때문에 인간의 행위에 의한 구원을 강조하면 훨씬 더 쉬울 텐데, 성경은 '은혜로 구원받는다' 그것도 '값없이' 라고 진술합니다 (행 5:11). 이런 성경 말씀의 독특성 때문에 성경은 인간의 지식으로 기록했다고 주장하기에 훨씬 더 어렵다고 하는 것입니다.

하나님의 말씀을 선지자들이 문자로 기록한 것이 성경입니다.

즉 문자로 기록된 하나님 말씀인데, 성경의 기록에 대해 잠깐 설명하면, 성경의 최초 기록자는 3,500년 전의 모세입니다. 모세는 창세기, 출애굽기, 레위기, 민수기, 신명기 가지 기록하였으며, 이것이 '모세 5경'이라는 것을 다들 잘 알고 있을 것입니다.

창세기에는 하나님의 천지창조의 과정과 에덴동산의 아담과 하와 이야기를 시작으로 노아 홍수, 소돔과 고모라의 이야기, 그리고 아브라함과 이삭을 거쳐 야곱의 일가족이 애굽 땅으로 이주하여 살게 되는 과정과 요셉의 죽음까지를 기록하고 있습니다.

그리고 출애굽기부터 신명기까지는, 모세가 하나님의 명을 받아 이스라엘 백성들을 이끌고 가나안 땅으로 향하는 광야 40년의 여정과 또 바다가 갈라지는 홍해의 기적뿐 아니라, 모세가 시내 산에서 하나님으로부터 십계명을 받았습니다. 그리고 율법과 규례를 제정하여 공포하고 하나님의 백성들을 이끌고 40년 동안 광야를 돌고 돌아 마침내 가나안 땅이 바라보이는 모압 땅에서 모세가 120세의 나이로 일생을 마치기까지의 내용을 담고 있습니다.

모세 5경 이후의 기록은, 가나안 땅 정복, 전쟁과 사사시대를 거쳐 사울, 다윗, 솔로몬의 왕정 시대를 지나 분열 왕국 시대에서 이스라엘이 북이스라엘과 남 유다로 갈라지고 기원전 586년 바벨론에 의해 남 유다가 멸망한 이후 바벨론, 페르시아, 헬라, 앗시리아, 하즈만 왕조, 로마제국의 속국의 과정이 여호수아에서 말라기 까지가 마지막의 내용입니다.

이렇듯 구약성경은 창세기부터 말라기 까지 총 39권으로서 4,000년의 이스라엘 역사를 기록하고 있습니다.

신약성경은 마태복음부터 요한계시록까지 27권으로서 2,000년 전 예수님의 탄생과 함께 예수님의 행적과 제자들의 사역을 기록한 내용입니다. 그리고 신약성경 27권 중 13권은 사도 바울의 서신이며 신약은 다른 복음서의 문체가 사도 바울의 서신과 일맥상통하다는 사실 역시 발견할 수 있습니다.

인류가 최초로 문자를 쓰기 시작한 것은 3,000년 전인데 3,500백 년 전의 사람인 모세가 파피루스나 양피지에 기록한 고대 히브리 문자는 원시 문자였기 때문에, 아마 그 표현이 매우 한정될 수밖에 없었을 것입니다.

약3,500년 전 모세가 성령의 감동함으로 하나님께서 보여주는 대로 천지창조와 함께 에덴동산의 선악과 사건부터 기록했다고 하더라도 하나님께서 보여주시는 광경은, 모세자신이 살고 있는 현재의 환경이나 사람들의 사는 모습을 근거로 판단했을 것으로 생각됩니다.

이렇듯 모세는 자신이 살고 있던 시대보다 2,500년 전의 일에 대하여 기록했고, 당시 초기 문자로서 하나님의 계시를 문자로 기록하기에는 그 표현이 제한적일 수밖에 없었을 것입니다.

그리고 파피루스나 양피지 등에 적은 내용이 신구약이 확정된 AD 397년까지 1,400여 년을 지나는 동안, 낡고 부패하여 많은 부분이 훼손되었을 것이고 아마 보이지 않는 부분은 인간의 머리로 맞추어 정리하였을 것으로 보입니다.

이렇듯 문자는 그 기록된 시대에 따라 그 표현에 한계성을 가지고 있었기 때문에 성경을 문자로만 이해하면, 그 말씀 속에서 전하는 '하나님의 뜻'을 전혀 알 수 없습니다.

따라서 그 말씀이 뜻하는 '뉘앙스'를 알아야 합니다. 우리 역시 성경을 문자 그대로만 이해하는 오류를 범하고 있지는 않은지 다시 한번 살펴보아야 합니다.

말씀의 뉘앙스를 설명하자면 이런것입니다.

만약 어떤 아이가 하도 말을 안 듣고 말썽만 피우니 그 아이의 아버지가 아이에게 *"저런 패 죽일 놈"*, 또는 *"나가서 뒈져라"*라고 말했다고 해서 그 아버지가 정말 자기자 식을 패 죽이거나 나가서 죽기를 바라는 것은 아니지 않습니까?

한때 여자들이 하는 말 속의 '본질을 파악하는 법'이 인기가 있었던 때가 있었습니다. 남녀가 하루데이트를 마치고 헤어질 때 남자가 여자에게 *"집까지 바래다줄게"* 라고 하니, 여자는 *"아니 괜찮아 혼자 갈게"* 라고 말했다고 해서 남자가 여자의 말을 액면 그대로 알아듣고 *"응 그래 알았어"* 하면 어찌 되는 줄 아십니까?

그 여자는 필경 '분명 이 남자는 나에게 관심이 없어'라고 판단할 것이며, 그날 이후부터 이 남자는 그 여자를 만나지 못할 확률이 매우 높습니다. 즉 절교라는 선언이 내려질 것이기 때문입니다.

이렇듯 세상의 많은 남자들은 여자들의 말속의 본질을 알기 위해 노력합니다. 그런데 왜 하나님 말씀의 본질을 알려는 노력은 하지 않는지 모르겠습니다.

그리고 이처럼 성경을 그냥 문자로만 이해하면 '원숭이 똥구멍과 백두산은 같다' 라는 논리가 성립될 수 있습니다. 그렇게 되니 이단들이 그리고 거짓선지자들이 좋아서 날뛸 수밖에 없습니다. 대체 무슨 말이냐고요? 그럼 알기 쉽게 풀어보겠습니다.

이단들은 성경 말씀을 앞뒤 문자로 짜 맞추기를 매우 잘합니다.
그럼 우리의 어린 시절 여자아이들이 고무줄놀이할 때 많이 불렀던 노래로 한 번 비유해보겠습니다.
"원숭이 똥구멍은 빠~알~개, 빨간 것은 사과, 사과는 맛있다, 맛있는 건 바나나, 바나나는 기차, 기차는 빠르다, 빠른 것은 비행기, 비행기는 높다, 높은 것은 백두산." 이런 식으로 전개되는 문장을 시작과 끝을 짜 맞추기 하면, '원숭이 똥구멍과 백두산은 같다' 라는 괴상한 논리가 성립됩니다. 바로 이것이 이단들이 잘 사용하는 방법입니다.

이렇듯 이단에 빠진 사람들은, 성경의 짜 맞춤에 대해 너무나 신기해하면서 새로운 말씀이라고 열광을 합니다. 어느덧 이 시대의 인간들은 피조물이 아니라 스스로 창조주가 되어 하나님이 되어가고 있습니다.
성경은 우리를 새롭게 깨닫게 할뿐이지 완전하게 새로운 것은 없습니다. 새롭다고 하면 반드시 의심해 봐야 합니다.
따라서 우리는 하나님을 믿는 것을 성경의 문자로만 이해하거나 자신이 행한 고행을 구원으로 착각하고 있지는 않은지 우리 스스로 한 번 점검해보고 성경 말씀에서 아버지이신 하나님께서 하시는 말씀의 뉘앙스를 깨달아 그 뜻을 알 수 있도록 말씀을 붙잡고

묵상해야 합니다.

> "그러나 성령이 밝히 말씀하시기를 후일에 어떤 사람들
> 이 믿음에서 떠나 미혹하는 영과 귀신의 가르침을 따르
> 리라 하셨으니 (딤전 4:1)"

> "우리는 수많은 사람들처럼 하나님의 말씀을 혼잡하게
> 하지 아니하고 (고후 2:17 상반절)"

하나님께서 이세상을 그의 '허용하시는 범위' 안에 두신 이유는 세상 질서를 위한 공의라고 앞서 지적하였습니다. 그리고 또 하나 숨겨진 사실은 세상을 경영하는 사탄의 세력 속에서 살아가는 우리 자녀들을 위한 것입니다.

하나님께서는 사탄의 간계를 잘 아시면서(욥 2:3) 하나님 앞에 순전한 믿음을 지켰던 욥에게 시험을 허락하셨던 것처럼, 우리 역시 하나님께서 '작정하심'으로 사탄에게 시험을 허락하십니다.

> "우스 땅에 욥이라 불리는 사람이 있었는데 그 사람은 온
> 전하고 정직하여 하나님을 경외하며 악에서 떠난 자더
> 라(욥 1:1)"

욥은 자신에게 갑자기 불어 닥친 고난으로 인해 혹독한 시련을 겪게 됩니다. 그러나 이러한 과정은 오히려 하나님께 욥 자신의 굳은 믿음을 보여주는 기회로 작용되었다는 사실은 '오직 여호와만 찬양하겠다' 고 고백하는 그의 모습에서 잘 알 수 있습니다. 이처

럼 욥은 자신의 믿음을 순결하게 지켰고, 하나님께서도 이런 욥을 인정했습니다.

> "이르되 내가 모태에서 알몸으로 나왔사온즉 또한 알몸
> 이 그리로 돌아가올지라 주신 이도 여호와시요 거두신
> 이도 여호와시오니 여호와의 이름이 찬송을 받으실지
> 니이다 하고 (욥 1:21)"

> "(중략)...그와 같이 온전하고 정직하여 하나님을 경외하
> 며 악에서 떠난 자가 세상에 없느니라 네가 나를 충동하
> 여 까닭 없이 그를 치게 하였어도 그가 여전히 자기의
> 온전함을 굳게 지켰느니라 (욥 2:3)"

하지만 사탄은 욥을 끝까지 그냥 두지 않았고, 결국 욥은 한 번이 아니라 두 번씩이나 시험을 당하게 됩니다. 하지만 하나님께서는 욥이 감당할 시험만큼만 사탄에게 허락하고 계심을 성경의 진술을 통해 알 수 있습니다.

> "이제 주의 손을 펴서 그의 뼈와 살을 치소서 그리하시면
> 틀림없이 주를 향하여 욕하지 않겠나이까 여호와께서
> 사탄에게 이르시되 내가 그를 네 손에 맡기노라 다만 그
> 의 생명은 해하지 말지니라 (욥 2:5,6)"

욥에 대한 하나님의 '작정하심'으로 나타나는 시험에서 우리가 알아야 할 것은 하나님의 말씀은 그 뉘앙스를 알아야 하는 것처럼

이러한 시험에도 뉘앙스가 있다는 사실입니다. 그것은 시험이 가지는 목적, 즉 시험의 본질에는 반드시 '하나님의 뜻'이 숨겨져 있기 때문입니다.

욥은 사탄의 2차 시험에서도 인내로서 끝까지 견디면서 자신은 *"하나님께 복을 받았으니, 재앙도 받는 것이 당연하다(욥 2:10)"*고 고백합니다. 이렇듯 성경에는 욥은 고결한 인격자로서 신앙심이 두텁고, 그릇된 점은 찾아볼 수 없는 인물로 설정되어 있습니다.

[욥기서]는 하나님과 사탄이 의인義人인 욥을 놓고 내기를 하는 것으로 시작됩니다. 이로 인해 욥에게 여러 가지 어려운 시련으로 고난을 겪게 되는데, 그것은 욥이 비참한 환경에 빠져서도 하나님에 충실할 것인지 아닌지를 시험해보려는 것이었습니다. 이것이 곧 욥이 겪은 시험의 본질이며 '하나님의 뜻'으로서 욥은 자신에게 닥친 고난과 시련이 뜻하는 본질을 깨달아야만 했습니다.

이렇듯 욥은 자신에게 불어 닥친 불같은 시련을 겪는 과정에서 친구들로부터 위로를 받고자 하였지만, 인과응보 사상 因果應報 思想을 갖고 있는 친구들은 고통에 시달리는 욥을 보고 위로는커녕 자신들이 가진 지식과 믿음으로 욥자신이 지은 죄의 대가라고 단정해버립니다.

그러나 욥은 '옳은 자'가 왜 고난을 당해야 하는가?에 대하여 끊임없이 의문을 품고 그 부조리에 저항하는 모습을 보이고 있습니다.

그 결과 '의인義人에게 은혜를 베풀고 악인惡人을 벌하는 것만이 하나님이 아니시고 하나님께서는 인간사회의 조리와 부조리를 초월한 존재로서의 하나님' 이시라는 것을 파악하게 됨으로써 욥은 신앙의 경지에까지 이릅니다. 즉 '절대 믿음' 의 경지에 도달한것입니다.

한편으로 하나님의 편을 든 욥의 세 친구는 오히려 단죄를 받지만, 욥이 그들을 배려해 빌어준다면 용서해 주겠다고 하신 하나님의 말씀을 볼 때 이 말은 단순하게 '신앙을 계속 유지한다고 복 받는 것은 아니다' 라는 사실을 우리에게 일깨우기도 합니다.

즉 하나님을 믿는다고 '복 받는다' 는 것은 아니라는 사실은 우리 그리스도인들에게 충분히 충격을 줄 만한 내용입니다.

이에 대해서는 부활 사상을 믿었던 바리새파의 부활론과 연결되어지므로 다음기회에 지면을 빌어 설명해 드리겠습니다.

물론 우리 그리스도인들은 현세의 복을 위해 하나님을 믿는 조건부 믿음이 아니지만, 우리의 믿음이 올바르게 간다고 하면 현세에서도 복을 받고 '형통하게 된다' 는 사실을 성경은 일관되게 진술하고 있습니다.

욥의 사건에서 그 본질을 잘 살펴보면, 욥과 친구들은 사실 하나님을 모르면서 자신들의 지식만으로 마치 하나님을 아는 것처럼 행동하고 있는 것을 알 수 있습니다. 이렇듯 성경은 '하나님의 뜻' 도 모른 채 믿음만 강조하는 신앙이 얼마나 잘못된 것인지 우리에게 알려주고 있습니다. '하나님께서는 인간사회의 조리와 부조리를 초월한 존재로서 하나님 자기만이 지혜로우신 분' 이시기 때문에, 이러한 사실을 우리가 왈가왈부 따질 일이 아닙니다.

하나님께서는 욥의 시험을 통해 욥의 반응이 과연 하나님을 중심으로 드러나는 반응인지, 아니면 자신의 믿음만 강조하는 '자기확신' 으로 드러나는 반응인지 그 행위를 지켜보셨고 지금 그것을 지적하고 계시는 것입니다.

"이 사람아 네가 누구이기에 감히 하나님께 반문하느냐 지음을 받은 물건이 지은 자에게 어찌 나를 이같이 만들었느냐 말하겠느냐 토기장이가 진흙 한 덩이로 하나는 귀히 쓸 그릇을, 하나는 천히 쓸 그릇을 만들 권한이 없느냐 (롬 9:20~21)"

결국 욥은 자신이 왜 고난을 당하는지를 알기 위해 하나님과 대면하기를 소망했고, 하나님께서는 이에 응답하셔서 폭풍우 가운데 욥과 대화를 나누십니다. 여기서 중요한 점은 하나님께서는 욥이 인과응보적因果應報的인 섭리에 대해 비난한 점은 꾸짖으셨지만 그의 의문에 대해서는 결코 '대답하지 않으셨습니다.
다만 하나님께서는 욥이 자신의 믿음, 즉 하나님의 지혜를 모르면서 자신의 의만 내세우고 강조했다는 사실을 지적하시는데 그것은 하나님을 모르면서 자신의 믿음만 내세우는 것은 무지함에서 나오는 것이다는 것을 뜻하는 것입니다.

"네가 내 공의를 부인하려느냐 네 의를 세우려고 나를

그렇기 때문에 우리는 '하나님의 뜻'은 모른 채 우리 자신의 지식과 믿음으로 스스로의 판단에 따라 그 믿음을 '자기 확신'으로 변질시키고 있지는 않는지 유의해야 합니다.

왜냐하면 확신이란 굳게 믿음을 표현하는 마음이기 때문에 자기 스스로의 믿음이 나타나는 것은 마음으로부터 생겨나는 확신으로부터이지만, 그 확신에 반응하는 중심이 하나님이 아니라 자기 자신이 된다면 그것은 바로 '자기 확신'이 되는 것입니다.

앞에서 지적했듯이 '자기 확신'은 자기 스스로가 자신을 설득함으로 생겨나기 때문입니다.

즉 '자기 확신'이란? 자신이 하고 싶은 일은 누구의 도움도 없이 차근차근 멈추지 않고 나가는 것이며, 그리고 자신이 원하는 것을 이룰 때까지 누구의 도움도 없이 포기하지 않고 하나씩 하나씩 성취해 가는 것입니다.

이는 자신이 할 수 있는 일은 두려움 갖지 않고 누구의 도움도 없이 자신감 있게 한발 한발 앞으로 걸어가는 것이기 때문에 '자기 확신'에는 어느 누구의, 또 어떠한 도움도, 즉 절대자의 도움이나 긍휼함도 필요가 없습니다. 그렇기에 '자기 확신'은 스스로를 속이는 행위가 되는 것입니다.

나뭇가지에 앉는 새는, 자신이 앉은 나뭇가지가 부러질까 봐 두려워하지 않는다고 합니다. 왜냐하면 새의 믿음은 나뭇가지에 있는 것이 아니라 새의 날개에 있기 때문입니다.

믿음이란 이런 것입니다. 새는 자신에게 날개가 있다는 믿음이라는 의식 자체가 습관화 되어 있기 때문에 오로지 본능에 의해 자신의 날개를 펄럭입니다.

즉 '자기 확신'이란 자체가 존재하지 않고 자기 자신이 하늘을 난다는 그 자체는, 믿음을 의식함으로 나타나는 것이 아니라 본능에 의해 날개를 펄럭인다는 것이며 이는 자신의 의식을 초월한 믿음에 의한 것입니다.

이처럼 지금 욥이 당하고 있는 시험은 나뭇가지와 같습니다. 지금 욥자신은 마치 새가 자신의 날개를 믿고 나뭇가지를 두려워하지 않는 것처럼, 자신의 믿음을 의식하지 않고 하나님의 긍휼하심으로 받는 은혜에 의존해야 하는 것입니다.

욥에게는 '신념의 은총', 즉 욥은 자신에게 닥친 고난과 시련의 본질을 깨닫고 하나님의 특별한 은혜와 사랑을 구해야 하는 반응이 필요했습니다. 하지만 욥은 자신의 지식과 '자기 확신'에 따른 믿음만 앞세워 자신의 의를 드러내고 맙니다.

말 그대로 자기 스스로가 자신을 설득하고 또한 자기 스스로가 자신에게 설득당한 것이라 할 수 있습니다.

우리가 겪는 고난과 시련은 하나님께서 허락하신 것입니다.

만약 우리가 이러한 고통조차도 은혜라는 사실을 깨닫는다면 고난과 시련을 대하는 그 반응의 중심에는 오직 '하나님만 계셔야 한다'는 사실을 알게 됩니다. 그리고 인내하는 과정을 통해 우리의 믿음은 더욱 성장할 수 있습니다.

성경은 하나님께서 욥에게 지혜의 근원에 대한 질문을 하는 모습을 진술하고 있습니다. 여기에서 하나님은 오직 창조주만이 대답할 수 있는 문제를 제시하시면서 오직 '하나님 자기만이 지혜롭다'고 하십니다.

이러한 질문(욥 40:2)은 하나님의 완전하신 지혜와 그가 창조하신 자연 질서(욥 38:1~39:30)에 대한 완전한 지배를 증명해주는 대신 욥의 무지(욥 40:2, 40:7~41:34)를 이에 대비시키고 있음을 잘 알 수 있습니다. 즉 하나님은 아시지만 욥은 '모른다'는 것이며, 또한 이는 우리의 세상 도덕 질서도 마찬가지라는 뜻입니다.

> *"그 때에 여호와께서 폭풍우 가운데에서 욥에게 말씀하여 이르시되 무지한 말로 생각을 어둡게 하는 자가 누구냐 (욥 38:1,2)"*

결국 욥은 하나님의 말씀의 능력과 욥자신에 대한 하나님의 '작정하심'을 깨닫고 모든 것을 내려놓습니다. 그리고 하나님께 겸손하게 회개하는 태도로 반응(욥 42:6)하게 됩니다. 사실 어찌 보면 욥의 체념처럼 보이지만 성경의 전후 진술을 살펴보면 욥은 하나님의 '작정된 자'로서 하나님을 두려움과 경외함으로 순종하는 모습을 보여주고 있는 것을 알 수 있습니다.

이렇듯 삶의 모든 영역에서 하나님의 절대주권을 인정하는 가운데 하나님을 전적으로 믿고 의지하며 순종하는 우리의 자세는 하나님이 이 세상의 주인이심을 확실히 믿는 것입니다. 그렇기에 하나님을 두려워하게 되고 그분의 말씀에 순종하게 되는 것입니다.

따라서 진정으로 하나님을 경외하는 사람은, 자기의 믿음만을 내세우면서 자신 스스로가 지혜롭다고 생각하거나 말하지 않습니다.

성경에서 진술하는 욥의 고백을 보면, '자신의 영이 하나님의 화살로 인하여 독을 마셨다' 고 고백하는 모습을 볼 수 있습니다. 이는 마치 요셉이 옥에 갇혀 *'그 몸이 쇠사슬에 매였다(시 105:18~1)'* 함과 유사한 표현임을 알 수 있는 구절입니다.

즉 요셉의 몸을 잡아맨 쇠사슬은 요셉의 육신의 몸뿐 아니라 '그의 혼' 이 쇠사슬에 매인 것이나 다름이 없었기에 그의 영혼이 아주 피폐해졌다는 것을 뜻합니다.

그리고 욥의 경우에는 욥이 '하나님으로부터 자신의 몸에 박혔다' 고 하는 화살 역시 욥의 영혼이 독을 마신 것이기 때문에 욥 자신은 '시험으로 인해 그 고난과 시련속에서 죽을 수밖에 없다' 는 생각을 가지고 있음을 의미합니다.

이는 물론 욥의 '자기 확신' 에 의한 착각이지만, 이로 인해 욥은 엄청난 두려움에 빠지게 됩니다.

> *"전능자의 화살이 내게 박히매 나의 영이 그 독을 마셨나*
> *니 하나님의 두려움이 나를 엄습하여 치는구나*
> *(욥 6:4)"*

> *"이는 곧 나를 멸하시기를 기뻐하사 하나님이 그의 손을*
> *들어 나를 끊어 버리실 것이라 (욥 6:9)"*

상기 구절에서 *"곧 나를 멸하시기를 기뻐한다(욥 6:9)"* 는 욥의 말은 '하나님께서 자신을 죽이기로 작정하셨다' 라는 욥 자신의 판단일뿐입니다. 그리고 자신에게 닥친 고난과 시련은 하나님께서 자신을 없애시기로 작정하신 것이 분명하다고 하는 '자기 확신' 으로 발전된 것이라는 사실입니다.

그러나 한편으로 욥은 오히려 자신에게 닥친 고난으로 인해 위로를 받는다고 역설적인 고백을 하고 있음을 성경은 진술하고 있습니다. 이는 욥자신은 하나님을 배신하지 않았다는 항변으로 볼 수 있습니다.

> *"그러할지라도 내가 오히려 위로를 받고 그칠 줄 모르는*
> *고통 가운데서도 기뻐하는 것은 내가 거룩하신 이의 말*
> *씀을 거역하지 아니하였음이라 (욥 6:10)"*

다시 말하자면 여기에서 욥은 비록 자신의 고통이 아무리 심하고 또한 하나님께서 자기의 생명을 가져가신다고 하더라도 기뻐하는 것은, 자신은 하나님의 말씀을 거역한 적이 없기 때문에 당당하다고 하는 우회적인 표현으로 볼 수 있는 대목입니다.

이렇게 볼 때 욥은 무지할 정도의 자기 믿음과 정당성을 강조하는 행위를 보여주고 있는데, 이처럼 '자기 확신' 이 얼마나 무서운지 잘 나타내는 욥의 고백이라 할 수 있습니다.

따라서 우리는 이점을 유의 깊게 들여다보아야 합니다. 그 이유는 우리 역시 이러한 믿음으로 인해 끊임없이 실수를 반복하고 있기 때문입니다. 욥의 고집스러운 주장은 마치 하나님과 대적하는 모습을 연상하게 하며, 야곱이 하나님과 겨룬 얍복 나루터 씨름

(창 32:22~28)을 생각나게 합니다.

그리고 욥은 이처럼 자신의 의를 앞세우는 행위뿐 아니라 *"이렇든 저렇든 아무상관 없다. 어차피 마찬가지다. 하나님은 허물이 없는 사람이든 못된 짓만 일삼는 사람이든 모두 똑같이 쓸어버리시는 분이시다"*, *"자신에게 하시려고 마음먹으신 것도 꼭 해내신다"*, *"그런 일이 이뿐만 아니다"* 라는 등 마치 자신이 하나님을 다 아는 것처럼 친구들에게 고백하는 모습에서, 욥의 '자기 확신'이 얼마나 무지하게 욥을 다루는지 잘 알 수 있습니다.

요즘의 말을 빌리자면 욥은 삐진것이 확실합니다.

물론 이러한 모습은 그의 친구들 역시 마찬가지입니다. 하나님은 동일한 하나님 한 분 이신데 욥의 하나님과 친구들의 하나님이 각각 다르다 보니 당연히 논쟁이 될 수밖에 없지 않겠습니까? 하나님은 논쟁의 대상이 아니시며, 증명의 대상이 아니십니다.

"일이 다 같은 것이라 그러므로 나는 말하기를 하나님이
온전한 자나 악한 자나 멸망시키신다 하나니(욥 9:22)"

"그런즉 내게 작정하신 것을 이루실 것이라 이런 일이 그
에게 많이 있느니라 (욥 23:14)"

욥의 2차 시험에서 볼 때 하나님께서 사탄에게 *'욥의 생명은 해하지 말라(욥 2:5~6)'*고 하신 말씀하신 것을 우리는 알고 있습니다. 하지만 욥은 그러한 사실을 전혀 알 수가 없었습니다. 그렇기에 욥은 자신에게 닥친 시험을 겪는 과정에서 '하나님께서 자신의 목숨을 가져가시고자 작정하셨다' 고 생각한 것입니다.

물론 순전히 욥자신의 생각이며 착각이지만 그는 이러한 고난과 시련이 자신에게 닥친 이유도 모르는 상황 속에서도 하나님께 순종하는 모습은 정말 믿음의 조상인 아브라함만큼이나 대단하며 노아와 다니엘과 더불어 의인의 전형적이라 생각되지만 이러한 욥의 순종은 자신에게 닥친 시험이 뜻하는 뉘앙스를 모를 수밖에 없었던 것을 보면 지금시대의 우리를 나타내는것 같아보입니다,
이렇게 되자 욥의 순종은 '하나님의 뜻' 을 모르는 순종이기 때문에 오히려 항복이라고 해야 옳은 표현일 것입니다.

아브라함을 보십시오. 아브라함은 이방 신이 난무하는 바벨론 갈대아의 우르 지방에서 하란으로 이주하여 거류하면서, 아버지인 데라가 하란에서 죽자 하나님께서는 아브람에게 고향과 친척으로 떠나 하나님께서 가르쳐 주는 땅으로 가라고 말씀하십니다. 그리고 '네 후손이 엄청 불어나게 하여 큰 민족을 이루겠다' 고 약속하셨습니다.

> *"내가 너로 큰 민족을 이루고 네게 복을 주어 네 이름을*
> *창대하게 하리니 너는 복이 될지라 (창 12:2)"*

하나님께서는 직접 아브람에게 자손을 약속했음에도 그는 민족을 잉태할 자신의 아내인 사래를 누이로 둔갑?(창 12:13, 20:2) 시키는 등 대형 사고를 두 번씩이나 쳤던 인물입니다.

아브람은 사래를 빼앗기면서도 자기 목숨을 잃을까 봐 비겁한 짓을 하였고 결국 애굽 왕 파라오에게 맥없이 아내를 빼앗기고 말았습니다. 그리고 나중에는 그릴 왕인 아비멜렉 앞에서도 똑같은 실수를 저지릅니다. 물론 아비멜렉에게는 아내 사래가 이복동생인 것을 밝힙니다. 하지만 사래는 아브람 아버지의 배다른 누이였지만(창 20:12) 엄연한 아내였습니다.

이렇듯 아브람이 아내를 두 번씩이나 팔았던 사실에서 볼 수 있듯이 그의 성격은 겁이 많고 소심한 사람이었습니다. 그렇기 때문에 목숨을 담보로 하는 위험한 일은 저지르지 않는 성격의 소유자라 유추해 볼 수도 있습니다.

이러한 사건이 일어나자 하나님께서는 아브람이 저지른 이러한 문제에 대해 적극 개입하셔서 '자기의 뜻' 을 나타내셨습니다. 아브람은 하나님을 믿고는 있었지만 아마 '긴가민가' 하며 의심을 했을 것으로 보입니다. 하지만 의심이 해소되면 확신으로 바뀌는 법입니다.

그리고 그 확신은 좋은 방향이든, 또는 좋지 않은 방향이든 두 가지로 나타납니다. 이렇듯 아브라함의 확신은 결국 믿음으로 자리 잡게 되는데 아브라함의 인생여정을 보면 종국에는 그의 아들인 이삭을 하나님께 산 제물로 바치려 했던 '절대 믿음' 의 경지까지 이르는 것을 볼 수 있습니다.

하지만 아브라함은 처음부터 '절대 믿음' 을 가지고 있지 않던 인물입니다. 만약 아브라함이 처음부터 '절대 믿음' 의 소유자

였으면 우리는 그의 엄청난 믿음의 위력 앞에 주눅이 들어 아무것
도 할 수 없었을지도 모릅니다.

이렇듯 아브라함은 그의 일상을 통해 하나님의 무수한 간섭을
경험했던 인물이지만, 하나님의 수없이 많은 약속을 받고서도 대
형 사고를 두 번씩이나 친 어찌 보면 좀 나약하고 좀 모자라며 이
기적인 구석이 있는 듯이 보입니다.
아무튼 아브라함은 하나님의 끊임없는 설득에 따라 믿음위로 믿
음이 차근차근 세워졌는데 즉 앞서 지적한 대로 의심이 해소되면
확신으로 바뀌듯이, 바람이 조금만 불어도 흔들이는 대나무가 오
히려 강풍에 견뎌낼 수 있는 것처럼 아브라함의 믿음 역시 그의 흔
들리는 환경 속에서도 대나무처럼 꼿꼿하게 위로 자랐습니다.
따라서 하나님의 뜻을 알게되면 설령 흔들렸다가도 제자리로 다
시 돌아오게 되는 것입니다.

그렇습니다. 믿음이 세워지는 원리는 꼭 대나무와 닮아 있습니다.
대나무는 땅 위에 싹을 내기 위해 무려 5년 동안 자기가 확보할 수
있는 땅속 곳곳으로 그 뿌리를 내리고, 막상 땅 위로 나오게 되면 엄
청난 속도로 자랍니다. 그리고 대나무가 그 가냘픈 기둥에도 불구하
고 강풍에도 충분히 견뎌낼 수 있는 비결은 바로 '마디' 때문입니다.
대나무는 조금 자라다가 마디를 만들고, 또 조금 자라다가 마디
를 만들고 하면서 자신의 키를 조금씩 조금씩 키워 갑니다. 마치
믿음이 조금씩 키워지듯 말입니다.

대나무는 오지랖 넓게 가지를 옆으로 길게 뻗는 등 많은 가지를

만들지 않습니다. 오직 자신이 자라야 될 기둥 하나에만 집중합니다. 이렇듯 믿음은 대나무의 뿌리처럼 기본에 충실해야 한다는 것을 말해주고 있습니다.

대나무가 긴 시간 동안 뿌리를 내린 후에도, 한 번에 쑤욱하고 자라지 않고 마디를 하나하나씩 만들어 가며 성장하듯이, 믿음 역시 성경의 기본 교리를 뿌리 삼아 한 마디 한 마디씩 마디를 만들면서 믿음을 성장시키는 것입니다. 그것이 곧 우리가 성경의 기본 교리에 충실해야 하는 이유입니다.

> *"그러므로 누구든지 나의 이 말을 듣고 행하는 자는 그*
> *집을 반석 위에 지은 지혜로운 사람 같으리니*
> *(마 7:24)"*

아브라함은 나약한 사람이자 믿음 역시 부족했던 사람입니다. 하나님께서 [창세기 12장 2절]을 통하여 아브람에게 *"네 후손이 엄청나게 불어나 큰 민족을 이루게 하리라"* 고 약속하였지만 아브라함은 민족을 잉태할 아내인 사래를 누이로 만들어버리는 '1차 누이 사건(창 12:13)' 을 일으키는 바람에 이에 놀란 하나님께서 직접 개입하셔서 구원하셨습니다.

뿐만 아니라 하나님께서는 아브람에게 [창세기 15장 4절]을 통해 *"네 몸에서 난 자식이 네 재산을 물려받을 것이니 걱정 말아라"* 고 하시며 또 다시 약속하셨는데도 불구하고 [창세기 20장 2절]에 이르러서 또 '2차 누이 사건' 을 터트립니다. 물론 이때에도 하나님이 직접 개입하셔서 구원하셨습니다. 하나님 입장에서 보면 세상 말로 '정말 미치고 환장할 노릇' 입니다.

이처럼 아브라함은 하나님을 믿는다고는 하지만, 나약하기 짝이 없었던 사람이었습니다. 하지만 아브라함이 믿음의 조상이 된 것은 마치 대나무가 땅속 깊이 뿌리를 내리고 자신의 몸에 하나하나 마디를 만들면서 믿음을 키워 가는 것처럼 일상을 통해 간섭하시고 설득하시는 하나님으로 인해 조금씩 하나님을 알게 된 것입니다. 그리고 아브라함은 이러한 과정을 통해 하나님의 뜻을 깨닫게 됨으로써, 생애 후반으로 갈수록 하나님에 대한 믿음이 견고한 사람으로 성장하는 모습을 볼 수 있습니다.

"내가 너로 큰 민족을 이루고 네게 복을 주어 네 이름을 창대하게 하리니 너는 복이 될지라 (창 12:2)"

"여호와의 말씀이 그에게 임하여 이르시되 그 사람이 네 상속자가 아니라 네 몸에서 날 자가 네 상속자가 되리라 하시고 (창 15:4)"

아브라함이 가진 그 '절대 믿음'의 정점은, 하나님께서 이삭을 '*산 제물로 바쳐라(창 22:2)*' 말씀하시자 이삭은 아브라함 자신의 소유가 아니라, '하나님의 소유'라는 것을 확증하였을 뿐 아니라, 그것이 '하나님의 뜻'이라는 사실을 깨닫고, '신념의 은총'에 의지함으로써 주저 없는 순종으로 하나님께 영광되게 한 것입니다. 물론 아내인 사라에게도 의논조차 하지 않았습니다.

제 자식 아깝지 않은 부모가 어디 있겠습니까? 만약 아브라함이 아내인 사래에게 *"하나님께서 이삭을 '산 제물로 받으시겠다'고*

하시는데 어떻게 할까?" 하고, 의논하였더라면, 과연 사래는 어떤 모습을 보였을까요? 아마 십중팔구 "나 죽이고 데려가라" 고 목을 놓아 울고불고하면서 아브라함의 다리를 붙잡고 만류하지 않았을까요?

그렇습니다. 믿음이란 누구와 의논해서 결정하는 것이 아니라 순전히 자기 몫입니다. 그래서 자기의 믿음만큼 은혜를 받는 것입니다. 그리고 받는 은혜만큼 그 믿음이 성장하는 것이 은총입니다. 이것이 믿음을 키워 가는 비결이며 믿음이 성장되는 비밀입니다.

> "하나님이 이르시되 아니라 네 아내 사라가 네게 아들을
> 낳으리니 너는 그 이름을 이삭이라 하라 내가 그와 내
> 언약을 세우리니 그의 후손에게 영원한 언약이 되리라
> (창 17:19)"

다시 욥의 이야기로 돌아갑시다. 욥과 관련된 성경의 진술을 보면, 욥은 자기 자식들이 부지중에 하나님을 '모독하지는 않을까?' 하는 마음에 '잔치가 끝나고 나면 새벽같이 일어나 자기 자녀 숫자 대로 번제를 드렸다(욥 1:5)' 고 할 만큼 '믿음이 생활화된 사람' 이었습니다. 이처럼 생활화되었다는 말은 습관화되었다는 뜻이며, 이렇듯 신앙생활은 일상생활과 절대 분리 될 수 없는것입니다.

> "그들이 차례대로 잔치를 끝내면 욥이 그들을 불러다가
> 성결하게 하되 아침에 일어나서 그들의 명수대로 번제
> 를 드렸으니 이는 욥이 말하기를 혹시 내 아들들이 죄를
> 범하여 마음으로 하나님을 욕되게 하였을까 함이라 욥

의 행위가 항상 이러하였더라 (욥 1:5)"

따라서 우리가 성경의 진술을 통해 알 수 있는 것은, 욥의 '2차 시험'에서도 아마 욥은 자신의 믿음이 생활화 되어 있고, 또한 자타가 공인하는 믿음(욥 4:6, 29:8~25)이기 때문에, 믿음에 있어서 만큼은 하나님께서도 '인정하실 것이다'는 '자기 확신'을 가지기에 충분했을 것으로 보입니다.

이렇듯 '자기 확신'이란 자기 스스로가 '자신을 설득하는 과정이 들어가는 것'이기 때문에, 욥의 마음은 욥 자신에게 '나의 믿음이 이러했지 않으냐'라고 정당성을 주장하도록 끊임없이 자기 자신을 설득한 것입니다.

이렇게 되다 보니 욥의 시험을 통해, 욥에게 말씀하시고자 하는 '하나님의 뜻', 즉 설득이 오히려 자기 자신의 설득으로 인해 가려져 들리지 않게 됩니다. 이것이 '자기 확신의 비밀'이며 '자기 스스로에게 속지 않는 믿음'의 비밀입니다.

물론 하나님은 욥의 온전한 믿음을 이미 알고 계셨기 때문에 사탄에게 '욥의 생명 만큼은 건들지 말라'고 하신 것임에도 불구하고 오히려 욥은 '하나님께서 자기의 생명을 가져가신다'고 착각했습니다.

즉 이를 역으로 추론해본다면, 욥은 '자기 확신'으로 인해 스스로에게 설득당한 결과 욥자신이 하나님께 *"흠이 없다고 해도 그 말 자체가 벌써 잘못된 것이고, 설령 죄가 없다고 해도 그 말은 거짓말이 된다"* 라는 식으로, 자기 스스로 하나님을 판단하게 됨으

111

로써 오히려 자신의 의(욥 9:20)만을 집요하게 강조할 수밖에 없게 된 것입니다.

이렇듯 욥은 '자기 확신'에 의해 자신의 의를 내세움에 의해 '하나님의 뜻'을 도무지 알 수 없게 됩니다.

"가령 내가 의로울지라도 내 입이 나를 정죄하리니 가령
내가 온전할지라도 나를 정죄하시리라 (욥 9:20)"

그러나 만약 욥이 자신의 의를 내세우지 않고, 하나님의 긍휼하심에 맡기면서 '자신의 믿음을 온전히 지켜왔음에도 왜 하나님께서 이렇게 고난을 주실까?'하고, 이를 허락하신 '하나님의 뜻'을 알고자 은총을 구하는 반응을 보였더라면아마 우리는 또 다른 교훈을 얻었을 것입니다.

하나님의 뜻

"여호와께서 사탄에게 이르시되 내가 그를 네 손에 맡기
노라 다만 그의 생명은 해하지 말지니라 (욥 2:6)"

욥의 생각

"이는 곧 나를 멸하시기를 기뻐하사 하나님이 그의 손을
들어 나를 끊어 버리실 것이라 (욥 6:9)"

따라서 욥을 향한 '하나님의 뜻'과 그 현실을 받아들이는 욥의 생각이 '완전히 상반된다'는 이러한 사실은 비록 욥의 착각에 의한 것이라 할지라도 욥은 이 착각으로 인해 더욱더 '자기 확신'에 빠져들게 됨으로써 결국 무지할 정도로 자기의 믿음을 강조하는 형태로 나타나게 됩니다.

즉 욥 자신은 *"믿음으로 살았는데, 왜 하나님은 나를 버리십니까?"*, *"하나님께는 내가 흠이 없다고 해도 그 말 자체가 벌써 잘못된 것이고, 설령 죄가 없다 해도 그 말은 거짓말이 되지 않겠습니까? (욥 9:20)"* 하며 자신의 정당성을 앞세운 항변을 하고 있다는 사실을 성경의 진술을 통해 잘 나타나고 있기 때문입니다.

이렇듯 욥이 고난과 시련을 대하는 모습은 '하나님의 뜻'을 알면서도 마치 2% 모자란 사람처럼 '누이 사건'이라는 대형 사건을 터트린 아브라함과 대비되고 있는 장면입니다.

물론 욥은 아브라함과 달리 '하나님의 뜻'을 모른 채 고난과 시련을 겪는 것이기에 이 두 인물에게 닥친 고난과 시련에 대한 반응은 각각 다르게 나타날 수밖에 없을 것이라고 생각될지 모르지만 사실 하나님의 입장에서 보면 동일한 것입니다.

욥은 아브라함과 달리 하나님께서 미리 언질을 하지 않았기 때문에 '하나님의 뜻'이 무엇인지 알 수 없었습니다. 그렇다 보니 욥은 자신에게 닥친 시험을 자의적으로 판단할 수밖에 없었고 또한 역설적으로 죽음의 두려움으로 인해 무지하다 할 만큼 자신의 믿음을 강조하게 된 것입니다.

하지만 이러한 욥과는 다르게 아브라함은 하나님으로부터 자신에게 *"네 후손이 엄청나게 불어나 큰 민족을 이루게 하리라 (창 12:20)"*, *"네 몸에서 난 자식이 네 재산을 물려받을 것이니 걱정 말*

아라 (창 15:4)"고 여러 번 언질을 받았음에도, 그 약속은 전혀 신경 쓰지 않고 제 목숨 살려고 그 민족의 씨를 잉태할 사라를 두 번씩이나 누이로 만들어버리는 대형 사고를 친 것을 보면 지독한 아이러니가 아닐 수 없습니다.

다시 말하자면 욥은 자신에게 닥친 고난과 시련에 대해 고집스러울 만큼 대담한 반응을 보였지만 아브라함은 나약하며 이기적이며 소심한 성격 같아 보인다는 것입니다.
하지만 아브라함은 일상에서 늘 간섭하시는 하나님을 알아가는 과정에서 권능으로 임하시는 하나님을 경험하였습니다. 그리고 이러한 과정에서 조금씩 믿음이 성장되고 있었습니다.

아브라함 자신은 일상에서 늘 간섭하시는 하나님으로부터 '작정된 자' 임을 알고 있었기에 자신이 할 수 없는 일을 하나님께 맡긴 것이며, 그러한 사건들의 경험을 통해 아브라함의 믿음은 더욱 성장하게 됩니다. 이것이 곧 *'믿음으로 행하는 반응의 결과이며 신념의 은총으로 행해지는 담대함'* 이라 할 수 있는 것입니다.

그렇습니다. 우리는 어떤 문제가 생기면 그 문제 속에 갇혀서 놓지 못하고 사로잡혀 있습니다. 그러니 그 문제가 또 문제를 낳는 것입니다. 아브라함이 자신의 문제를 하나님께 맡겼듯이 당신 역시 닥친 문제를 혼자 쥐고 있지 말고 하나님께 맡기십시오. 그렇게 되면 이제 그 문제는 당신의 문제가 아니라 하나님의 문제가 됩니다. 그리고 당신은 하나님께 그 문제를 맡겨 놓고 아브라함처럼 살짝 빠져나오기만 하면 됩니다.

사실 아브라함은 인생의 여정에서 끊임없는 하나님의 간섭을 경험하였습니다. 그리고 그 간섭으로 인해 아브라함이 겪은 그 놀라운 경험들은 그를 '절대 믿음'의 소유자로 만들기에 충분했습니다.

이렇듯 하나님의 간섭은 아브라함의 믿음을 더하게 하기 위해 긍휼하심으로 나타나는 은혜였으며, 아브라함은 이러한 은총에 믿음을 더해 '신념의 은총'으로 담대히 나갈 수 있었습니다.

아브라함은 비록 인간적인 면에서 허물과 많은 실수가 있었지만 (창 12:10~13, 18~20, 20:2) 나그네였던 그는 하나님의 간섭과 설득으로 가나안 땅의 주역이 되었고 100세의 나이에 하나님의 약속대로 아들 이삭을 얻을 수 있었습니다(창 21:2,3).

그리고 이삭을 '제물로 바치라'는 하나님의 요구에 믿음으로 응답함으로써 언약을 재 확인받게 됩니다(창 22:1~18).

'하나님의 뜻'은 아브라함의 나이가 비록 백세이고, 그의 아내 사라가 구십이었지만 그 사라의 태를 열어 언약을 세우는 자손을 만들고자 하신 것입니다.

그러나 아브라함은 오히려 두 번씩이나 멍청한 짓을 저질렀어도, 하나님께서는 직접 개입하심으로 아브라함이 '하나님의 뜻'을 알게되는 계기가 되었습니다. 이렇듯 하나님께서 '작정하신 자'에게는 어떠한 일이 닥쳐도 '자기의 계획대로 이루시고 그 뜻을 알게 하신다'는 사실을 잘 알 수 있습니다.

"...(중략)"...네 아내 사라가 네게 아들을 낳으리니 너는
그 이름을 이삭이라 하라 내가 그와 내 언약을 세우리니

그의 후손에게 영원한 언약이 되리라 *(창 17:19)*

*"내 언약은 내가 내년 이 시기에 사라가 네게 낳을 이삭
과 세우리라 (창 17:21)"*

이렇듯 성경의 진술에서 볼 때 아브라함은 언제 어떻게 사고를
칠지 모르게 불안하기 짝이 없는 사람이었다는 사실을 알 수 있습
니다. 그리고 아브라함은 그 나약함으로 인해 오히려 하나님의 지
속적인 간섭과 설득으로 믿음을 세워가는 긍휼하심의 은혜를 받았
다는 사실도 알았습니다.

그렇기에 하나님께서는 아브라함이 의로운 사람이라서 쓰는 것
이 아니라 비록 하나님의 약속을 무시한 악하고 어리석으며 불완
전한 사람이지만, 이방 신이 난무하는 환경에서도 오직 하나님을
믿는 믿음과 스스로를 내려놓는 그러한 믿음이 있었기에 그 믿음
을 의로 여기고 쓰신 것입니다.

한편으로 욥은 무지할 정도로 믿음이 강한 사람이기는 하지만
자신의 믿음이 오직 '하나님의 은혜'로 세워지는 것임에도 불구
하고 '자기 확신'에 빠져 마치 무소처럼 자신의 믿음 즉 자신의
의만 앞세우고 달렸습니다.

자신이 '절대 믿음'을 '가졌다'고 고집스럽게 주장하는 욥이 이
러한데 그의 친구들은 어떻겠습니까? 그렇다 보니 욥과 친구들의
논쟁은 끊임없이 이어집니다.

결국 하나님은 보다보다 답답함을 참지 못하고, [욥기서 38장]을
통해 폭풍우 가운데에서 직접 나타나십니다. 결국 하나님께서 욥

에게 말씀하신 것은 *"욥 네가 나 여호와를 아느냐?"* 곧 이 말씀이
었습니다.

이렇듯 욥은 하나님께 말씀으로 실컷 두들겨 맞고서야 [욥기서
40장 4절]에 이르러 결국 자신의 입이 '100개라도 할 말이 없음을
자복' 하고, 자신의 입을 닫겠다고 고백하기에 이릅니다. 그리고
[욥기서 42장 2절, 3절]에 와서는 비로소 '하나님만이 지혜로운
존재' 라는 사실을 깨닫게 됨으로써, 자신의 무지를 실토하며 고집
을 꺾고 회개합니다. 즉 욥은 아브라함 같이 순종한것이 아니라,
하나님께 항복 한 것이며 굴복한 것이라 할 수 있습니다.

> *"주께서는 못하실 일이 없사오며 무슨 계획이든지 못 이*
> *루실 것이 없는 줄 아오니...(중략)...*
> *나는 깨닫지도 못한 일을 말하였고 스스로 알 수도 없고*
> *헤아리기 어려운 일을 말하였나이다*
> *(욥 42:2~3)"*

> *"그러므로 내가 스스로 거두어들이고 티끌과 재 가운데*
> *에서 회개하나이다 (욥 42:6)"*

[욥기서 42장 6절]에서 볼 때 '스스로 거두어들인다' 라고 하는
말은 '자기 확신' 으로 파생된 자기합리화를 버리겠다는 뜻이며
욥은 이 고백을 통하여 비로소 하나님과 화해하게 됩니다.

이렇듯 착각은 여러 형태로 나타나는데 다시 말해 착각은 어떤

사물이나 사실을 실제와 다르게 지각하거나 생각하는 것입니다.

이러한 착각은 어떤 문제를 심각하게 만들 수도 있으며, 이것이 발전될 경우, 내면의 방어기제로 인해 '자기합리화'의 성을 쌓게 되고 결국 '자기 확신'의 죄를 짓게 됩니다.

인지 심리학에서는 자기합리화를 '인지부조화에서 비롯된 것이다'라고 해석합니다. 인지부조화란 개인의 신념, 태도, 행동 간의 불일치나 부조화로 인한 불편한 상태라고 하는데 내 마음 편하고자 믿고 싶은 것만 믿으려고 하는 것입니다.

이는 일부 종교집단에서 말하는 지구 종말론을 대표적인 예로 들 수 있습니다.

미국의 한 사이비 종교 교주가 지구가 대홍수로 멸망할 날이 다가오고 있다고 주장하면서 외계인이 우주선을 타고 '짠~'하고 나타나서 자신들을 구출해준다고 하자 신도들이 재산을 모두 정리해서 종교단체에 헌금을 했습니다.

그런데 막상 그날이 왔는데도 아무 일도 일어나지 않자, 이에 그 교주는 '여러분의 기도로 종말을 막았다'고 합니다. 어떻게 이럴 수 있습니까?

밖에서 봤을 때는 이 교주를 '죽이네 마네', '사기꾼이다'라고 하는데 오히려 이 종말론 교인들은 더 굳건한 신념을 보입니다.

그 이유는 이미 모든 것을 쏟아부은 교인들은 더 이상 원래의 삶으로 돌아가지 못하기 때문입니다. 즉 자신의 생각과 인지구조를 변경해서 자신에게 유리한 해석을 만들어버리는 것인데 이것을 자기합리화라고 합니다.

자기합리화는 자책감, 좌절감, 죄의식 같은 불편한 감정을 벗어나기 위해 자신의 행위를 정당화하며 이런 자기합리화가 지나치게 되면 '나를 지켜야 한다'는 내적 저항이 생겨 오히려 남에게 비난의 화살을 돌리게 되고 결국 주변에 대한 배려부족과 극단적으로 분노하는 성격이 형성된다고 합니다.

이렇게 자기합리화에 빠지게 되면 주변인들과의 소통 단절은 물론 자신의 문제를 바라볼 수 있는 힘 역시 잃게 되기 때문에, 만약 우리가 지나친 스트레스를 겪고 있다면 자신의 문제를 깊이 잘 들여다보고 자신의 문제를 인정하려고 노력해야 합니다. 그래야만 '자기합리화'의 함정을 피할 수 있습니다.

한편 욥은 엄청난 시간을 친구들과 논쟁하는데 쏟아붓게 됨에 따라 [욥기서]는 무려 총 [42장 1,070절 18,098자]라는 엄청난 기록으로 나타납니다. 이것을 구약의 순위로 계산하면, 총 39권 929장중 6번째로 많은 '장'이며, '절'로서는 구약 총 23,145절 중 8번째를 차지할 정도로 그 기록이 방대합니다.

우리가 이러한 성경의 진술을 통해 알 수 있는 것은 욥은 '자기확신'이 '죄가 된다'라는 사실을 몰랐다는 사실입니다. '믿음'은 '자기 확신'으로 나타나는 것이 아니라 하나님의 긍휼하신 은혜의 열매인 은총과, 자기의 믿음이 합쳐져 신념의 은총으로 드러나기 때문입니다.

하지만 하나님께서는 욥을 '절대 사랑'으로 아꼈기에 욥이 스스로 깨달을 때까지 인내하며 기다리면서 친구들과의 논쟁을 지켜보셨습니다.

우리가 [욥기서]를 통해 잊지 말아야 할 것은 욥은 어떠한 고난이나 시련도 기쁨으로 담대히 받아들일 수 있는 '절대 믿음' 의 소유자이기는 하지만 그 믿음은 욥자신의 믿음이 아니라 하나님께서 긍휼하심으로 베푸시는 은혜임에도 불구하고 욥처럼 자신의 의로 드러내는 것을 경계해야 한다는 교훈입니다. 이렇게 되면 나중에는 실컷 두들겨 맞고 하나님께 항복할 수 밖에 없습니다.

따라서 우리의 믿음은 하나님의 긍휼하심의 은혜로 받는 은총에 따라 우리 자신의 믿음을 더하여 '신념의 은총' 으로 드러내어야 합니다. 이 '신념의 은총' 은 하나님 앞에 온전히 자기를 내려놓게 할 뿐만 아니라, 어떠한 고난과 시련도 극복하게 하는 하나님의 권능으로 표현되는 실체입니다.

따라서 우리는 어떠한 고난과 시련이 닥쳐온다 하더라도 하나님을 중심으로 반응하는 순종을 통해, '우리의 행위가 드러나야 한다' 는 사실을 깨달아야 합니다.

욥의 순종을 성경의 진술에서 볼 때 하나님의 긍휼하심으로 입는 은혜로 나타나는 순종이 아니라, '자기 확신' 의 결함으로 인해 오히려 하나님을 두려움의 대상으로 여기는 굴복에 의한 복종으로 나타나고 있다는 사실역시 우리에게 시사하는 바가 매우 큽니다.

이러한 사실은 우리에게 아브라함과 같이 자기의 의를 내세우지 않고, 긍휼함의 은혜로 베푸시는 은총에 자신의 믿음을 더함으로써 '신념의 은총' 에 힘입음으로써, 어린아이처럼 오직 하나님만을 의지해야 한다는 사실을 가르쳐 줍니다.

욥은 마치 시속 100킬로미터로 제한된 고속도로에서 뒤따라오는 차가 아무리 빵빵거려도 아랑곳하지 않고 추월차선인 1차선만 꿋꿋하게 정속 주행하는 투철한 준법정신을 가진 사람처럼 달리고 있었던 것입니다.

그리고 욥은 자신이 겪는 고난과 시련속에서 '하나님의 뜻' 을 알려 하지 않고 하나님이 *"자기의 생명을 가져가려하신다(욥 6:9)"*, 하나님은 *"내게 작정하신 것을 이루실 것이다(욥 23:14)"* 라는 '자기 확신' 에 빠져 꿋꿋하게 자신의 믿음만 강조하고 있었으니 하나님 입장에서는 얼마나 답답하실 것이며 팔딱 뛰셨겠습니까?

하지만 비록 욥 자신은 '하나님의 뜻' 과는 다른 '자기 확신' 속에서 고난과 시련을 겪었고, 또한 자신의 의로 인해 비록 '하나님의 뜻' 은 비록 알 수는 없었지만 하나님으로부터 욥은 여전히 '작정된 자' 였습니다.

그리고 나중에는 욥 역시 자신이 겪고 있는 고난과 시련이 하나님의 '작정하심' 에 따른 것인 줄 깨닫게 되고 하나님께 호소 [욥기 7장, 17장] 하면서 하나님의 '공의' 를 인정[욥기 9장]하기에 이릅니다.

하나님께서는 욥을 신뢰하셨기 때문에 사탄에게 두 번씩이나 시험을 허락하신 것이었습니다. 그리고 욥은 자신에게 닥친 고난과 시련을 겪으면서 그 긴 시간 동안 고통받게 되지만 하나님께서는 욥에 대한 '절대 사랑' 을 가지고 계셨기에 결국 무지한 욥을 위해 직접 나서셔서서(욥 38:1) 욥을 깨닫게 하시고(욥 38:2~40:2, 40: 6~41:34) 용서하였을 뿐만 아니라(욥 42:8, 9) 형통함(욥 42:12)까지 주셨습니다.

그렇습니다. 하나님께서는 이처럼 '작정하심'에 두신 자들에게는 '고난과 시련뒤에 반드시 형통하게 하신다' 는 사실을 성경은 욥 뿐만 아니라 요셉의 고난을 통해서도 진술하고 있습니다.

욥의 성경기록

"욥이 그의 친구들을 위하여 기도할 때 여호와께서 욥의 곤경을 돌이키시고 여호와께서 욥에게 이전 모든 소유보다 갑절이나 주신지라 (욥 42:10)"

요셉의 성경기록

"이에 요셉의 주인이 그를 잡아 옥에 가두니...(중략)... 여호와께서 요셉과 함께하시고 그에게 인자를 더하사 간수장에게 은혜를 받게 하시매...(중략)... 이는 여호와께서 요셉과 함께하심이라 여호와께서 그를 범사에 형통케 하셨더라 (창 39:20~23)"

요셉 역시 형통한 자였지만 하나님께서는 요셉을 들어 사용하시기 위해 그를 감옥에 가두셨고 요셉은 10여 년이라는 긴 세월 동안 하나님의 말씀으로 훈련받은 결과 하나님께서는 요셉을 애굽의 총리가 되게 하셨습니다. 이렇듯 고난과 시련은 '하나님의 뜻' 을 이루시기 위해 하나님께서 필요하신 때에 우리를 사용하기 위한 선물이라 할 수 있습니다.

"여호와께서 요셉과 함께 하시므로 그가 형통한 자가 되어 그의 주인 애굽 사람의 집에 있으니 (창 39:2)"

성경의 진술에 의하면, 당시 요셉은 차꼬_{발에 차는 나무 수갑}를 차고 신체가 상할 정도였으며 그 몸조차 쇠사슬에 매였다라고 합니다.

여기서 성경은 '여호와의 말씀이 응할 때까지 요셉을 단련하였다' 라고 하는데, 이 말씀의 뜻은 하나님께서 '요셉을 들어 사용하실 때' 까지라는 뜻이며 이때 우리가 '하나님의 뜻' 을 알고 순종함으로써, '하나님의 영광을 나타내시려 하는 때' 라 할 수 있습니다.

> *"그의 발은 차꼬를 차고 그의 몸은 쇠사슬에 매였으니 곧*
> *여호와의 말씀이 응할 때까지라 그의 말씀이 그를 단련*
> *하였도다 (시 105:18,19)"*

성경은 요셉의 '몸' 을 '혼' 이라고 진술하고 있습니다.

다시 말하자면 요셉은 차꼬, 즉 발에 차는 나무형 틀로 인해 신체가 상하였으며 또한 쇠사슬이 자신의 혼이 묶일 만큼 '고통의 시련을 겪고 있었다' 는 사실은, 요셉이 거의 정신줄을 놓았을 것이라는 뜻입니다.

생각해보세요. 요셉은 형통한 자로서 애굽의 시위 대장 집에서 일 잘하고 있었습니다(창 39:3). 그런데 졸지에 강간 미수범이 되어 감옥에 갔으니 어느 누구라 한들 정신줄을 놓지 않겠습니까? (창 39:20). 이러한 성경의 기록에서 볼 때, 비록 욥과 요셉은 모두 형통한 사람이었지만 고난과 시련의 형태만 다를 뿐 역경을 겪기는 마찬가지였다는 사실을 알 수 있습니다.

그리고 성경에서 *"하나님의 말씀으로 요셉을 단련했다 (시 105:*

18,19)" 라고 진술하는 것은, 요셉이 비록 누명을 쓰고 감옥에 갇혔지만, 그냥 가만히 넋을 놓고 지내지 않았다는 사실을 증거하는 것입니다.

이는 '작정하심' 속에서 행해지는 '하나님의 긍휼하심'을 요셉이 놓치지 않고 붙드는 그 마음의 중심을 볼 수 있는 말씀입니다.

요셉은 한 때 자신의 혼이 쇠사슬에 매일 정도로 정신 줄을 놓았지만 욥과 마찬가지로 하나님이 자신을 '작정하심' 속에 두었다'는 것을 깨달았기에 '하나님의 뜻'에 즉각 반응하여 순종함으로써 일상을 회복한 것으로 보인다는 사실은, 그는 거의 10여 년의 감옥 생활을 견디면서 하나님의 말씀으로 단련을 받았을 뿐 아니라 또한 형통하였다고 성경이 진술(창 39:21~23)하고 있는 사실 때문입니다.

이렇듯 하나님께서는 우리에게 고난과 시련을 견뎌낼 수 있도록 우리와 함께하시면서 긍휼함을 베푸시고 우리의 '순종'을 통해 반드시 '형통'함을 보여주십니다.

그것이 하나님의 계획이시고 그 계획 속에서 우리를 들어 그 뜻을 이루시는 하나님의 기술이며 우리에게 고난과 시련을 통해 복을 주시는 비밀입니다.

명품 조각나무 십자가

김만근

1.나는 아궁이에 던져진 나무토막입니다
따뜻한 열기에 취해 몸뚱이에 붉은 불꽃 일고
몸 타들어가는 것을 몰랐습니다

나는 아궁이에 불붙은 나무토막입니다
활활 타오르는 거센 불길의 고통은 영혼까지 삼켜버리고
불 길 지옥 두려움에 어찌할 줄 몰랐습니다

마성의 불길 속에 죽어가던 나의 영혼은
반쯤 타들어가고 있는 몸뚱이를 바라보고 망연자실 할 뿐
더 이상 어찌할 수 없는 체념으로 이내 눈을 감아버렸습니다

2.길지나가던 나그네
무엇을 찾는지 불쏘시개로 아궁이를 뒤적입니다
불길에 타다만 내 몸뚱이를 꺼내어 이리저리 돌려보며
"이 놈 나무십자가를 만들면 좋겠네"
"불에 타버린 자국도 있으니 명품십자가 되겠어"

나는 나그네의 말이 무엇을 의미하는지 몰랐습니다
하지만 뜨거운 불 길속 고통에서 건져진 내 몸뚱이를 보니
노래가 절로 나왔습니다
"나는 구원받았네, 영벌에서 건짐 받았네"

3.나그네는 내 몸뚱에 타다 남은
숯검정을 털어내며 콧노래를 부릅니다
그리고 나를 묶어 사정없이 톱으로 켜고 대패로 밀면서
또 그의 허리춤 조각칼로 나의 몸뚱이에 홈을 파고
사포로 닦아내고 광택이 나도록 문지르고 또 문지릅니다

내가 고통으로 소리치고 눈물 흘려도
나그네는 아랑곳없이 계속 나를 다듬어 갑니다.

시련과 고통의 시간이 매일같이 지속되고
나그네의 얼굴에 얄미운 엷은 미소가 더해갈 즈음
흉측했던 내 몸뚱이는 어느새 십자가를 닮아가고 있었습니다

하나님의 허용하심과 작정하심의 법칙

┃하나님의 공의 속에서 붙드시는 우리의 삶

하나님께서 하시는 일 중 가장 중요한 두 가지는 무엇일까요?
그것은 바로 '허용하심' 과 '작정하심' 입니다.

'허용하심' 은 세상 질서를 위해 하나님께서 '공의' 를 나타내시
는 일로서 세상 만물을 운행하시는 일과 사람이 살아가는 일상의
여러 일들을 말하는 것이며, '작정하심' 은 하나님께서 태초로부터
지명하신 하나님의 자녀들을 자기의 계획 속에 두시고 세상 속 자
연인과는 다르게 직접 하시면서 이끄시는 일입니다.

그러나 '허용하심' 과 '작정하심' 은 서로 다른 것이 아니라 동
일한 하나님의 사역이십니다. 다만 세상 속 자연인들은 일상의 여
러 일들이 하나님의 '허용하심' 으로 작용되는것임에도, 그 속성
조차 모르고 살아가는 즉 하나님을 믿지 않는 사람들이지만, 하나
님께 '작정된 자' 로 택함 받은 그리스도인들은 비록 자연인들과
섞여 살아가는 일상이라 하더라도 하나님께서 자기의 계획에 따라
일일이 간섭하면서 설득하시면서 이끌어나가신다는 사실이 다른
것입니다.

사실 그리스도인들 조차도 하나님의 '작정하심'이 자기 자신에게 무엇이 '현신하듯 짠~하고 나타나는 것'으로 이해하고 있는데 이러한 생각은 상당히 잘못된 생각입니다. 다만 우리는 하나님께 속한 자들로서, 그분의 말씀에 마음의 중심을 흩트리지 않아야 합니다. 그것은 일상을 대하는 우리의 반응은 외부로 표현되는 것이므로, 이것을 제대로 알아차리지 못하면 '하나님의 뜻'과는 상관없는 행위로 나타날 수 있기 때문입니다.

> *"하나님께 속한 자는 하나님의 말씀을 듣나니 너희가 듣*
> *지 아니함은 하나님께 속하지 아니하였음이로다*
> *(요 8:47)"*

앞서 지적하였듯이 '허용하심'은 세상 질서를 위한 하나님의 공의(창 1:28~30, 2:18~19; 욥 38:4~39:30)로서 하나님의 완전하신 지혜와 그가 창조하신 자연 질서에 대한 완전한 지배를 증명하는 것입니다. 이러한 '허용하심' 속에서 나타나는 여러 형태들은 하나님께서 택하신 우리에게도 똑같이 나타나지만 다만 다른 것은 우리에게는 하나님의 '작정하심'의 법칙이 적용된다는 사실입니다.

그것은 우리가 일상을 통해 나타나는 그 여러 형태들에 대해 믿음으로 반응하게 되면 그 순간 하나님께서는 자기의 뜻이 무엇인지 우리에게 알게 하시는 법칙입니다.

이렇듯 하나님의 '작정하심'은 인간의 이해를 초월하는 신비한 것입니다. 하나님께서는 우리가 이해할 수 없는 무한한 지혜와 능력을 가지고 계시며 그분의 계획에 따라 '작정하심'으로 나타내시는 그분의 뜻은 우리가 상상하는 것 이상입니다.

성경에서는 하나님의 계획과 작정에 대해 여러 차례 언급됩니다.
예를 들면 [로마서 8장 28절]에는 *"우리가 아는 대로 하나님을 사랑하는 자들에게는 모든 것이 합력하여 선을 이루느니라"* 라는 말씀이 기록되어 있습니다.
그것은 하나님의 '작정하심'에 따라 하나님을 사랑하는 자들에게는 '모든 것이 좋은 방향으로 이루어진다'는 것을 뜻하는 말씀입니다.

'허용하심'으로 돌아가는 이 세상에서는 때로는 악이 이루어지는 것처럼 보이기도 하지만 하나님께서는 우리가 알지 못하는 더 큰 계획으로 작정하고 계십니다.
그리고 하나님께서는 우리 인간의 자유의지를 존중하시며 우리가 선택한 길에 따라 그분의 축복과 인도를 받을 수 있도록 하십니다. 따라서 우리는 하나님과 교류하며 그분의 영감과 지혜를 구하는 삶을 살아가는 것이 매우 중요합니다.

우리가 살아가는 일상에서 하나님만을 바라보게 하는 믿음은 우리가 그저 받는 은혜라고 했습니다. 즉 우리는 이러한 은혜로 인하여 하나님만을 바라보게 되고, 또한 우리를 향한 뜻은 '하나님의 때'에 우리를 들어 사용하시려는 것이기에 하나님께서 받으시는 영광은 그리스도인들 마다 다르게 나타납니다.

학창 시절의 운동부원을 했던 그리스도인들은 대회출전 시 감독

선생님에게 이런 말을 많이 들었을 것입니다. *"우리가 이기면 자신의 영광이자 , 학교의 영광이 된다. 알겠나?"*

그런데 우리는 하나님의 자녀라 일컬음을 받으면서도 왜 하나님의 영광은 무시하는지 모르겠습니다. 우리는 평범한 일상이라 할지라도 항상 그분의 영광을 위해 '하나님의 뜻' 에 순종으로 반응하면서 살아가야 하는데도 말입니다. 바로 그것은 하나님에 대한 신뢰가 없기 때문입니다.

이제 우리는 이러한 비밀을 알게 됨으로써 불시에 닥친 고난과 시련이라 할지라도 오히려 기뻐할 수 있으며 또한 범사에 감사(살전 5:16~18)하며 그 감사로 인해 하나님께 영광 드릴 수 있습니다.

이것이 곧 한 걸음 더 진보된 믿음으로 성장하는 길입니다.

그리고 비록 그 길이 고통을 수반하는 험난한 길일지라도 감사드릴 수 있는 것은 하나님께서 우리에게 은혜를 더하시기 위해 준비하신 것이기 때문입니다.

이렇듯 하나님께서는 우리의 일상을 통하여 지속적으로 간섭하시며 설득하고 계십니다. 그렇기에 하나님께서 이미 '작정함' 에 두신 우리 모두는 귓전에 부는 바람 소리속에서도 그 분의 '세미한 음성' 을 듣기 위해 노력을 게을리 말아야 합니다.

"또 지진 후에 불이 있으나 불 가운데에도 여호와께서 계시지 아니하더니 불 후에 세미한 소리가 있는지라
(왕상 19:12)"

"보라 이런 것들은 그의 행사의 단편일 뿐이요 우리가 그
에게서 들은 것도 속삭이는 소리일 뿐이니 그의 큰 능력
의 우렛소리를 누가 능히 헤아리랴 (욥 26:14)"

그럼 이제, 범죄로 인하여 구속拘束의 두려움 속에 있는 '작정된
자'를 예시로 하나님의 두 가지 사역인 '허용하심'과 '작정하심'의
법칙이 어떻게 적용되고 또 '작정하심' 속에서 나타나는 그 분의 궁
휼하신 은혜로 받는 믿음과 '신념의 은총'에 대해 설명하겠습니다.

세상 법이 뜻하는 구속拘束은, '행동이나 의사의 자유를 제한하거
나 속박한다'는 뜻으로서 하나님께서 우리에게 주신 자유의지를 박
탈하는 것입니다. 하지만 기독교에서 말하는 구속救贖은 예수님께서
십자가에 못 박혀 인류의 죄를 대속代贖하여 '구원한다는 뜻'이며
이는 세상의 구속拘束이 아니라, 곧 영혼의 자유 함을 의미합니다.

TV 뉴스에 보도되듯이 통상적으로 누군가가 세상 법에 의해 구
속되었다고 할 경우, 모든 세상 사람들은 누구나 다 그 사람이 죄
를 지었기 때문에 법의 처벌을 받는다고 생각합니다. 맞습니다. 지
극히 정상적인 생각입니다.

그러나 만약 이 구속된 사람이 자연인이 아니라 그리스도인이라
면 어떤 반응을 보일까요? *"예수 믿는 사람이 범죄를 저질러?"*,
"어떻게 예수 믿는 사람이 죄를 지을 수 있어?" 라고 손가락질하
면서 자신들 스스로가 재판관이 되어 정죄하려 합니다.

그런데 이러한 행위는 자연인들 보다 특히 그리스도인들에게서

더욱 심하게 나타나는 것을 보면 지독한 아이러니가 아닐 수 없습니다. 뭔가 이상하지 않습니까?

세상 속 자연인들은 하나님을 모름에도 불구하고 오히려 그 비난의 수위가 신앙인들보다 훨씬 적습니다. 그렇다면 그들이 그리스도인보다 더 많은 죄 속에 빠져서 그렇습니까? 아닙니다. 절대 그렇지 않습니다.

그리고 이뿐만 아닙니다. 만약 그리스도인이 전과자라는 사실이 밝혀지면 신앙인들 조차 "어떻게 죄를 지은 사람이 교회에 올 수 있느냐?", "어떻게 전과자가 목사가 되느냐?"라는 식의 극단적인 표현까지 서슴없이 내뱉습니다.

물론 이러한 평가를 하는 그리스도인들은 자신들의 방어기제로 인해 이런 사람들을 세상 속 자연인들보다 더 혹독한 평가를 한다는 사실을 이해 못하는 바는 아니지만, 사실 이러한 행위는 무지에서 오는 것입니다.

우리가 잘 알다시피 병원은 환자를 치료하기 위해 존재합니다. 그런데 만약 아픈 환자가 없다고 하면 병원이 필요 없지 않겠습니까? 다시 말해 아프니까 병원에 가는 것입니다. 왜 갑니까? 치료받고 낫기 위해서 가는 것이 아닙니까?

"예수께서 들으시고 이르시되 건강한 자에게는 의사가
쓸 데 없고 병든 자에게라야 쓸 데 있느니라 (마 9:12)"

교회도 마찬가지입니다. 만약 우리에게 죄가 없다고 한다면 교회에 나갈 이유가 없습니다. 죄가 없는데 왜 교회에 갑니까? 말 그대로 죄가 있기 때문에 교회로 가는 것 아니겠습니까?

성경은 우리 모두가 죄인이며, '율법으로는 의롭다 함을 얻을 수 없다'고 진술하고 있다는 사실을 기억해야 합니다.

예수님께서는 정죄하는 그들뿐만 아니라 그들이 판단하고 정죄하는 그 사람 때문에도 죽으셨음을 알아야 합니다(롬 14:15). 예수님께서는 나만을 위한 예수님이 아니시기 때문입니다(롬 5:6).

예수님께서는 *"스스로 의인이라 말하는 사람을 부르러 이 세상에 오신 것이 아니라 죄 많은 사람들을 하나님께로 돌아오게 하시려고 이 세상에 오셨다 (마 9:13)"*고 하신 말씀을 성경은 진술하고 있습니다.

만약 우리가 율법대로 완벽하게 살 수 있다면 굳이 주님이 오실 필요가 없지 않겠습니까?

우리가 이러한 현실과 죄를 깨닫고, 스스로는 '구원받을 수 없다'는 것을 인정하는 것이 믿음입니다. 예수그리스도를 믿으라고 하는 것은 그것을 믿으라고 하는 것입니다. 다시 말하자면 우리의 확신과 의지를 가지고 대단하게 살고 행위로 증명하면 주님이 '구원하겠다'라고 하는 것이 아니라는 것입니다.

> *"그러므로 율법의 행위로 그의 앞에 의롭다 하심을 얻을*
> *육체가 없나니 율법으로는 죄를 깨달음이니라*
> *(롬 3:20)"*

우리는 무엇인가 큰 착각을 하면서 살고 있습니다. 그것은 우리가 세상 법에 준하는 불법을 저지르지 않았다는 사실로만 자신이 죄가 없다고 생각합니다. 그렇다면 평생을 살면서 가벼운 교통법규 한번 어기지 않는 사람이 있을까요? 자신도 모르게 길에 침을 뱉거나 또는 신호가 막 바뀌었을 때 횡단보도를 건넌 적은 없습니까?

만약 들키면 세상 법을 어겨 죄를 짓는 것이고, 들키지 않으면 죄를 짓지 않은 것입니까? 아니면 이런 죄는 범칙금을 처분받는 가벼운 죄이니 죄라고 볼 수 없는 것입니까? 경범죄는 죄가 아닙니까? 그리고 우리가 마음이나 입술로도 죄를 짓지 않는다고 자신할 수 있습니까?

우리가 평소 차량을 운전할 때 많이 겪는 일이 있습니다. 실수로 차선을 위반하든지 아니면 순간적으로 다른 차와 추돌할 뻔 한다든지 하면, 대부분의 운전자들은 뒤따라오는 차에 비상 깜빡이로 미안하다는 표현을 합니다. 그런데 꼭 차를 옆에 붙여서 상대 차량의 운전자를 째려보거나 손가락질해야 직성이 풀리는 사람이 있습니다.

이러한 행위는 비록 그 사람이 '욕은 하지 않았다' 고 하더라도, 자신의 마음속에 있는 '악을 표현한 것' 이므로 곧 죄를 짓는 행위가 됩니다. 이런 사람들의 대부분은 자신의 삶의 경험에서 누적된 좋지 않은 감정들이 자제되지 못하고 습관화 되어있기 때문에 일상에서도 쉽게 표현되는 것입니다.

이렇듯 우리는 마음으로나 입술로나 주 여호와의 영광을 가리지 않아야 하지만 일상생활 속에서는 이를 간과하는 경우가 많습니다. 그렇기 때문에 우리가 매일 겪는 일상의 모든 것이 하나님의 '작정하심' 속에서 이루어지고 있다고 생각하면서 경건함을 잊지 않도록 해야 합니다.

우리는 구원받은 그리스도인으로서 '복음을 증거하는 삶'을 살아가고 있는 상태입니다. 그렇기에 비록 세상 법에 저촉을 받지 않는 사소한 행위라 할지라도 잘 살펴야 합니다.

죄를 알게 하는 것은 세상 법뿐만 아닙니다. 우리 마음에서 수시 때때로 일어나는 마음의 죄나, 미처 깨닫지 못한 부지 간의 죄는 하나님의 법에서 다루어집니다.

다시 말하자면, 우리는 세상 법으로 죄를 짓든 마음으로 죄를 짓든 일상에서 '늘 죄를 달고 살아가고 있는 죄인들'이라고 해도 과언이 아니라는 말입니다.

> *"그런즉 우리가 무슨 말을 하리요 율법이 죄냐 그럴 수*
> *없느니라 율법으로 말미암지 않고는 내가 죄를 알지 못*
> *하였으니 곧 율법이 탐내지 말라 하지 아니하였더라면*
> *내가 탐심을 알지 못하였으리라 (롬 7:7)"*

성경은 *"너희 중에 죄 없는 사람이 먼저 이 여자에게 돌을 던져라 (요 8:7)"*, 그리고 *"법을 완벽하게 지키는 사람은 단 한사람도 없다 (롬 3:20)"*고 진술하고 있습니다.

비록 우리가 '글로 쓰인 그 법을 알지 못한다'고 하더라도, 옳고 그른 일을 분별할 수 있는 양심이 있기 때문에 자기 스스로에게 율법이 되므로 죄를 짓는 것이 됩니다.

곧 그것은 그 *"양심이 증거가 된다 (롬 2:12~15)"*라는 성경의 진술이며 따라서 우리가 아무리 법을 '잘 지키고 산다'고 하더라도 *"누구든지 온 율법을 지키다가 그 하나를 범하면 모두 범한자 (약 2:10)"*가 되기 때문입니다.

따라서 죄로부터 깨끗하고 자유로운 사람은 아무도 없다는 사실에서 볼 때 과연 누가 누구를 손가락질을 할 수 있겠습니까? 다시 말하자면 병이 있으면 병원 가듯이, 죄가 있으니 교회로 가는 것 아니겠습니까?

> *"어찌하여 형제의 눈 속에 있는 티는 보고 네 눈 속에 있는 들보는 깨닫지 못하느냐 (마 7:3)"*

이렇듯 세상 법을 잘 지킨다고 하는 그리스도인이라 할지라도, 역시 죄에서 자유롭지 못하기 때문에, 세상 법에서 판단하는 죄만 바라보고 마치 우리 자신이 재판관처럼 판단하거나 정죄해서는 안 됩니다. 그것은 우리를 판단하고 재판하실 분은 오직 하나님 한 분밖에 계시지 않기 때문입니다.

> *"입법자와 재판관은 오직 한 분이시니 능히 구원하기도 하시며 멸하기도 하시느니라 너는 누구이기에 이웃을 판단하느냐 (약 4:12)"*

우리가 너무 쉽게 저지르는 죄를 한번 살펴보겠습니다. 그것은 정치입니다.

요즘 정치가 정말 시끄럽습니다. 당신은 이러한 정치 뉴스를 보고 이렇게 말합니다. *"제발 좀 싸우지 않고 지내면 안 되나? 대체*

왜들 저렇게 싸우나? 어차피 정권이 바뀌면 또 마찬가지 일 텐데?"
라고 말입니다.

그러나 사실 바로 그렇게 말하는 당신 같은 사람이 있기 때문에 싸움이 끝이 없는 것입니다. 이게 대체 무슨 말이냐고요?

당신은 정치인들이 싸우지 않고 서로 협력하면서, 정치를 잘하면 좋겠다는 마음을 가지고 있습니다. 하지만 당신은 그러한 당신의 마음 때문에 지금 상대를 향해 질타하고 있는 것 아닙니까? 즉 상대에게 싸움을 거는 것이나 마찬가지일 것입니다.

그 정치인들 역시 당신의 생각과 같이 서로 싸우지 않고, 서로 협력하면 좋겠다고 생각하기 때문에 싸우는 것입니다. 정말 지독한 아이러니가 아닐 수 없습니다.

이처럼 세상은 마음이 비워지는 곳이 아닙니다. 그렇기에 우리 마음도 세상을 판단하는 죄를 저지를 수 있기 때문에 우리에게 예수그리스도께서 계시는 것입니다.

우리의 의로움은 예수님의 피 값으로 그저 얻은 의로움이라고 성경은 진술합니다. 그런데 자신 스스로가 의롭다고 여기고 자랑하는 것과 다름없습니다. 하지만 그 속을 들여다보면 세상에 속한 자연인과 전혀 다를 바가 없다는 사실을 발견합니다. 이제는 우리 스스로 깨닫고 회개해야 합니다. 성경은 이런 사람에게 다음과 같이 권면합니다.

"네 말로 의롭다 함을 받고 네 말로 정죄함을 받으리라
(마 12:37)"

이 말씀은 말씀 그대로 *"네가 한 말에 따라서 옳은 사람으로 인정받기도 하고 죄인으로 판결 받게도 된다"*, *"너 혼자 북 치고 장구 치고 알아서 해라 판단은 하나님인 내가 한다"* 는 말씀입니다.

만약 세상 법을 어겨 죄를 지었다면 그 불법을 판단하기 위해 세상 재판관에게 맡겨질수밖에 없습니다. 그것은 하나님께서 세상 권세 자들에게 그 처분을 허락하셨기 때문에 지극히 당연한 일입니다. 그렇기 때문에 하나님께서 하시는 일에 대해 우리가 절대 거부하거나 부인할 수 없는 것입니다.

세상의 윤리와 도덕적 불법행위는 하나님의 '허용하심' 법칙 속에서 세상 권세에 그 판단과 처분권이 맡겨진 것이며, 따라서 하나님께서는 그가 허락한 법칙 속에서 운행되는 일에 대해서는 상관하지 않으십니다.

하지만 당신은 하나님의 자녀 된 자로서 지금 세상 법 앞에 서 있다고 한다면 앞서 누차 강조했듯이 우주 만물이나 세상 모든 것이 하나님의 '허용하심'의 법칙에서 운행되어지는 것이기 때문에 세상 법으로부터 판단과 처분을 받아야 하는 것은 당연합니다.

그러나 불법을 저질러 세상 죄를 지은 당신은, 보이지 않는 '하나님의 법' 보다 보이는 세상 권세를 더 무서워하는 것은 어찌 된 사실입니까?

> *"각 사람은 위에 있는 권세들에게 복종하라 권세는 하나*
> *님으로부터 나지 않음이 없나니 모든 권세는 다 하나님*
> *께서 정하신 바라 (롬 13:1)"*

당신이 반드시 알아야 될 사실은 세상 법의 두려움보다 먼저, 당신의 죄에 대해 통회痛悔하고 돌이켜 회개悔改해야 합니다. 그리고 이 회개는 죄에 대한 통회의 감정만을 의미하는 것이 아니라 당신의 인격 전체가 하나님께로 돌아서는 것까지 포함되어야 한다는 사실입니다.

그러나 당신은 세상 법의 판단과 처분이 두려워서 *"나는 하나님의 자녀인데도 하나님이 나를 '구해주지 않으신다"*라고 원망하고 있습니다. 만약 당신이 그런 사람이라면, '칭의'를 믿으면서도 '하나님을 불신하는 방종파 신앙인이 되는 것이기 때문에, 결국 하나님께 불경죄를 짓게 되는 것과 다름없는 것입니다. 하나님의 택함을 받은 당신은 보이는 세상 법보다 보이지 않는 하나님의 법을 두려워해야 합니다. 우리는 '하나님의 뜻'을 어떻게 따르느냐에 따라 그만큼 보응을 받기 때문입니다.

> *"몸은 죽여도 영혼은 능히 죽이지 못하는 자들을 두려워하지 말고 오직 몸과 영혼을 능히 지옥에 멸하실 수 있는 이를 두려워하라 (마 10:28)"*

하나님의 자녀인 당신이 세상 법에 판단 받는 그 사실 자체가 곧 하나님의 영광을 가리는 행위이며 그것이 바로 죄라는 사실을 먼저 깨달아야 합니다. 먼저 하나님께 회개와 용서를 구하십시오. 그것이 곧 하나님이 작정하신 자들이 가장먼저 반응해야 할 행위입니다.

"율법을 자랑하는 네가 율법을 범함으로 하나님을 욕되

게 하느냐 기록된 바와 같이 하나님의 이름이 너희 때문
에 이방인 중에서 모독을 받는도다 (롬 2:23~24)"

지금 당신이 세상 법앞에 서 있다고 하면, 불법을 저지른 당신의
판단을 위해 세상 권세 자들에게 맡겨졌다는 사실(롬 13:1)을 깨달
아야 한다고 앞서 지적 했습니다. 그렇기때문에 당신이 세상 법의
두려움보다 하나님의 진노하심에 먼저 당신의 죄를 자복하여 회개
하는 반응으로 하나님께 순종하는 자녀가 되면, 당신은 예수그리
스도와 한 몸으로 그분의 은혜 안에 있을 수 있습니다.

"이는 그로 말미암아 우리 둘이 한 성령 안에서 아버지께
나아감을 얻게 하려 하심이라 (엡 2:18)"

하나님의 자녀와 사탄의 종은 확연히 다릅니다. 사탄의 계급은
사탄, 마귀, 귀신 등으로 상하의 단계가 있어서 사탄과 마귀는 종
인 사람과는 직접 소통하지 않습니다. 하지만 하나님께서는 그 많
은 천사들을 거느리고 있으면서도 그 천사들을 통하지 않고 우리
와 직접 교통하는 분이십니다. 하나님께서는 그분의 영靈이신 성
령님을 통하여 직접 우리의 일상을 일일이 간섭하시고 설득하십니
다. 이러한 설득은 우리를 아버지인 하나님의 자녀로 온전하게 만
드시는 과정이며 세상과 구분되게 하려 하신다는 사실입니다.

"모든 민족을 그 앞에 모으고 각각 구분하기를 목자가 양
과 염소를 구분하는 것 같이 하여 양은 그 오른편에 염
소는 왼편에 두리라 (마 25:32~33)"

*"우리가 판단을 받는 것은 주께 징계를 받는 것이니 이는
우리로 세상과 함께 정죄함을 받지 않게 하려 하심이라
(고전 11:32)"*

따라서 세상 권세에 맡겨진 당신이라 할지라도 당신의 지위는
'하나님의 자녀' 로서 '세상과 구분된 자' 이기 때문에 오히려 당
신은 모든 일들을 온전히 기쁘게 여길 수 있습니다. 하나님께서는
이러한 과정을 통해 당신을 부족함 없이 하여 영광 받기를 원하십
니다. 만약 그렇지 않다고 하면 당신은 하나님의 '작정하심' 속에
서 살아가는 자녀가 아니라 여느 세상 속 자연인처럼 내세의 소망
없이 살아가는 단순한 인생의 나그네가 될 뿐입니다.

*"내 형제들아 너희가 여러 가지 시험을 당하거든 온전히
기쁘게 여기라...(중략)...인내를 온전히 이루라
이는 너희로 온전하고 구비하여 조금도 부족함이 없게 하
려 함이라 (약 1:2~4)"*

오늘 비록 당신이 불법이라는 세상 죄를 짓고 세상 법 앞에 섰지
만 하나님께서는 세상 권세자들에게 당신을 맡겨 그 판단을 허용
하셨습니다. 하지만 그것은 하나님께서 당신을 해치려고 하는 것
이 아니라 오히려 그것은 '하나님의 자녀' 로서 징계받는다는 것
을 알게 하셔서 당신의 믿음을 더욱더 세우고자 하시는 하나님의
간섭이며 설득입니다.

"너희는 다시 무서워하는 종의 영을 받지 아니하고 양자

의 영을 받았으므로 우리가 아빠 아버지라고 부르짖느
니라 (롬 8:15)"

이제 당신은 고난 뒤에 찾아올 형통을 소망할 수 있습니다.

그렇기에 당신은 인내로서 이를 극복할 수 있으며, 이러한 과정이 하나님의 자녀로 온전하게 만드시는 과정이라고 믿음으로서 당신은 하나님이 베푸시는 긍휼하심의 은혜를 받을 수 있습니다.

"주께서 주신 권세는 너희를 무너뜨리려고 하신 것이 아
니요 세우려고 하신 것이니 내가 이에 대하여 지나치게
자랑하여도 부끄럽지 아니하리라 (고후 10:8)"

하나님께서는 당신을 너무 사랑하시기 때문에 일상 속에서도 '작정하심'으로 간섭하시면서 늘 믿음을 더 하도록 설득하고 계십니다. 하지만 당신은 그동안 세상만 바라보는 죄에 빠져 살았기 때문에 도무지 알아들을 수가 없었고, 또한 마음에는 세상 염려로 가득 차 있기 때문에 도저히 시끄러워 그분의 속삭이는 음성을 알아들을 수가 없었습니다.

오늘 하나님께서 당신에게 이토록 아픔을 주시는 것은 하나님의 때영광의 시간에 따른 예정이 있는데도 불구하고 아무리 말씀을 하셔도 당신이 도무지 못 알아듣기 때문입니다.

예정은 하나님의 영광을 위해 당신이 할 일이 있다는 것을 뜻하는 것입니다. 그렇기에 당신은 일상에서 나타나는 하나님의 설득을 듣고 깨달아 믿음을 더욱더 공고히 해야 합니다. 그것이 하나님께서 '작정하신 자'들에게 가지고 계신 계획입니다.

하나님께 당신에 대한 '작정하심'은 태초로부터 지명된 하나님의 백성을 사탄의 종으로부터 해방시키기 위해 당신을 예수님께 보내신 것으로 부터 시작됩니다. 그리고 그분의 구원 사역을 통하여 하나님 서는 당신을 자녀로 삼으셨습니다. 뿐만아니라 예수님께서 떠나신 후에도 나약한 당신을 위해 성령님을 보내주셨고 당신을 성령 안에서 예수님과 연합하여 한 몸 되게 하신 것은, '당신을 결코 버리지 않겠다'는 '하나님의 약속이며 의지'라는 사실입니다.

> "아버지께서 내게 주시는 자는 다 내게로 올 것이요 내게
> 오는 자는 내가 결코 내쫓지 아니하리라
> (요 6:37)"

육신이 세상 법의 판단 아래 있고, 세상 권세 자들이 판단하는 것은 하나님의 허용하심의 법칙 때문이라는 것을 이미 앞에서 수차례 말씀드렸습니다. 그리고 세상 법 역시 믿는 자들의 교훈을 위하여 존재하는 것이라는 사실을 거듭 말씀 드립니다.

앞서 그리스도인의 경우 불법으로 인해 죄로서 드러나는 본질은 육신의 구속에 있지 않고, 곧 '하나님의 영광을 위한 것이라는 사실을 먼저 깨달아야 된다'라고 지적하였습니다.
따라서 그리스도인이 '하나님의 자녀'로서 세상 법 앞에 판단을 받는 것은 곧 하나님을 모독한 죄라는 사실이라는 것을 깨닫지 못한다면 하나님께서 우리에게 '작정하고 계신다는 사실 역시 깨닫지 못한다'는 사실을 다시한번 지적합니다.

그리스도께서는 우리가 살아가는 이 세상에서 우리처럼 고난을 받으셨고, 또한 고통을 겪으셨습니다. 따라서 우리 역시 예수님처럼 언제 어떤 고난이 닥쳐오더라도 이를 믿음으로 극복할 수 있도록 각오와 담대함을 갖추고 마음의 준비를 단단히 해두어야 합니다.

주님께서는 우리를 포기하지 않으십니다. 주님께서 우리를 포기하지 않으시는데 우리가 세상을 포기할 수는 없습니다. 우리의 육체가 고난을 받을수록 죄악은 그 힘을 잃기 때문에 반드시 예수님과 함께 그 과정을 극복해낼 수 있습니다.

> *"그리스도께서 이미 육체의 고난을 받으셨으니 너희도 같은 마음으로 갑옷을 삼으라 이는 육체의 고난을 받은 자는 죄를 그쳤음이니 (벧전 4:1)"*

당신은 하나님의 택함을 받은 자녀이며 복음으로 살아가고 있는 그리스도인입니다. 그렇다면 당신의 인생 자체가 곧 '복음을 증거 하는 삶'을 살아가고 있는 것입니다. 그렇기 때문에 당신이 범법행위로 인해 세상 법 앞에 섰다고 하더라도, 그것은 곧 '복음의 삶 속에서 고난을 받는 것'이므로 오히려 고난과 시련은 은혜가 되는 것입니다(시 119:71).

잘 알다시피 우리가 마음으로 범죄하며 살아가더라도 세상 법으로 처벌받지 않습니다. 하지만 세상 법으로 판단을 받지 않는다는 것일 뿐 우리에게 죄가 없는 것이 아닙니다. 오히려 이러한 사실로 인해 우리가 더욱 교만해지는 것 아닐까요?

하나님의 '작정하심'으로 이루어지는 고난과 시련은 하나님의 긍휼하심으로 당신에게 거저 주어지는 은혜를 알게 하는 은총입니다. 이는 마치 갑각류처럼 두꺼운 껍질로 당신을 감싸고 있는 교만과 고집이 고난과 시련때문에 비록 그 껍질이 벗겨져 대항할 수 없는 상태지만, 오히려 당신의 믿음을 증명할 수 있는 기회가 되며 당신이 가장 약한 상태에서 다시 성장할 수 있는 순간이 됩니다.

> *"율법이 들어온 것은 범죄를 더하게 하려 함이라 그러나*
> *죄가 더한 곳에 은혜가 더욱 넘쳤나니 (롬 5:20)"*

> *"죄가 너희를 주장하지 못하리니 이는 너희가 법 아래에*
> *있지 아니하고 은혜 아래에 있음이라 (롬 6:14)"*

우리 그리스도인은 믿음이 성장하는 비밀을 알아야 합니다.

그래야만 우리가 하나님의 '작정된 자'로서 하나님께서는 그분의 때에 맞추어 우리를 사용하실 수 있습니다. 아브라함과 모세처럼 말입니다.

우리에게 '작정하심'으로 나타나는 '하나님 뜻'은 어떠한 물신적 형태나 현상으로 나타나는 것이 아닙니다. '작정하심'의 속성은, 당신의 반응으로 드러나는 믿음이며 믿음의 행위로 나타나는 열매입니다.

여기서 열매라고 하니 전도하여 얻는 성과가 복음의 열매라고 이해하는 분들이 꽤 많습니다. 하지만 복음의 열매는 우리의 믿음 안에서 드러나는 행위 역시 포함됩니다. 이렇듯 고난과 시련이라는 위기 안에서 대응하는 행위는 우리의 참모습으로 나타납니다. 이에 *'열매를 보고 나무를 분간하듯이 그 사람의 행위를 보면 그 사람을 분간할 수 있다 (마 7:16)'* 고 성경은 진술하고 있기 때문입니다.

다시 말하자면, 당신이 하나님을 중심으로 반응하는 행위는 곧 '하나님의 뜻' 이 되어 드러나는 열매가 되기 때문에 우리 자신의 삶이 곧 복음을 증거하는 삶이 되는 것입니다.

그렇기에 고난과 시련뒤에 반드시 형통함이 있다는 사실을 굳게 믿고 하나님의 뜻에 순종하며 말씀 훈련을 게을리하지 말아야 합니다. 바로 옥중의 요셉처럼 말입니다(시 105:18~19).

> *"그 뜻의 비밀을 우리에게 알리신 것이요 그의 기뻐하심을 따라 그리스도 안에서 때가 찬 경륜을 위하여 예정하신 것이니 (엡 1:9)"*

세상 모든 사람은 법 앞에서 완전할 수 없는 존재입니다.

그러나 우리 자신의 죄가 깊다는 것을 알게 되면 될수록 한 몸 된 예수님의 중보로 우리의 죄를 용서하시는 하나님의 넘치는 은혜를 더욱더 깊이 느낄 수 있습니다.

그리고 드러나는 우리의 믿음은 은혜로서 주어지는 은총이 되며 이 믿음과 은총은 우리에게 신념을 심어줄 뿐 아니라, 세상 속에서 우리를 더욱더 담대하게 하는 '신념의 은총' 이 되는 겁니다.

> *"율법이 들어온 것은 범죄를 더하게 하려 함이라 그러나 죄가 더한 곳에 은혜가 더욱 넘쳤나니 (롬 5:20)"*

생각해보십시오. 그리스도께서는 우리를 위해 피를 흘려주셨고, '죄가 없다고 선언' 하셨습니다. 그리스도께서 죄가 없다고 선언하셨는데 앞으로 얼마나 더 놀라운 일을 해주시겠습니까?

예수님께서는 당신에게 다가올 하나님의 진노로부터 구원해주십니다. 그렇기 때문에 예수그리스도의 은혜 안에 있는 당신은 오히려 하나님께서 당신을 '작정하심' 으로 '특별히 다루고 계신다' 는 사실을 깨닫고 감사하며, 당신이 기뻐해야 할 충분한 이유가 될 것입니다.

> *"그러면 이제 우리가 그의 피로 말미암아 의롭다 하심을 받았으니 더욱 그로 말미암아 진노하심에서 구원을 받을 것이니 (롬 5:9)"*

[욥기서 2장 3절]을 보십시오. 이 사건은 사탄이 하나님을 충동해서 생긴 사건입니다.

이처럼 사탄은 절대자이신 하나님까지도 충동시키는데, 하물며 절대자의 피조물인 나약한 우리에게는 어떻게 하겠습니까? 에덴동산의 하와에게도 그렇게하지 않았습니까?

혹시 당신은 괜스럽게 상대를 비아냥거려서 분노하게 만들지는 않습니까? 괜히 잘 지내고 있는 친구를 이간질하지는 않습니까? 앞서 복음의 인생을 살아가는 그리스도인은 하나님의 자녀로서 살아가기 때문에 그리스도인의 삶 자체가 '복음을 증거하는 삶' 이라고 했습니다.

이제 우리는 하나님께서 '작정하심' 으로 거두시는 그리스도인의 삶을 살아가는 것이므로, 우리 스스로의 삶을 돌아봄으로써 신앙을 새롭게 조명해 보아야 하겠습니다.

우리는 하나님께서 모세에게 하신 일만큼은 이해하기 좀 힘들지만, 하나님께서 작정하신 사람 중에서 모세를 빠트릴 수 없습니다. 모세만큼 충성한 종이 있었습니까? 모세는 그렇게도 말을 안 듣는 수십만 명의 하나님의 백성들을 이끌고 40년 광야 생활하면서 가나안까지 이끌고 왔습니다.

가나안 입성을 앞두고, 솔직히 모진 고생을 마다치 않은 모세에게 훈장도 달아주고 팡파르도 좀 울리고 테이프 커팅도 하고 모세가 앞장서서 폼 잡고 가나안에 입성해야 하는 것 아니겠습니까?
그런데도 하나님께서는 *"모세 너는 못 들어간다"*, *"너는 느보산에 가서 죽으라 (신 32:48~52)"*고 하시니, 이 얼마나 섭섭한 말씀입니까? 완전히 토사구팽兔死狗烹입니다. 하나님께서는 모세를 이렇게 완전히 '팽' 시켜 버리셨습니다.

하지만 모세는 불평하지 않았고 그 말씀 그대로 순종했습니다. 그리고 모세는 느보산에 올라가기 전에 여호수아를 축복하고, 또한 12지파를 하나하나 축복(신 33:1~29)하였습니다. 왜냐하면 불평으로는 축복할 수 없기 때문입니다.

하나님의 수는 절묘합니다. 하지만 모세는 그 절묘한 하나님의 수를 읽었습니다. 즉 '하나님의 뜻'을 깨달은 것입니다.
그것은 곧 모세의 영광은 가나안에 있지 않고, 느보산에 있었던 것이며, 모세는 느보산에 올라갔기 때문에 영광을 얻을 수 있었습니다.

모세의 그 순종함으로 인해 모세의 공功이 모두 살았습니다. 그리고 여호수아가 살았고 이스라엘이 살았고 하나님께서도 영광을 받으셨습니다.

우리 역시 하나님께 팽 당할수도 있습니다. 하지만 우리또한 느보산에서 죽을 수 있는 모세가 되어야 합니다. 그것이 하나님께서 작정하신 우리의 삶이 되는 것입니다. 바로 '신념의 은총' 으로 말입니다.

하나님을 중심으로 반응하는 삶

우리의 중심을 이루시는 하나님

세상의 중심은 누구인가? 곰곰이 한번 생각해보십시오.

'나' 자신 아닙니까? 세상의 중심은 언제나 나자신 일 수밖에 없습니다. 나를 기준으로 해서 앞, 뒤, 왼쪽, 오른쪽 등, 위치를 정하고, 또 나를 기준으로 해서 할아버지, 아버지, 형, 동생, 조카 등등 가족과 형제자매들이 불리어 집니다. 그리고 직장에서도 마찬가지입니다. 모든 것이 나라는 존재를 기준으로 합니다.

그렇다 보니 남편과 아내는 각각 자신의 기준으로 상대를 바라봅니다. 아내 입장에서는 남편이 문제이며 남편 입장에서는 아내가 문제입니다. 이 역시 부모와 자식 간, 형제가 친구 간 등, 다 마찬가지입니다. 바로 나 자신이 기준이기 때문에 그렇습니다.

국가도 마찬가지입니다. 한국에서 중국이나 일본이나 미국을 바라보면 그 국가가 문제인 것 같습니다. 하지만 우리가 미국에 가서 한국을 바라보면 한국이 문제입니다.

이러한 사실은 우리의 인식체계가 그렇게 되어 있기 때문인데 이는 자기를 세상의 중심에 놓고 보는 인식 세계로서 바로 '나' 라는 자신이 만드는 것입니다. 이 인식 세계 때문에 나와 너가 다르고 여기저기가 다른 것입니다. 그래서 비교하게 되고 판단하게 되는 것입니다.

그러나 우리가 믿음으로 굳게 서려면 이러한 인식 세계부터 바꾸어야 합니다. 하나님의 자녀인 우리의 삶은 철저히 하나님께서 중심이 되어야 합니다. 이제는 나를 중심으로 인식하는 하나님이 아닌, 하나님을 중심으로 나 자신을 인식할 수 있어야 합니다.

그렇다면 어떻게 하면 하나님을 중심으로 나를 인식할 수 있을까요? 그것은 곧 나라는 자신을 철저히 내려놓는 것입니다. 하지만 정말 내려놓기가 어렵습니다. 물론 내려놓는다고 포기하라는 뜻은 아닙니다.

이렇게 나 자신을 내려놓으려면 그 한계를 짐작하기 힘듭니다. 하지만 하나님께 순종하여 십자가를 매고 죽음의 길로 홀로 가신 예수님을 생각하고 그분을 힘입어 하나님을 바라보십시오. 그렇게 되면 하나님께서 무한히 베푸시는 긍휼함의 은혜를 알 수 있게 되며 자연스럽게 나를 내려놓는 자신을 발견하게 될 것입니다.

하나님께서는 당신을 위해 '원대한 계획(사 46:11)'을 세우셨기 때문에 자녀인 당신을 절대 버리지 않으십니다. 이제 당신은 '신념의 은총'으로 더욱더 담대해야 합니다. 그리고 이러한 당신의 믿음은 당신 스스로가 성장시키고 세우는 것이 아니라, 일상에서 당신에게 나타나는 각종 사건들을 통하여 당신을 간섭하시고 설득하시는 하나님의 긍휼함으로 거저 주어지는 은혜입니다.

어떤 사람이 자신의 회사는 하나님이 주신 것이라고 늘 입버릇
처럼 말을 하는 사람이 있었습니다. 그는 '신앙인'이었으나 주위
에서 보기에는 늘 일에 빠져 살았고 입으로는 하나님의 영광을 말
하지만 마음으로는 하나님을 떠난 사람같이 보였습니다.

그런데 어느 날 이 사람이 큰 사고로 인해 회사에 두 달 반 동안
나오지 못하는 사태가 벌어졌습니다. 그렇게 되자 회사의 직원들
은 밀린 임금을 노동청에 청구하고 모두 회사를 떠나버렸습니다.

그리고 이 사람은 엎친 데 덮친 격으로 차입금과 법인 및 개인
카드 연체에 시달렸고 또한 거래처들로부터 고소를 당하여 노동청
과 경찰의 조사가 겹쳐 말 그대로 풍비박산風飛雹散이 나버렸습니
다. 그도 그럴 것이 은행의 대출금 연체는 어느 정도 연장이 가능
하지만 문제는 회사의 신용카드였습니다.

신용카드는 3개월90일이 연체되면 대통령 할아버지가 와도 연장
이 되지 않는 특징이 있습니다. 결국 회사는 신용불량으로 등재가
되고 이것은 곧 부도를 의미하는 것이기 때문에 이 정보는 각 금융
사에서 공유하면서부터 순식간에 이 사람의 회사는 걷잡을 수 없
는 상태에 빠져버렸습니다. 그렇다고 주위에서 이 사람을 도와줄
사람은 아무도 없었습니다.

어디 가서 일을 하려고 해도 함께 일할 용역의 인건비는커녕 식
사비조차 없었습니다.

이 사람은 사고로 인해 회사에 출근을 하지 못한 기간이 불과 두

달 반 만이었지만 남은 보름 동안에 개인과 회사의 카드 대금이라든지 대출금의 연체를 해결할 수 없었던 이유는 3개월이라는 금융시간 때문이었습니다.

물론 이 사람이 사고로 출근하지 못하고 있을 때에도 직원들은 근무했었지만 자금의 흐름이 끊어지다 보니 남의 일로 치부하듯 관리를 하지 않았던 것이 주요 원인으로 작용되었습니다. 그렇다고 직원들을 탓할 수 없는 노릇이었습니다.

이 사람의 아내는 조그마한 장사를 했는데, 그 수입으로 회사의 연체를 감당하기에는 역부족이었고 또한 남편이 일을 한다고 몸부림을 쳐도 그 경비를 감당할 수 없었습니다. 결국 회사공장에 압류가 붙고, 거주하는 집에도 압류가 붙어 경매 직전에 놓이게 되었지만 그렇게 끝나는 것이 아니었습니다.

회사와 집이 경매된다고 하더라도 10억여 원밖에 되지 않은 반면에 빚은 25억여 원이 넘었습니다. 이 사람은 스트레스로 온몸에 종기가 나서 피고름이 터져 나왔고 '매일 같이 걸려 오는 그 많은 독촉 전화에 정말 죽고 싶은 심정뿐이었다'고 고백합니다.

그래도 이 사람은 '그래, 주신이도 하나님이시고 거두어 가시는 하나님이시다'라는 성경의 진술을 붙잡고 스스로 담대해지려 노력하였지만 매일 매일이 죽음과 같은 고통의 연속이었습니다. 하지만 인내하며 견딜 수밖에 없었습니다. 아니 '인내했다는 것보다 못 죽어서 그냥 생활했다'고 볼 수밖에 없을 정도였다는 것이 맞는 말일 것입니다. 그러자 주변의 많은 사람들이 파산제도를 이용해볼 것을 권했고, 개인의 신용은 별도의 '회생절차를 밟으면 된다' 는 말을 들었습니다.

그리고 신앙생활을 함께하는 친구가 이일을 알고 찾아와서 이렇게 위로합니다.

『하나님께 물질을 기도한다고 해서 주시는 하나님이 아니다. 당신이 잘못해서 그리된 것은 하나님과는 아무 상관이 없다. 당신이 잘못해서 그리된 것을 가지고, 기도한다고 해서 그것을 해결하라고 물질을 주지 않으신다. 만약 기도해서 받으면 좋고 못 받으면 그만이라고 생각해야 한다. 우리는 이 세상이 아니라 천국을 소망해야 된다!』

이 사람은 친구의 말을 듣고 물론 자신이 회사의 경영을 잘못하여 벌어진 일이니 친구의 말이 일리가 없지 않았고, 또한 천국을 소망하는 것도 맞지만 만약 친구의 말대로라면 하나님은 시쳇말로 '복걸복' 의 '하나님이 되는것이 아닌가' 하고 생각했습니다.

복걸복이란 복불복福不福로 표현되는 단어입니다. 복분福分의 좋고 좋지 않은 정도라는 뜻을 가지고 있기 때문에 사람의 운수를 이르는 말입니다. 만약 그렇다면 친구의 말대로 '하나님께서는 되면 좋고 안 돼도 그만' 이신 그런 분이시라는 뜻밖에 되지 않는 것입니다.

그래서 이 사람은 친구의 말을 한쪽귀로 흘려버리고 변호사를 찾아갔습니다. 상담을 받아보니 개인이 사용한 돈은 없고 자산보다 부채가 많아 파산신청이 가능하며 '법원에서 받아들여질 수 있겠다' 는 답을 받았습니다.

하지만 이 사람은 변호사 사무실을 나오는 그 순간, 자신은 하나님의 청지기일 뿐이다고 주변에 늘 말해왔던 것이 생각났습니다. 그리고 '하나님께서 주신 달란트도 못 지킨 청지기이면서, 자신이 괴롭다고 하나님의 소유를 어떻게 마음대로 파산신청을 할 수 있다는 말인가?' 하는 강한 마음이 생기더라는 것입니다. 그래서 이 사람은 마음속에서 아예 파산신청이라는 단어를 지워버렸다고 합니다.

물론 하루 이틀이 아니라 한 달, 두 달, 흘러가는 시간 속에 피를 말리고 죽을 것 같은 빚 독촉에 '파산'이라는 유혹이 손짓을 하였지만, 이 사람은 *"하나님께서는 절대 나를 버리지 않으신다", "세상을 이기신 예수님과 함께 세상을 이기자", "성령님께서 앞장서십시오. 신념의 은총으로 예수님과 함께 담대히 따라가겠습니다."* 라며 매시간 기도하고 외치면서 꿋꿋하게 주어진 일을 하였습니다.

물론 파산신청을 하면 빚 독촉은 받지 않겠지만 *"이것은 해서는 안 될 일이다", "어차피 경매가 될 것이면 하나님께서 허용하시는 법칙에 의해 경매가 되는 것이고, 또한 하나님께서는 나를 작정하셔서 더 큰 형통을 주려고 하시는 것이니, 나 스스로 죄를 지어서는 안 된다."* 라는 마음속 울림에, 기도하면서 매일같이 주어진 일 경찰 조사와 법정에 최선을 다했습니다. 이렇게 여섯 달여가 지나자 불안한 환경 속에서도 점차 안정을 찾아가던 중 기적과 같은 일이 벌어졌습니다. 누군가가 회사에 무려 100여억 원의 자본 증자를 약속한 것입니다.

"우리가 환난 당하는 것도 너희가 위로와 구원을 받게 하
려는 것이요...(중략)... 우리가 받는 것 같은 고난을 너
희도 견디게 하느니라 (고후 1:6)"

물론 이 사람은 신앙인이었고 나름의 믿음도 있었습니다. 하지
만 그동안 살아가는 모습은 완전히 세상 적이었습니다. 그는 청지
기를 자처하면서도 '하나님 뜻' 과는 다른 오로지 세상적인 일밖
에 몰랐습니다. 후일 이 사람은 이렇게 간증합니다.

성경의 비유와 같이 '주인에게 받은 달란트를 받고, 땅에 묻어
두었던 그 종(마 25:18)만큼만 되었어도 덜 괴로웠을 것' 이라고 하
면서 자신은 '그 종보다도 더 못한 종이었다' 고 고백하였습니다.

하나님께서는 이 사람을 들어 쓰시기 위해 혹독한 훈련을 시키
셨고 이 사람은 오직 하나님 말씀만 붙들고 그 시련의 고통을 극복
하였습니다.

지금 말세의 시대는 '혼돈과 고통의 시대' 입니다. 사탄 마귀는
우리 인간이 아주 좋아할 물건들을 만들어내었습니다. 특히 시공
간의 제약 없는 스마트 폰은 우리의 삶을 윤택하게 해야 함에도 오
히려 우리의 삶을 망치는 도구로 사용되고 있습니다.

가족들, 친구들, 이웃 간의 만남과 대화, 금융 거래, 생활 소비,
오락 커뮤니티, 행정 등등 모든 집합체를 시공간의 제약없이 손바
닥 안에서 다룰 수 있기 때문에 사람들은 이 기기를 통하여 더욱
바빠진 일상을 계속 만들어 가고 있습니다.

이렇듯 사탄 마귀의 핵심 전략은 우리를 아주 바쁘게 하는 것입

니다. 하지만 세상일에 너무 바빠서 하나님의 일을 놓치면 안 됩니다. 하나님께서는 하나님의 일을 본업처럼 여기는 사람을 책임져 주시고 그 사람을 주류 인생으로 올려 주십니다.

지금 당신은 가장 잘할 수 있는 일에 집중해야 합니다. 하지만 당신은 지금 해야 할 일과 나중에 해야 할 일의 차이를 알고 우선 순위의 문제를 결정해야만 합니다. 왜냐하면 그 선택과 결정에 따라 당신의 미래는 달라지기 때문입니다.

우선 당신이 해야 할 일은 눈에 보이는 일보다 눈에 보이지 않는 하나님의 일을 먼저 해야 합니다. 그것이 기도이든, 봉사이든, 당신을 향한 하나님의 특별하신 뜻을 이해하면서 언제 어디에서나 하늘나라의 일을 가장 먼저 나타내어야 합니다.

우리가 이토록 정신없이 바쁘게 돌아가는 세상 속에서 살아가고 있지만 마음만큼은 그 중심을 잡고 주님과 깊은 교제를 하십시오. 주님과 교제를 깊이 하면 할수록 주님께서는 당신에게 지혜를 더 하십니다. 그것이 당신에게는 매우 중요한 일이며 우선하여 결정하고 집중해야 하는 이유입니다.

"그런즉 너희는 먼저 그의 나라와 그의 의를 구하라 그리 하면 이 모든 것을 너희에게 더하시리라 (마 6:33)"

하나님께서는 약속을 지키시는 분이십니다. 당신을 절대 버리지 않으시는 분이십니다. 다만 침묵하고 계신 것은 고난과 시련을 대하는 당신의 반응을 보시고자 하기 때문입니다. 당신이 어떠한 일을 대할 때 무엇을 중심으로 반응 하는지가 가장 중요합니다. 그것이 곧 믿음의 열매이기 때문입니다.

이렇듯 누구나가 다 겪는 고난과 시련이지만, 하나님께서는 그 불같은 시련 속에서 자기가 작정한 자녀의 반응을 보고 계시는 것은, 우리가 처음 믿기 시작했을 때와 같은 한결같은 마음으로 하나님을 의지하고 끝까지 충성하기를 원하십니다. 이렇듯 '작정된 자' 는 어떠한 일이든지 드러나는 '반응' 으로 인해 그 '중심' 이 어디에 있는지 알 수 있습니다.

"우리가 시작할 때에 확신한 것을 끝까지 견고히 잡고 있으면 그리스도와 함께 참여한 자가 되리라 (히 3:14)"

이 책을 읽는 당신은 지금 불행하다고 생각하십니까? 그 불행이 지금 겪고 있는 고난과 시련때문입니까? 사실 불행과 고통은 하나님이 주시는 것이 아닙니다.

이 세상은 하나님의 '허용함의 법칙' 으로 돌아가기 때문에, 이 세상 누구든지 공통적으로 불행을 겪습니다. 인생이 어디 다 어떻게 좋기만 하겠습니까? 하나님께서 허용하신 이 세상에는 흔히들 말하는 불운 즉 뜻밖의 사고들이 얼마든지 생겨날 수 있습니다. 갑자기 넘어져서 다리를 다친다든지 길 지나는데 소매치기를 당한다든지 또는 생각지도 못하게 보이스 피싱을 당한다든지 그렇다고 어디 그것이 죄 받은 겁니까?

불행이라는 말은 단어 그대로 행복하지 않은 상태를 말합니다.

많은 사람들은 갑자기 다쳤다든지, 사기를 당했다든지, 아니면 남들보다 좀 적게 가졌다든지, 좀 어려우면 불행하다, 다른 사람들보다 좀 못살아도 불행하다. 남편 월급이 적어도 불행하다. 아이들이 말썽을 좀 피운다고 불행하다 등등 얼마든지 행복해질 수 있는 환경임에도 타인과의 비교만으로도 스스로가 불행하다고 생각합니다.

어째서 이런 일들이 불행한 것입니까? 그렇다면 돈 많고 사고 없으면 불행하지 않습니까? 그렇지 않지 않습니까? 그런데 왜 하나님께서 공평하지 않다고 합니까? 우리는 *"하나님 누구는 사고도 없이 잘만 사는데 왜 나는 이렇습니까?"* 이런 푸념 섞인 기도를 합니다.

앞서 지적하였듯이 하나님께서는 '인간사회의 조리와 부조리를 초월하신 존재' 라고 했습니다. 다시 말하자면 하나님 그분만이 지혜로우신 분이시기 때문에 피조물인 우리가 왈가왈부 따질 일이 아닙니다. 만약 당신이 불행하다고 생각한다면 그것은 당신의 마음이 불행하기 때문입니다.

만약 동일한 불행을 10명이 똑같이 겪는다고 가정해 봅시다. 그렇다면 그 불행을 받아들이는 정도가 10명이 다 똑같겠습니까? 절대 아닙니다.

어떤 사람은 너무 괴로워서 죽으려고 하는 사람도 있을 것이며, 또 괴롭다고 술에 빠져 사는 사람도 있을 것이며, 또 어떤 사람은 하루 종일 집에 누워 뒹굴면서 고민하는 사람도 있을 것이며, 또 어떤 사람은 고민은 되어도 나름의 일을 하는 사람도 있을 것이며,

또는 아무렇지 않게 새로운 마음으로 다시 도전하는 사람도 있을 것입니다.

사실 진짜 불행은 예측할 때 오는 것이 아닙니다. 걱정했던 일은 거의 잘 벌어지지 않습니다. 진짜 불행은 인파 속에서 정면으로 다가오는 것이 아니라 당신이 들떠서 웃고 떠들고 있을 때, 우리 뒤로 살며시 다가와서 등에 칼을 꽂는 것입니다. 이렇듯 진짜 불행은 전혀 예측하지 못하는 '속성과 지속성'을 가지고 있습니다.

이렇게 생각해봅시다. 당신 집안에 할머니 할아버지께서 건강하게 생활하고 계시고 어머니와 아버지 역시 건강하실뿐아니라 하는 일도 잘되고 있습니다. 그리고 또 아이들도 부모님을 애먹이지 않고 공부 열심히 하는 등 나름대로 원하는 것들은 다 이루고 있습니다.

그런데 예측하지 못한 일이 벌어져서, 가족들이 생활을 거의 하지 못할 지경이 되었습니다. 할머니 할아버지의 건강이 급속도로 악화되고 어머니 역시 건강을 잃었습니다. 그리고 엎친데 겹친격으로 아버지의 사업 역시 갑작스럽게 망하게 되었고 아이들은 탈선하여 학교에 가지도 않습니다.

이제는 이런 삶이 연속적으로 이어집니다. 다시 말하자면 곧 이런 것이 불행입니다. '종합적이고 연속적인 상황' 말입니다.

이렇듯 불행이란 전혀 예측하지 못한 것이 들이닥쳐 기존의 틀을 완전히 바꾸어버리고 그것이 쭉 이어지는 상태를 말합니다. 도저히 행복할 수가 없는 상황이 되는 것입니다.

하지만 이렇듯 예측이 되지 않는 상태에서 불어 닥친 진짜 불행도 사람마다 받아들이는 정도가 다 다르듯이, 사실 당신을 가장 힘들게 하는 것은 타인이 아니라, 당신이 고난과 시련에 반응하는 태도 때문이라는 것을 잊지 마십시오.

하나님께서는 당신의 일상을 통해, 당신이 어떻게 반응하는지를 보고 계십니다. 불운한 것은 2%를 결정하지만, 나머지 98%는 그런 일에 반응하는 태도에 결정된다고 합니다. 그래서 불행하게 만드는 것은 타인이 아니라 당신이 그렇게 반응하기로 결정했으니 결국 당신 자신이 그렇게 만드는 것입니다.

주님께서는 도자기를 빚는 장인처럼 우리를 부르셔서 우리의 인생을 도자기를 빚듯 조금씩 조금씩 빚어 가십니다. 하나님께서는 그 도자기를 보시기에 좋았다가 그렇지 않으면 깨트려버리고 다시 빚어 가십니다.

그 깨트릴 때의 고통은 우리나 주님이나 다 동일합니다. 우리가 아플 때 함께 주님도 함께 아파하시고, 우리가 눈물 흘릴 때 주님도 함께 눈물을 흘리십니다.

우리가 살아가는 삶의 여정에서 볼 때 좋은 일도 좋지 않은 일도 있습니다. 하나님께서 흡족하시는 도자기로 빚어져서 기쁠 때도 있을 것이며, 또는 보시기에 좋지 않아 깨트려지는 아픔도 있을 것입니다. 즉 모든 것이 교차되어 일어나는 일들입니다.

세상은 당신의 노력이나 감정을 전혀 신경 쓰지 않습니다. 당신이 지금 어떤 고통을 겪고 잘 견디어내는지, 정말 열심히 노력하는지 사실 아무 관심이 없습니다. 당신이 만약 시험을 친다고 하면 시험에 늦지 않기 위해 이른 아침부터 어떤 노력을 기울였다고 하더라도, 만약 성적이 나오지 않는다면 그것으로 그냥 끝입니다.

사실 개인의 행복과 성장을 위해서는 결과가 아니라, 과정중심으로 생각하는 것이 바람직하고 좋은 생각이지만 모든 일이 비즈니스로 이루어지는 이 세상은 철저히 결과 중심의 세상이라는 사실입니다.

그렇다고 우리는 이 사실을 외면하고 살아갈 수는 없습니다. 외면하면 도피가 되기 때문입니다. 하지만 만약 당신이 이 세상에서 많은 돈을 벌고 싶거나 어떤 임팩트를 남기려면 결과를 내는 데 집중하십시오.

그리고 결과를 내는 일을 하다가 너무 힘들어서 울고 싶다면 울면서 하십시오. 이 세상은 당신이 울면서 하는 것 보다 울면서 해낸 일에 관심을 가지기 때문에 당신은 울더라도 결과를 만들어내어야 할 것입니다.

이제 당신에게는 교회가 필요 없을 것이며, 예수님도 필요 없고 아무리 기도해도 도와주지 않는 하나님도 필요 없을 것입니다. 기도한다고 바라는 대로 이루어주시지도 않는데 괜히 미련만 생기지 않겠습니까?

그리고 당신이 예수님을 그리스도로 영접하였다면 어차피 구원은 받았으니 천국은 갈 것이고 또한 당신은 지금 현실의 고통이 너무 힘드니 울면서라도 열심히 돈 버는데 집중해야 되지 않겠습니까?

그렇다면 입장을 바꾸어봅시다. 만약 당신의 자녀가 고통 속에서도 살아보려고 울면서 일하는 모습을 당신이 바라보고 있다고 생각해보십시오. 당신의 마음은 어떻겠습니까? 그 자녀가 얼마나 측은하겠습니까? 그렇다면 아버지인 당신은 과연 자식 고생을 모른 척 할 수 있겠습니까?

그런데 당신의 자녀는 당신의 기업을 받아야 합니다. 그러려면 앞으로 어떠한 고난과 시련이 쓰나미처럼 닥쳐와도 능히 극복할 수 있는 훈련이 필요합니다. 하지만 훈련을 혼자서 하라고 시킨것이 아닙니다. 아들인 예수님과 함께하라고 그 자녀에게 보냈는데 정작 그 자녀는 혼자 질질 짜면서 마치 자신이 할 수 있는 것처럼 일을 하고 있다고 하면 당신은 어떻게 하겠습니까?

아버지인 당신은 그 자녀가 맏형인 예수님에게 맡기고 배워서 따라하기를 바라고 있는데, 당신의 자녀는 도무지 그럴 생각이 없습니다. 곧 자기의 자존심 즉 자기의 의를 내려놓지 못하고 있습니다. 지금 당신 자녀는 자신의 부끄러운 기억으로 지금 못난 모습을 보이고 있는 것입니다.
아마 당신이 이런 못난 자녀의 모습을 본다면, 당장 쫓아내고 그 자녀에게는 기업을 물려줄 생각조차 하지 않을 것입니다. 이처럼 우리는 습관화 된 의식을 과감하게 버려야 하는 것입니다.

기억은 감정을 가지고 있습니다. 감정은 과거의 경험에서 나오는 최종산물입니다. 그렇기 때문에 문제가 생겼던 기억들을 떠올리면 불행을 느끼며 슬퍼지는 경험을 하는것과 같습니다. 따라서 당신의 생각과 경험이 당신의 현재 상태를 만듭니다.

과거는 하루를 시작할 때의 전체적인 상태입니다. 이것이 무슨 뜻인가 하면 익숙한 과거가 곧 예측 가능한 미래가 된다는 말입니다. 그렇기 때문에 과거는 지금 느끼는 감정보다 더 위대한 것을 생각할 수 없는 것입니다.

우리의 어렸을 때를 생각해보십시오. 어디 돈 걱정하고 살았습니까? 매일 매일이 신나는 하루였습니다. 그렇다면 우리는 어떻게 돈 걱정을 하지 않고 살았습니까? 그것은 모두 부모님께서 감당하셨기 때문입니다. 비록 가정이 어려웠던 시절이었지만 모든 것은 부모님의 문제였기 때문에 우리는 즐겁게 뛰어놀 수 있었습니다.

앞장에서 말씀드린 것처럼 우리는 어떤 문제가 생기면 그 문제 속에 잡혀서 놓지를 못하고 잡혀있습니다. 그러니 그 문제가 또 문제가 되는 것입니다. 이제 당신이 울면서 할 수밖에 없는 그 문제를 아브라함처럼 주님께 온전히 맡기고 살짝 빠져나오시기를 바랍니다. 이왕 믿을 바에야 제대로 믿어봐야 하지 않겠습니까?

"수고하고 무거운 짐 진 자들아 다 내게로 오라 내가 너희를 쉬게 하리라 (마 11:28)"

이런 생각 해보신 적 있으십니까? 우리가 살아가는 이 땅에 햇볕만 내리쬔다면 어떻게 될까요? 폭풍우도 없고 늘 따스한 햇볕만 내리쬔다면 말입니다. 만약 그리된다면 아마 이 땅은 사막이 될 것이 뻔합니다.

비가 오고 날씨도 흐려져야 합니다. 바다도 그냥 잔잔하면 적조현상이 생겨 물고기들이 다 죽어버릴 것입니다. 그러나 태풍이 불어오면 윗물, 아랫물 등 싹 한번에 걷어 가서 적조가 한순간에 사라집니다. 그렇습니다. 우리들의 인생에 폭풍이 몰아치기도 하고 태풍이 불어오기도 해야 합니다.

고락苦樂이라는 말이 있습니다. 잘 알다시피 쓸 고苦에 즐거울 락樂이 합쳐진 한자어입니다. 사실 솔직히 우리는 즐거운 것만 취하고 싶지 쓴것은 취하고 싶지 않습니다. 그래서 우리는 '어떤 일이 있던지 주님 안에서 기뻐하자 (빌 3:1)', '주님 안에서 굳게 서서 어떤 어려움도 이겨내자 (살전 3:8)', '주님 안에서 강해지자 (롬 16:25)'고 늘 입버릇처럼 말하면서도 막상 자신에게 쓴 시련이 닥치면 어느새 기쁨과 믿음은 눈 녹듯 사라지고 슬퍼하고, 좌절하고, 낙담합니다.

주님께서는 언제부터인가 우리의 처지에 맞춘 쓸 고苦의 주님이 되었다가 또 즐거울 락樂의 주님이 되었다가 합니다. 즉, 주님께서 '왔다 갔다' 주님이 되어버린 것입니다. 그렇다면 대체 누가 주님을 이렇게 만들었습니까? 그것은 곧 우리이며 바로 당신입니다.

만약 우리 인생에 좋은 것만 가득하다면 사막이 생기고 적조가 생기지 않겠습니까? 우리의 생명은 고통이 없으면 유지할 수 없습니다. 생명이 생명현상을 유지하는 까닭은 곧 고통 때문입니다.
우리는 그 고통을 오히려 감사하게 받아들이고 이겨내야 합니다.

그리고 그 고통이 지나가면 그것이 흔히들 말하는 '백신'이 되고 또 그것은 고통을 겪고 있던 당신에게만 주어지는 도저히 경험할 수 없는 소중한 선물로 다가올 것입니다.

그리고 이러한 과정에서 당신이 고통을 대하는 반응은 인생의 격으로 만들어집니다. 곧 그것은 당신의 인격이 됩니다.

앞서 회개는 죄에 대한 통회의 감정만을 의미하는 것이 아니라 당신의 인격 전체가 하나님께로 돌아서는 것까지를 포함되어야 한다고 지적했습니다. 따라서 비록 사소 일이라 할지라도 이런 것들에 대한 당신의 반응은 당신의 인격을 형성하기 때문에 그 사소함까지 세밀히 살펴야 하지 않겠습니까? 이렇듯 당신의 인격이 바뀌어야 하나님께서 우리를 통하여 영광을 받으실 수 있습니다 (마 5:16).

하나님께서는 이런 일들을 통하여 우리를 조금씩 신앙 안으로 빚어 가고 계십니다. 따라서 당신의 인생여정을 통해 당신이 어떻게 반응하면서 살아가는가 하는 것은 신앙생활에 있어서 매우 중요합니다. 불행은 언제 들이닥칠지 모르기 때문에 현재 만약 당신이 행복하게 살아가고 있다면 항상 겸손한 마음을 잃지 마십시오.

혹자들은 이렇게 말을 합니다. '하나님께서 그냥 우리 죄를 다 용서해주시면 모든 사람들이 하나님을 믿지 않겠느냐?' 물론 그렇게 된다면 예수님이 지상에 오실 일도 없었을 것이며 또한 오셨다고 하더라도 세상 사람들 앞에서 마치 마술사처럼 재미있게 많은 이적들을 일으키셨을 것입니다. 하지만 그렇게 하지 않은 이유가 무엇이겠습니까? 그것은 바로 인간은 교만하기 때문입니다.

에덴동산의 선악과 사건 이후로 우리 인간은 선악을 알게 되었기 때문에 스스로가 판단하고 스스로가 정죄하게 되었습니다. 즉 우리 스스로가 하나님이 된 것입니다.

지금 우리의 현실만 봐도 그렇지 않습니까? 사람들마다 판단 기준이 제각각이니 서로 언쟁을 하고 싸우고 있지 않습니까? 그렇기 때문에 하나님께서는 우리의 교만을 들여다보시는 것입니다. 하나님께서 왜 세상 권세를 허락하셨겠습니까?

하나님께서는 허용하신 일상을 통해, 우리가 어떤 믿음으로 살아가고 있는지를 보시고 우리의 교만을 철저하게 부숴버리시고자 하시는 것입니다. 따라서 하나님의 '작정하심' 속에 거하는 당신은 하나님을 중심으로 반응하는 삶을 살아가시기를 권합니다.

우리 그리스도인들은 비록 힘든 현실이라 할지라도 회복 탄력성이 충분히 강한 사람들입니다. 따라서 우리는 교만 대신 오히려 존재감이 필요합니다. 존재한다는 것은 자연스럽게 우러나오는 느낌을 말합니다. 그것은 우리 자신의 자존감을 알려주는 바로미터이기 때문에 존재감은 곧 자존감을 말합니다.

우리는 교만이라는 빈껍데기 옷을 벗어버리고 신생된 자, 즉 새 생명으로 거듭난 그리스도인으로서 자존감을 갖추는 옷으로 갈아입어 세상속에서 그리스도인으로서 존재감을 나타낼수 있어야 합니다.

이 자존감은 비록 뚜렷한 외형을 가진 것이 아님에도 불구하고 사람마다 제각기 다르게 나타납니다. 양적으로 존재감이 강한 사람이 있는 반면에 한편으로 약한 사람도 있을것이며, 질적 측면에서도 현실의 긍정적 존재감을 내뿜는 사람이 있는 반면에 한편으로 부정적 존재감을 내뿜는 사람도 있습니다.

그렇다면 주님 안에서 존재감이 큰 사람이 되는 비결을 알려드리겠습니다.

존재감은 몸과 마음의 교집합입니다. 당신의 몸이 여기 있는데 마음 역시 100% 여기에 있다고하면 당신의 존재감은 100%가 될 것입니다. 그러나 당신의 몸은 여기 있는데, 마음의 절반은 다른 곳에 있습니다. 즉 당신의 몸은 예배드리고 있는데, 생각은 다른곳에 있다는 말입니다. 이렇게 되면 당신의 존재감은 희미해지게 됩니다. 이렇게 존재감이 희미해지게 되는것은 존재감에 당신이 처한 환경이나 처지를 갖다 붙이기 때문입니다.

세상의 일상 속에서도 다를 바가 없습니다. 당신이 일을 하거나 사람을 만나거나 똑같습니다. 몸과 마음이 함께하는 그 경험이 당신의 존재감을 키우는 비밀입니다.

따라서 당신이 존재감이 낮은 사람이라고 생각한다면 몸과 마음이 함께하는 훈련이 필요합니다. 당신의 몸이 있는 곳에 마음을 붙들어 매거나 아니면 마음이 있는 곳에 당신의 몸을 보내십시오. 이 훈련이 잘된 사람이 자존감을 높이며, 좋은 태도를 만들어 낼 수 있습니다. 우리 그리스도인들은 하나님의 말씀에 우리 마음을 붙들어 매고 세상을 이기신 예수그리스도께 우리 몸을 붙들어 매어야 합니다.

많은 사람들은 살아가면서 죽도록 괴로울 때가 있다고 합니다. 길을 걸을 때도 행여 누가 볼 새라 혼자 눈물을 훔치기도 하고 생각이나 입 밖에 담음으로써 죄가 되는 자살까지 생각하거나 시도하기도 합니다. 하지만 이것은 하나님께서 우리를 도자기 빚듯 빚어 가시다가 깨어 부숴버리고 다시 만드시는 아픔입니다. 그리고 우리를 조각칼로 그분이 보시기 좋게 조각하는 아픔입니다. 세상을 이기신 예수님과 함께 이겨내십시오.

'예수그리스도의 마음은 성령님을 의미(요16:14)' 합니다. 우리가 성령으로 거듭났다고 하면, 우리에게는 이미 '예수그리스도의 마음이 있는 것' 입니다. 그렇기 때문에 우리는 하나님의 약속을 믿고 세상을 이기신 예수그리스도를 앞세워 더욱 담대해야 한다는 사실입니다.

우리가 오로지 하나님의 약속만을 믿을 수밖에 없는 것은 예수그리스도를 통하여 하나님의 자녀 된 우리가 바라는 유일한 소망이기 때문입니다. 그래야만 우리는 주님 안에서 승리할 수 있습니다.

"예수께서 하나님의 아들이심을 믿는 자가 아니면 세상
을 이기는 자가 누구냐 (요일 5:5)"

사도 바울과 예수님의 제자들

우리는 사도 바울을 눈여겨보아야 합니다. 바울은 예수님의 열두 제자에 속하지 않은 사람이었지만, 예수님을 구주로 영접하고 주님의 부르심으로 이방의 복음 사역을 담당했던 사람입니다.

그는 신약 총 27권 중 절반에 가까운 13권과 또한 바울이 기록했을 지도 모르는 것으로 추정되는 1권까지 더한 것만으로도 그의 활약은 대단함 그 자체였습니다. 그리고 바울은 자신이 성경을 기록한 줄도 몰랐기 때문에 자신이 성경을 쓰고 있다는 사실 역시 알수 없었지만, 이는 바울이 자기가 쓰는 글의 세부 사항에 신경을 쓰지않았다는 뜻이지 그의 서신이 영감으로 쓰인 성서가 아니라는 뜻은 아닙니다.

바울은 도덕군자가 아니라 오히려 감정이 풍부한 사람이었고 매우 감정적인 사람이었습니다. 하지만 그것은 바울의 인간성의 일부일 뿐입니다.

보편적으로 이러한 성향을 지닌 사람들이 그렇듯 바울은 엄격하고 제약이 심한 사회에서 살아가는 것을 상당히 복잡한 일로 여겼던 사람이었으며 대단한 열정을 가지고 있었습니다. 하지만 바울 자신은 현실의 괴로운 모순 속에서 산다는 인식을 가지고 있었는데 오히려 하나님께서는 이러한 바울을 작정하시고 들어 사용하셨습니다.

[바울서신]을 잠깐 소개하면, [바울서신]이란 신약성경 중 바울에 의해 쓰여진 편지를 총칭하는 말입니다. 대개 [로마서]에서 [빌레몬서]까지의 13통의 편지를 가리키는데, 이중 [로마서, 고린도전·후서, 갈라디아서]는 4대 서신으로 불리는데, [에베소서, 빌

립보서, 골로새서, 빌레몬서]는 옥중서신, [디모데전·후서, 디도서]는목회서신으로 구분됩니다.

물론 학자들 사이에서는 [히브리서]도 바울이 썼다고 하는 등의 견해가 있기도 합니다. 그리고 9편의 편지는 교회에 보내진 편지로서 [로마서, 고린도전·후서, 갈라디아서, 에베소서, 빌립보서, 골로새서, 데살로니가전·후서] 등이며 4편의 편지가 개인에 보내진 편지가 [디모데전·후서, 디도서, 빌레몬서]등 입니다.

바울은 자신의 생각과 글을 통해 세상 하나를 탄생시킬 만큼 엄청난 일을 이루어낸 사람이었습니다. 그의 이 엄청난 사역을 보면 이는 도저히 하나님께서 함께 하시지 않았다면 불가능한 일이라는 것을 잘 알 수 있습니다. 특히 [사도행전]에서 그의 대적들이 항의하는 것처럼 바울로 인해 정말 세상은 뒤집어졌습니다.

바울이 로마감옥에 있을 때는, 악의 화신으로 유명한 네로황제가 있었습니다. 이 네로황제가 그리스도인들을 처형하는 방법은 가히 상상을 초월했습니다. 바로 '악마' 그 자체였습니다. 많은 그리스도인들이 처참하게 죽어갔습니다.

그리스도인들이 왜 이때 세상에 대해 복수할 생각이 없었겠습니까? 하지만 이들은 세상 속에 살더라도 세상과 전쟁을 하지 않고 순순히 순교의 길을 택했던 것은 이들의 믿음을 붙잡아 준 바울이 있었기 때문입니다.

바울은 감옥에서 누가와 교통하면서 서신을 작성했습니다. 누가는 드로아에서 바울을 설교를 듣고 예수님을 믿었던 인물로서 의

사였으며 [누가복음]을 기록한 사람입니다.

사실 바울은 스데반의 순교를 지켜보면서, 그리스도인들을 모두 찾아내어 죽이겠다고 다짐했던 사람이었고, 그리고 다메섹에 공문을 청하여 그리스도인들을 색출하러 다니던 인물이었습니다. 그리고 바울은 도망가는 그리스도인들까지 추적해서 죽이려 했습니다. 바울은 그것이 하나님의 뜻이라고 생각했고, 그것이 '하나님을 향한 사랑'이라고 착각했습니다.

하지만 바울은 예수님을 영접한 후 달라졌습니다. 바울 자신의 과거가 이런데 어떻게 자기를 정죄하지 않은 완벽한 사람이었겠습니까?

어느 대형교회의 목사님 설교를 일부 인용해보겠습니다.

이 교회에서는 담임 목회자를 모시기 위해, 청빙위원회가 조직이 되었습니다. 위원장 되는 장로님이 교인들의 생각을 알아보기 위해 그분에 대해 다음과 같이 소개했습니다. *"정말 아주 훌륭한 분이 계십니다. 그런데 그 분에게는 몇 가지 단점이 있다고 합니다"* 하고 서두를 꺼낸 후,

『*"첫 번째, 그분은 한 교회에 오래 계신 적이 없고 자꾸 교회를 옮겨 다니십니다. 아마 우리 교회도 얼마 동안 계시다가 다른 곳으로 옮길지도 모겠습니다.*

두 번째는, 그 분은 설교를 하실 때도 오로지 예수님의 십자가만 자랑하시고,

세 번째는, 그분은 신학대학교도 나오지 않은 분이라 당연히 박사학위 하나도 없습니다"』고 하니 이 부분까지 들은 교인들은 벌써 마음이 동요되기 시작했습니다.

그러자 장로님은 계속 말을 이어서,

『 "네 번째는, 그분은 결혼도 하지 않고 혼자 독신으로 사시는 분이며,

다섯 번째는, 그분은 목회하다가 돈이 떨어지면 곧장 돈도 벌기 위해 나갑니다.

그리고 여섯 번째는, 그분은 감옥에도 몇 번 갔다 온 적이 있는 전과자이며,

일곱 번째는, 그분은 외모마저 아주 못생겼습니다.

그리고 여덟 번째는, 그분은 간질병을 갖고 있어 가끔 발작까지 하시고,

또 아홉 번째는, 그분은 또 말이 어눌하여 설교도 잘못할뿐더러 아예 십일조는 구약 성전이 아닌, 신약 교회 시대의 십자가 완성 때문에 하지 않습니다.

마지막으로 열 번째는, 그분은 지금 현재 조그만 개척교회를 담임하고 계십니다"』

이렇게 말하자 끝까지 듣던 교인들은 아주 노골적으로 술렁이기 시작했습니다.

아니 감히 우리 같은 수준 높은 대형교회에 그런 질 나쁘고 그렇게 저급한 사람을 목사님으로 우리교회에 모신다니, 다들 어이없다고 분개하는 표정들이었습니다.

이때 위원장 장로님이 계속해서 말했습니다.

『 "그분은 바로 다름 아닌 여러분들이 그렇게도 좋아하고 존경하는 사도 바울님이십니다"』 그제야 교인들이 '고개를 끄덕이고 깨닫게 되었다' 고 합니다.

사실 아무리 위대한 사도 바울이라고 할지라도, 오늘날에 웬만한 교회에 담임 목회자로 청빙 받으려고 원서를 냈다면 당연히 그분은 서류심사도 통과하지 못하고 떨어졌을 것입니다. 그러나 그분은 하나님께서 인정하신 위대한 목회자임에 틀림없습니다. 사람은 외모를 보지만 하나님께서는 중심을 보시기 때문입니다.

앞서 '작정된 자'는 어떠한 일이든지 그것에 대응하여 드러나는 반응으로 인해 그 중심을 보신다고 지적한 사실을 꼭 기억하시기 바랍니다.

> "여호와께서 사무엘에게 이르시되 그의 용모와 키를 보지 말라 내가 이미 그를 버렸노라 내가 보는 것은 사람과 같지 아니하니 사람은 외모를 보거니와 나 여호와는 중심을 보느니라 (삼상 16:7)"

그렇다면 이제 예수님의 제자들을 볼까요? 사실 예수님의 제자들은 그리 뛰어난 학생들은 아닌 것 같아 보입니다. 이들은 예수님의 부르심에 즉시 반응한 사람들이며, 그들은 예수님께서 지상사역을 하시는 동안, 예수님께 가르침을 받았고 예수님께서 복음서의 처음부터 감람산에서 체포되기 전까지, 줄곧 예수님을 수행하며 가르침을 받은 사람들입니다.

> "이에 그들이 찬미하고 감람 산으로 나아가니라 (마 26:30)"

그렇기 때문에 이들은 예수님께서 제시하는 복음이 무엇인지 가장 잘 깨달아야 할 사람들입니다. 하지만 이들은 정작 복음의 깨달음에 실패를 거듭하고 있었다는 사실을 성경은 진술하고 있습니다.

특히 이들은 예수님이 펼치시는 기적들을 다른 무리보다 많이 목격하였고 또한 각종 비유의 해설도 특별히 들었음(막 4:10~20, 34)에도 불구하고, '예수님은 누구이신가?' 라는 질문만 던질 뿐, 곧 예수님께서 그리스도, 하나님의 아들이라는 사실을 깨닫지 못했습니다.

다시 말하자면 예수님께서 자기가 그리스도인것을 계속해서 가르치시고 나타내시는데도 불구하고 사람들은 그것을 '인정하지 않고 있다' 는 사실을 성경은 진술하고 있습니다.

이러한 문제는 이들이 전적으로 타락했다는 것과 자신들이 아무 것도 아니라는 것을 '인정할 수 없다' 는 것입니다. 인간은 곧 죄인이기 때문에 그렇습니다.

> *"그들이 심히 두려워하여 서로 말하되 그가 누구이기에*
> *바람과 바다도 순종하는가 하였더라 (막 4:41)"*

예수님의 사역에서 보면 제자들보다 *'오히려 귀신들이 예수님께서 하나님의 아들이라는 것을 정확하게 파악하고 있었다 (막 1:24, 3:11, 5:7)'* 는 성경의 진술은 정말 지독한 아이러니가 아닐 수 없는 것입니다.

하지만 베드로의 신앙고백을 통하여(막 8:29) 이 제자들은 적어도, 지식적으로는 예수님께서 그리스도이시라는 중요한 사실을 깨닫게 됩니다. 하지만 이러한 지식으로 진정한 제자의 도에 이르기에는 너무나 부족한 상태가 아닐 수 없었습니다.

왜냐하면 신앙고백으로 예수님께서 그리스도이시고 하나님의 아들임을 깨달았다면 이들은 세상적 가치관을 버리고 그리스도의 가치관을 공유하며 이에 따라 살아야 하는데 제자들은 예수님의 이러한 반복 교육에도 불구하고, 예루살렘에 도착 직전까지도 '제자도의 참뜻을 깨닫지 못하였다(막 10:35)' 는 성경의 진술이 이를 증거하고 있습니다.

예수님의 제자들 역시 마치 아브라함처럼 이기적이고 약간 2% 모자라는 행태를 보입니다. 예수님께서는 제자들과 유월절 만찬을 나누시면서 자기가 당할 운명을 구체적으로 설명(막 14:18,28)하시고 제자들이 예수님을 부인할 것이라는 위험(막 14:30)을 경고하셨으면 적어도 제자들 같으면 이에 대비하기 위해 기도라도 해야 하지 않겠습니까?

그런데 이들은 그렇게 하지 않았을 뿐 아니라 오히려 나약함에 빠지고(막 14:37~38,40), 도주하고(막 14:50~52), 부인하는(막 14:68, 71)등의 실패를 거듭하는 모습으로 나타납니다. 결국 예수님께서는 십자가를 매시고 죽음의 길을 홀로 가셨습니다.

이렇듯 예수님의 제자들이 예수님의 가르침에 대해 이해가 부족하고 말씀의 핵심을 잘 깨닫지 못했다는 사실들이 성경의 기록을 통해 나타나고 있기 때문에 과연 예수님이 떠나고 안 계신다면 어떻게 제자들이 예수님 계실 때보다 더 잘할 수 있겠습니까? 오히려 제자들의 생각이 뒤죽박죽되어 더 엉망이 되지 않겠습니까? 정말 염려가 될 수밖에 없는 상황이 아닐수 없습니다.

하지만 우리의 이런 염려와는 달리 전혀 그렇지 않았습니다. 성경의 기록을 살펴보면 그 대표적인 사건이 [사도행전 15장]의 할례문제였는데 이 장은 유대교 전통의 할례문제로 치열한 변론이 일어난 예루살렘 회의를 기록한 장입니다. 여기서는 제자들의 각기 다른 생각들이 사도들 간에 마찰을 일으키고 있음을 잘보여주고 있습니다.

그러나 앞서 지적한 것처럼 제자들은 우리의 염려와 예상을 깨고 모든 의견이 일치되는 놀라운 광경을 보여주고 있습니다. 모든 진리가 통일되었습니다. 우리는 이러한 성경의 사건들을 통해 성령님께서 '역사하신 증거'를 볼 수 있습니다.

그리고 이렇듯 놀라운 사실들은 예수님께서 승천하시기 전 예수님이 가르치시고자 했던 진리들을 제자들에게 계시해주기 위해 이들에게 '성령'을 보내셨기 때문에 가능한 일들이었습니다. 하나님께서는 자기가 선택하시고 작정하신 자들에게 반드시 성령님을 보내주십니다.

> "보혜사 곧 아버지께서 내 이름으로 보내실 성령 그가 너희에게 모든 것을 가르치고 내가 너희에게 말한 모든 것을 생각나게 하리라 (요 14:26)"

하나님의 때, 오늘

하나님의 '작정하심은 때時間'가 있습니다. 그것은 '하나님의 뜻'이 드러나는 때입니다. 성경의 진술에서 볼 때, 예수님께서는 '하나님의 때'를 기다리셨다는 사실을 잘 알 수 있습니다. 유다의 배신으로부터 시작된 '그때'는 예수님께서 복음으로 조롱받았고 십자가에 달리신 '그때'였으며 예수님께서는 하나님의 영광을 위해 순종하며 마지막까지 인간의 고통을 느끼시면서 홀로 십자가의 길을 가신 '그때'였습니다.

그것이 '하나님의 뜻'이었고 또한 '그때'가 곧 '하나님의 때'였으며 하나님께서 영광 받으시는 바로 '그때'인 것입니다.

하나님께서는 자기가 '작정한 자'들에게 원하시는 것은 성경의 진술처럼 육신을 따라 행하지 않는 삶이며 '하나님의 때'를 기다릴 줄 아는 삶입니다. 하지만 이것이 그리 쉽지만은 않습니다. 그것은 사람이 가지고 있는 관성 때문입니다. 물체만 관성의 법칙이 있는 것이 아닙니다. 사람 역시 마찬가지입니다. 따라서 달리는 것은 계속 달리려고 하기 때문에 내가 가려고 하는 그 습관, 즉 일상의 습관을 쉽게 바꾸지 못하는 것입니다.

우리는 세상에서 이러한 관성대로 살아가기 때문에 '내일부터'라는 말을 아주 쉽게 합니다. 하지만 내일부터, 또는 다음부터라는 말은 우리 그리스도인은 절대 하지 말아야 할 표현입니다.

다시 말하자면 내일부터라는 그 말의 속성은 *"지금부터는 이 관성대로 갈 것이지만"*이라고 하는 것이며, *"지금은 내가 가는대로*

177

갈 것이니 내일 바꿀게요. "라고 하는 뜻이기 때문입니다.

  그렇다면 과연 내일은 바꿀 수 있을까요? 아닙니다. 절대 못 바꿉니다. 내일 역시 우리의 삶은 똑같을 수밖에 없습니다. '내일부터 한다는 말의 동의어는 나는 지금 사는 대로 살겠습니다.' 입니다.

  만약 우리의 인생이 성령을 따라 살아가는 복음 증거의 삶이라면, 그것은 '하나님의 법'을 지키는 것이 될 뿐 아니라 육신의 죄를 벗어나는 길입니다. 따라서 그것은 '내일'이 아니라 그 사실을 깨달은 곧 '오늘'이 되어야 합니다.

> *"하나님께서 어느 때에 천사 중 누구에게 너는 내 아들이라 오늘 내가 너를 낳았다 하셨으며 또 다시 나는 그에게 아버지가 되고 그는 내게 아들이 되리라 하셨느냐 (히 1:5)"*

> *"그러므로 성령이 이르신 바와 같이 오늘 너희가 그의 음성을 듣거든 (히 3:7)"*

  우리는 세상 속의 자연인이 아니라 하나님께서 택하신 그리스도인입니다. 그렇기에 하나님께서는 우리에게 '내일'이 아니라 '오늘'을 요구하고 계십니다. 성경은 오늘 이 시간에 서로를 더욱더 격려하고 일깨워 주어 아무도 죄의 유혹으로 하나님에게 마음의 문을 닫지 않도록 하라고 우리에게 권면하고 계십니다.

"오직 오늘이라 일컫는 동안에 매일 피차 권면하여 너희 중에 누구든지 죄의 유혹으로 완고하게 되지 않도록 하라 (히 3:13)"

러시아의 대문호 톨스토이는, *"삶은 현재뿐이니 현재를 놓치면 삶을 놓친다."* 고 했습니다. 우리는 이 순간이라는 오늘은 삶의 분명 선물이지만 삶은 곧 끝나버린다고 생각하면서 살아가야 합니다.
그렇게 되면 남은 시간은 분명 선물로 느껴질 것입니다.

그렇습니다. 우리는 다른 때, 다른 곳에서 더 큰 행복을 얻으리라 기대하면서 현재의 기쁨을 무시하곤 합니다. 그러나 예수님과 가족과 친구들과 함께하는 지금 이 순간보다 더 좋은 때는 없으며 지금 우리가 살아 숨 쉬며 누리는 삶은 최고의 축복입니다.
따라서 우리는 우리의 삶이 '어제와 내일' 이 아니라 '오늘의 연속으로 이어진다.' 는 사실을 가슴속에 새겨야 합니다.

당신은 일 년에 아무것도 하지 못하는 날이 2일이 존재한다는 사실을 알고 계십니까? 첫 번째는 '어제' 이고, 두 번째는 '내일' 입니다. 그렇기 때문에 '오늘' 에 더욱 집중해야 합니다.
당신은 머릿속을 헤집는 과거나 어제 있었던 일에 정신이 사로잡히거나 바꿀 수 없는 것들을 염려하여 사로잡히거나, 아니면 내일은 무슨 일이 일어날지, 다음에 어떤 일이 벌어질지 걱정하면서 새로운 것은 뭐가 있을지, 지나치게 많은 생각을 하거나, 고민하며 살아갑니다.
정말 '오늘' 이라는 시간이 당신에게 존재하고는 있는지 헷갈리지 않습니까? 이렇게 해서는 당신의 '오늘'을 도무지 알 수 없습니다. 현재를 살아간다는 것은 정말 어려운 일이지만, 당신이 가만히 앉아있어도 숨을 내쉴 수 있는 때는 곧 '오늘'이라는 사실입니다.

만약 당신 통장에 86,400원이 매일 입금되고, 그날 자정을 넘기게 되면 그 돈을 모두 사용하든 사용하지 않던 그 돈은 다 사라진다고 가정해 봅시다. 그러면 설사 내일 또 당신의 통장에 86,400원이 들어온다고 하더라도 어느 누구든 할 것 없이 단돈 1원도 남기지 않고 '오늘' 그 돈을 모두 사용하려고 최선을 다할 것입니다.

즉 우리에게는 매일 86,400초의 시간이 주어집니다. 왜 시간을 낭비합니까? 만약 시간을 남긴다고 하더라도 내일로 넘어가지 않고 이자도 붙지 않습니다.

매일 매시간을 이용해서 기도와 말씀으로 하나님과 교제하십시오. 기도는 영혼의 호흡이며 말씀은 인생의 나침판입니다.

그리고 우리 모두는 '등가교환'에 대해 알 필요성이 있습니다.

이 등가교환은 나의 소중한 것을 희생하지 않으면 얻고자 하는 것을 얻을 수 없다는 법칙입니다.

비록 이 세상은 하나님께서 '허용하신 세상'이지만 그렇다고 해서 이 세상에서는 절대 '거저 주어지는 것'은 없습니다.

그러나 시간만큼은 모든 사람들에게 거저 주어지는 고귀한 선물임에는 틀림이 없습니다. 그렇기 때문에 우리에게 가장 소중한 것은 '시간'이라 할 수 있습니다.

시간이란, 그 시간의 귀중함을 아는 순간 이미 지나간 후가 된다는 사실을 명심하십시오. 그렇다고 하나님께 원망할 수는 없습니다. 왜냐하면 시간은 나에게만 주어지는 것이 아니라 믿지 않는 자연인이든, 믿는 그리스도인이든, 모두 다 공평하게 주어지는 선물이기 때문입니다.

시간은 어느 순 '훅~' 하고 사라져 버립니다. 그렇기 때문에 하나님의 '작정하심' 속에 살아가는 우리 그리스도인은 시간이 주어졌을 때 하나님의 설득에 더욱더 귀 기울이고, 그분의 말씀을 꼭 붙들어야 합니다.

물론 우리에게 '오늘' 이라는 선물이 매일 연속되지 않을 수도 있습니다. 하지만 매일매일 그날이 마지막 날인 것처럼 살다 보면 언젠가 당신이 주님을 붙잡고 살아온 날들을 옳게 평가받는 날이 반드시 옵니다.

하나님께서는 지금 우리를 '작정하심' 으로 거두시고 계십니다. 그렇기에 우리는 말씀에 반응하고 지금하고 있는 일과 이 순간을 사랑하며 또한 지금 만나는 사람들을 사랑해야 합니다. 시간은 눈 깜박하는 것보다 빠르기 때문입니다.

시간을 절대 허투루 사용하지 마십시오.

그것은 스스로를 절벽으로 밀어버리는 아주 무서운 습관이며 행동입니다. 곧 허송세월 이라는 그 말 입니다.

슬픈 일이 생겨서, 기분이 좋지 않아서, 환경이 나에게 맞지 않아서, 또는 내 할 일을 다 해서, 등등의 이유로 허송세월 하지 마십시오.

당신이 생각하는 그 허송세월들은 쌓이고 쌓여서 당신의 삶을 윤택하게 하는 것이 아니라 오히 무너지게 만들 수도 있습니다. 그렇기 때문에 현상에 핑계하지 말고, 만약 슬픈일이나 힘든일이 있으면 세상을 이기신 주님께 맡겨 놓고 빨리 극복해서 일어나십시오. 그리고 또 할 일을 다 했으면 다음 목표를 세워 출발하기전에 신령함을 사모하는 마음으로 기도하십시오.

만약 지금 당신이 허송세월을 보내고 있다면 당신은 하나님이 주신 소중한 자원을 낭비하고 있는 것입니다.

시간은 인생을 구성하는 재료입니다. 똑같이 출발했는데 세월이 지난 뒤에 보면 어떤 이는 뛰어가고 어떤 이는 낙오되어 있습니다. 이 두 사람의 거리는 좀처럼 가까워 질 수 없게 됩니다. 이것은 하루하루 주어진 자신의 시간을 당신이 어떻게 활용했느냐에 따라 달라지는 것입니다.

이렇듯 시간은 우리 인생에서 가장 소중한 자원 중 하나이며 우리가 가진 시간을 올바르게 사용하느냐, 또는 낭비하느냐에 따라 당신의 삶이 결정되는 것입니다.

당신이 미래를 마냥 장미빛으로 보면 왜곡된 긍정으로 인해, 어느덧 절망만이 당신 앞에 서있다는 사실을 발견하게 될 뿐입니다. 내일은 오늘의 결과로 드러나는 미래 입니다. 당신은 유한한 인생을 살아간다는 사실을 잊지 마시고 하나님께서 선물로 주신 그 시간에 당신이 무엇을 하고 있는지 항상 지켜보고 계신다는 사실을 잊지 마십시오.

*"제자들에게 오사 그 자는 것을 보시고 베드로에게 말씀
하시되 너희가 나와 함께 한 시간도 이렇게 깨어 있을
수 없더냐 (마 26:40)"*

*"그런즉 깨어 있으라 너희는 그 날과 그 때를 알지 못하
느니라 (마 25:13)"*

이런 이야기가 있습니다. 삼촌 마귀가 조카 마귀에게 사람을 속이는 11가지 방법을 소개한 책인데 삼촌 마귀 '스크루테이프'가 조카 마귀 '웜 우드'에게 인간은 이렇게 속여라! 하고 가르칩니다. 거기에는 이런 내용이 있습니다.

"인간에게 계획을 하게 해라", "정말 좋은 계획을 하게 해라. 그리고 내일부터 하라고 해라", "왜냐하면 인간에게는 내일은 없다".

이것이 무슨 말인가 하면 오늘 다음이 내일입니다. 그런데 내일이 되면 내일은 또 뭐가 되겠습니까? 또 내일이 될 것이 아닙니까?

곧 이 말의 뜻은 인간에게 '내일은 영원히 오지 않는다.'는 사실을 우리에게 알려주고 있습니다.

그렇기 때문에 삼촌 마귀는 조카 마귀에게 이렇게 말합니다.

"인간들에게 모든 계획을 하도록 하고, 도와주되 내일부터 하라고 해라, 그러면 인간은 영원히 할 수 없다 인간은 괴롭히는 것이 아니라 도와주고 속이는 거란다." 즉 '내일 하도록 헛된 희망을 주어라'는 말입니다.

우리에게 내일은 없다는 사실을 명심하십시오. 앞서 말씀드렸듯

이 당신은 지금 인생의 달리기를 하고 있습니다. *"오늘은 쉬어도 된다."* 라는 달콤한 사탄의 속삭임을 십자가의 능력으로 물리쳐야 합니다.

우리가 알다시피, 그리스도인들은 이미 하나님께서 태초로부터 지명한 '작정한 자'들이며 '생명책에 기록된 자'들입니다. 하나님께서는 우리를 선택하여 자기 앞에 섰을 때 죄 없다고 선언하실 뿐 아니라, 그리스도의 성품을 지니게 하여 하나님과 올바른 관계를 맺게 함으로써 오직 부르시는 이, 즉 하나님의 '작정하심'에 따라 부르신 자녀들이 예수그리스도를 닮아 거룩하게 세워지길 원하십니다.

당신이 이러한 사실을 깨닫는 시간이 곧 '오늘'이며, 이제 당신은 '오늘' 무엇을 해야 할지 결정하고 지체 없이 시행해야 합니다.

> *"또 미리 정하신 그들을 또한 부르시고 부르신 그들을 또한 의롭다 하시고 의롭다 하신 그들을 또한 영화롭게 하셨느니라 (롬 8:30)"*

하나님께서 다윗을 부르실 때 다윗은 무엇을 하고 있었습니까? 바로 양을 치고 있었습니다. 그리고 하나님께서 모세를 부르실 때, 모세는 장인의 양 떼를 관리하고 있었으며 하나님께서 이사야를 부르실 때 이사야는 왕실을 관리하고 있었습니다. 그리고 하나님께서 제자들을 부르실 때 제자들은 물고기를 잡고 있었습니다.

이들은 한결같이 무엇인가를 하고 있었습니다. 성경에는 '하나님께서는 게으른 사람을 부르지 않는다' 고 진술하고 있습니다. 성격이 급한 사람, 불안한 사람, 그리고 하나님께서는 죄가 많은 사람들도 세상 말로 등짝 스매싱으로 크게 한 방 날린 다음에 사용하십니다.

그러나 게으른 사람은 사용한 적이 없습니다. 이 게으른 자들에 대해서 성경은 [잠언서]를 통해 수없이 많은 진술을 하고 있습니다.

우리는 모두다 예수님을 닮아가는 것을 원하지만 그 이전에 먼저 양을 치던 다윗을 닮아가야 하며 모세를 닮아가야 합니다. 내일 바다를 건너 땅끝까지 복음을 전하기 전에 오늘 당장 길거리, 즉 내가 서 있는 곳부터 복음을 전해야 합니다.

오늘 지금, 뭔가를 하더라도 하늘나라를 위해서 하십시오. 그때부터 하나님께 부르심을 받습니다.

'리브가' 가 쌍둥이를 낳을 무렵 '에서가 동생인 야곱을 섬기게 될 것' 이라고 하나님께서 말씀(창 25:23)하신 사실을 기억하십니까? 이 말씀은 '에서와 야곱' 이 태어나기 전에 하나님께서 하신 말씀으로써, 하나님께서는 자기가 '작정하신 것' 은 꼭 이루신다는 사실을 잘 알 수 있습니다.

그럼 잠깐 성철스님 이야기를 좀 하겠습니다.

성불의 경지에 올랐던 성철스님은 불교가 최상의 진리라고 일찍이 큰 깨달음을 얻어 불교에서 최상의 경지라고 하는 '해탈 성지' 를 하기 위해 1934년 23세의 나이에 부모와 형제 그리고 아내까지 버리고 출가 입산하였다고 합니다. 그리고 1993년 81세의 나이에 죽음에 이르기까지 평생을 오직 참선과 학문으로 일관한 스님 중의 스님이자 최고의 선승이요 학승이라 불리었습니다.

그는 1993년 11월 4일 81세의 나이로 세상을 떠났는데 그는 세상을 떠나기 전, 유언의 글을 남겼습니다. 그 글은 다음날 각종 신문에 그의 임종 소식과 함께 지면에 실리게 되었습니다. 1993년 당시 필자의 나이가 삼십 대 초반이었는데 이때 언론을 통해 이 유언을 읽고 굉장히 놀랐던 기억이 아직도 생생하게 남아 있습니다.

그 내용은 이렇습니다.
『일평생 남녀 무리를 속여 미치게 했으니 그 죄업이 하늘에 미쳐 수미산보다 더 크다. 산채로 불의 아비지옥으로 떨어지나 한이 만 갈래나 되다. 한 덩이 붉은 해가 푸른 산에 걸렸구나. 물속에서 물을 찾는다. 사탄이여 어서 오십시오. 나는 당신을 존경하며 예배합니다. 당신은 본래로 거룩한 부처입니다. 사탄과 부처란 허망한 거짓 이름일 뿐 본 모습은 추호도 다름이 없습니다.』

그는 평생 사탄에게 속아서, 거짓된 교리를 최상의 진리인 줄 알고 한평생 남녀 무리를 속여 지옥에 떨어지게 했다는 것을 마지막 글에 담았습니다. 그렇다 보니 그 무서운 죄를 어떻게 할 것인지 두려워하여 슬퍼하며 고뇌하였습니다.

성철 스님의 명언에서 그의 생각을 읽을 수가 있습니다.
"다들 너무 걱정하지 마라. 걱정할거면 딱 두 가지만 걱정해라."

"지금 아픈가 안 아픈가?"

–안 아프면 걱정하지 말고 아프면, 딱 두 가지만 걱정해라.

"나을 병인가 낫지 않을 병인가?"

–나을 병이면 걱정하지 말고, 낫지 않을 병이면 딱 두 가지만 걱정해라.

"죽을병인가 죽지 않을 병인가?"

–죽지 않을 병이면 걱정하지 말고, 죽을병이면 딱 두 가지만 걱정해라.

"천국에 갈 것 같은가? 지옥에 갈 것 같은가?"

–천국에 갈 것 같으면 걱정하지 마라, 그리고 지옥에 갈 것 같으면 지옥에 갈 사람이 걱정해서 무엇하나? 가라, 가서 체험해봐라.

이렇듯 그는 천국과 지옥이라는 영계의 세상을 분명히 알고 있었습니다. 이렇듯 성철스님의 천추의 한은 *"나는 지옥에 간다"* 는 사실이었으며, 이는 불교계에서 이미 다들 알고 있는 사실입니다.

성철스님은 죽기 직전 54년 동안 단절하고 살았던 하나뿐인 딸을 찾아가 마지막으로 이런 말을 남겼습니다.

『*내가 인생을 잘 못 선택했다. 나는 지옥에 간다. 내 죄는 산보다 높고 바다보다 깊은데 내 이를 어찌 감당하랴. 내가 80년 동안 포교한 것은 다 헛것이로다. 우리는 구원이 없다. 그것은 죄 값을 해결할 자가 없기 때문이다*』

고귀한 선승으로 추앙받았던 그가 자신의 핏줄인 딸에게 직접한 말인데 그의 이 말은 누군가가 '우리인간의 죗값을 해결하지 않으면 지옥에 간다' 는 말입니다. 그는 죽기 직전에 이것을 깨달았던 것입니다.

그렇습니다. 성철스님은 *"천국에 갈 것 같으면 걱정하지 마라, 그리고 지옥에 갈 것 같으면 지옥에 갈 사람이 걱정해서 무엇하나?"* *"가라, 가서 체험해봐라"* 라고 합니다. 그것은 성철스님이 죽기 직전 딸에게 토로했던 말처럼 우리 인간의 죗값을 해결할 자가 없기 때문에, 지옥에 갈 것은 이미 정해진 것인데, *"왜 걱정을 하고 사느냐?"* 라는 뜻이기도 합니다.

하지만 독자들도 알다시피 예수님은 이미 이천 년 전에 오셔서 '우리의 죗값을 대신하여 치르셨다' 는 점을 잊지 마십시오. 하나님께서는 태초로부터 이러한 계획을 미리 세워두셔서 예수님을 통하여 우리의 죗값을 치르게 하셨고 또한 그분의 때에 맞춰 우리를 향하신 계획을 밝히 꼭 이루신다는 사실을 잘 알 수 있습니다.

하지만 하나님께서는 자기가 원하고 택하신 대로 하실 뿐 우리의 처지나 행동을 보고 결정하지 않으십니다. 그렇기 때문에 하나님께서는 우리를 더욱 강하게 훈련시켜 하나님의 때에 맞춰 사용하시려고 자녀삼으셨으며 그날은 곧 '오늘' 입니다.

> *"그 자식들이 아직 나지도 아니하고 무슨 선이나 악을 행하지 아니한 때에 택하심을 따라 되는 하나님의 뜻이 행위로 말미암지 않고 오직 부르시는 이로 말미암아 서게 하려 하사 (롬 9:11)"*

오늘

김만근

나의 영혼아 주 예수님과 한 몸 되어라
성령께서 주 여호와께 나의 변을 고할 것이니
주 예수님의 위로함이 함께 할 것임이라
너에게 힘을 더할 것이로다 아멘

나 주 여호와는
끊임없이 너를 간섭하고 설득할 것이니
너와 한 몸 된 그 예수에 힘입어 믿음을 더하라
너의 오늘이 과거의 오늘이 아닌 것은
너의 오늘은 오래전 오늘이었으되
네가 오늘 나를 찾았으므로
그 오늘은 현재 네가 겪는 오늘이 된 것이라

네가 오늘 나를 찾는 것은
과거의 오늘 때문이 아니라 현재의 오늘 때문이며
내가 너의 부르짖음에 응답하는 것은
바로 현재의 오늘이 나에게 부르짖음이라

나는 천년이 하루 같고 하루가 천년 같으니
과거는 있으되 없고 미래 또한 있으되 없으며
과거의 오늘을 네가 오늘 나를 찾음에
내가 오늘 네게 응답하는 것이라

그 동안 나는 끊임없이 너를 간섭하고 설득하였지만
너는 그 사실을 알지 못하였으나
네가 오늘 나를 찾는 순간 그 시간이 오늘된 것이기에
이로서 너의 믿음은 진보로 인해
그 오늘은 또 다시 내일이 될 것임이라

응답하시는 하나님

바라보게 하시는 하나님

고난과 시련은 우리가 가진 모든 것을 버리게 하는 고통을 요구할지 모릅니다. 하지만 그 고통을 견디는 그 약한 상태에서도 사탄이 우리에게 함부로 범접하지 못할 것은 '하나님께서는 항상 우리 편'이라는 사실 때문입니다.

하나님께서는 우리의 죄를 대속시키기 위해 자기 아들까지도 아끼지 않고 내어주셨는데 무엇이 아깝겠습니까? 그렇지 않습니까?

그 만큼 하나님께서는 자기 아들까지도 아끼지 않고 십자가에 매달만큼 우리를 사랑하고 계시기 때문에, 만약 우리가 그 뜻을 져버린다면 상상만 해도 정말 무서운 일입니다.

하나님의 구원의 은혜는 어떠한 상황에서도 유기될 수 없으면 유효합니다.

즉 세상 속의 자연인들처럼 살아가는 그리스도인이라 할지라도 하나님으로부터 떠날 수 없는 것이 아니라, 하나님께서는 그의 택한 자들이 구원을 상실하게 절대로 그냥 두지 않으신다는 말씀입니다.

구원은 하나님의 은혜의 주권 속에서 이루어지는 것입니다. 하지만 그렇다고 구원의 과정에서 인간의 책임성이 부인되어서는 안됩니다.

> "자기 아들을 아끼지 아니하시고 우리 모든 사람을 위하
> 여 내주신 이가 어찌 그 아들과 함께 모든 것을 우리에
> 게 주시지 아니하겠느냐 (롬 8:32)"

하나님께서는 창세전에 이미 예수 그리스도를 통해 하실 일을 정하셨습니다. 그리고 우리를 하나님의 것으로 택하신 것은 한 점 흠이 없는 거룩한 자녀로 만들어 하늘나라 백성으로 삼기위해 작정하신 것입니다.

그렇기 때문에 예수님을 통해 구원받은 우리 그리스도인들은, 피폐한 영혼들에게 복음을 증거 하는 일과 마땅히 해야 할 옳은 일에 더욱더 힘쓰고 하나님께 지극한 경외심으로 순종하면서 하나님께서 기뻐하지 않는 일에는 손을 대지 말아야 합니다.

> "곧 창세 전에 그리스도 안에서 우리를 택하사 우리로 사
> 랑 안에서 그 앞에 거룩하고 흠이 없게 하시려고 (엡 1:4)"

> "...(중략)... 항상 복종하여 두렵고 떨림으로 너희 구원을
> 이루라 (빌 2:12)"

이 세상에 적용되는 '허용하심의 법칙' 은 하나님의 자동화 시스템이며 사탄이 경영하는 세상입니다. 그리고 고난과 시련은 이 속에

서 살아가는 자연인이나 그리스도인 구분 없이 경험하는 것입니다. 하지만 이러한 고난과 시련은 사람에 따라 각기 다른 형태로 나타나기 때문에 누구나 할 것 없이 자신에게 이 닥친 고난과 시련이 가장 힘들다고 생각하고 괴로워하며, 또 실의에 빠지기도 합니다.

흔히들 사업에 문제가 생겨 회생 불가능한 일이 닥쳤을 때나 혹은 대학 시험이나 직장의 면접에서 떨어지면 '나는 실패했다, 실패한 인생이다' 라고 너무나 쉽게 말들을 합니다.

잘 듣고 가슴속에 새기십시오. 지금 당신이 어떤 어려움을 겪고 있는지는 모르지만 물론 여러 사건들도 있고 실패를 했을 수도 있습니다. 그리고 또 다른 힘든 시기를 겪고 있는 사람도 있을 것입니다. 하지만 당신이 꼭 기억해야 하는 것은 실패는 최종결과가 아니라 '성장 과정' 이라는 사실입니다.

즉 실패했다고 끝이 아니라 성장해가는 과정이며 앞으로 당신이 걸어가야 할 삶의 여정 중 일부일 뿐입니다. 그렇기 때문에 당신의 실패는 당신의 성공만큼이나 중요합니다. 어떻게 실패하지 않으면서 성공하기를 바랍니까?

물론 인생에는 '성공과 실패' 로 표현합니다. 하지만 세상에서 말하는 성공과 실패는 지금 우리에게 현상으로 나타나 보이지만 실상實相은 허상虛像에 불과합니다. 성공의 경우라면 두말할 나위가 없겠지만, 실패라는 단어는 세상의 언어입니다.

솔직히 많은 사람들이 스스로를 실패자로 규정했을지 모릅니다. 하지만 절대 아닙니다. 실패는 하나의 사건일 뿐입니다. 실패는 절대 당신 그 자체가 아닙니다. 즉 지금 실패를 좀 겪었다고 해서 당신이 실패했다고 자인한다고해서 실패자가 되는 것은 아니라는 뜻입니다.

우리 '작정된 자'로 살아가는 그리스도인에게는 실패라는 단어는 없습니다. '실패라는 단어는 알고 보니 과정'이었습니다. 즉 하나님 안에서 성공하기 위한 '성장 과정'입니다.

다시 한번 당신을 돌이켜 보십시오. 당신의 현재가 있기까지 그동안 숱하게 겪은고난과 시련을 어떻게 이겨내었습니까? *"이겨낸 것이 아니라 마치 솔로몬의 시처럼 지나갔다고요?"*

아닙니다. 그것은 '세월이 약'이라는 말처럼 시간이 지나간다고 되는 것이 아니라 이겨내는 힘이 생기는 것입니다. 그래서 그 시간 속에서 살아가는 당신이 그 시간을 어떻게 보내느냐 하는 것이 중요합니다.

단순히 '괴롭고 고통스럽지만 그냥 인내하며 고개 숙이고 지나가는 것'과, 당신의 '인내 속에서 예수님을 발견하고 하나님의 뜻을 깨달아 가면서 지나가는 것'과는 확연히 다른 것입니다.

만약 당신이 솔로몬의 명언이라고 하는 '이 또한 지나가리라'에 매달려 그저 당신에게 닥친 이 세월이라는 시간이 빨리 가기를 바란다고 하다면, 당신의 인생이 그 얼마나 헛되고 바보 같은 거짓된 삶이 될것인가를 생각하십시오.

솔직히 우리의 삶에는 성공으로 가는 과정만 남아 있습니다. 그렇기 때문에 당신에게 닥친 불같은 고난과 시련은 하나님께서 당신을 설득하시는 과정이기 때문에 오히려 절호의 기회가 될 수 있습니다. 당신은 이 과정을 통하여 형통을 준비할 수 있습니다. 고난과 시련이 과정이 되고 또한 성공으로 이어지는 것은 당신이 시험을 당할 때 담대함으로 이겨낼 수 있기 때문입니다. 그리고 그 속에서 하나님께서는 당신에게 긍휼함의 은혜로서 그 은총을 통해 '신념의 은총'으로 무장할 수 있으니 이 어찌 형통하지 않을 수가 있겠습니까?

이뿐만 아닙니다. 당신은 이 세상을 떠날 때 '생명의 면류관'까지 받을 수 있습니다. 이것이 곧 세상 속 자연인과 그리스도인의 다른 점입니다. 시련은 결코 이상한 것도 별다른 것도 아니라고 성경은 진술하고 있습니다(벧전 4:12). 그리고 시련은 오히려 인내를 배우게 한다(롬 5:3)고 말씀하십니다. 따라서 *"시련은 있어도 실패는 없다."* 라는 말은 하나님께서 당신과 우리에게 권면하시는 말씀입니다.

> *"시험을 참는 자는 복이 있나니 이는 시련을 견디어 낸*
> *자가 주께서 자기를 사랑하는 자들에게 약속하신 생명*
> *의 면류관을 얻을 것이기 때문이라 (약 1:12)"*

고난과 시련은 하나님께서 우리를 향해 갖고 계시는 '작정하심'으로 인해 일상에서 나타나는 교훈입니다. 이는 하나님께서 우리를 빚고 조각하는 과정이기 때문에 세상 속 자연인의 생각과 그리스도인의 생각은 당연히 다를 수밖에 없습니다.

예수님께서는 하나님의 독생자셨지만 '하나님께서 작정하시고 자기 아들을 십자가에 매다셨다' 는 것을 기억하십시오. 하나님께서는 자기 아들도 작정하시고 영화롭게 하셨는데 성령 안에서 예수그리스도와 연합하여 한 몸 된 우리를 어떻게 버리시겠습니까?

우리가 은혜 속에서 살아가는 은총을 입은 것은 예수님께서 자기의 생명을 산 제물로 바침으로써 우리를 사망에서 생명으로 구원하셨기 때문입니다.

그런데 우리가 구원이 순전히 은혜에 따른 것이라고 해서 막살아서 되겠습니까? 은혜로 죄 사함 받았으니 죄짓고 살아도 되는 것은 아닙니다.

믿는 분들 중에서도 우리가 행위로 구원받은 것이 아니라 '은혜로 그저 받았다' 고 하면 '그럼 죄를 짓고 살아도 상관없지 않겠습니까?' 하고 생각할 수 있습니다. 하지만 그런 생각은 이단의 교리며 사탄의 유혹입니다. 정말 위험한 생각입니다.

이에 대해 [로마서 6장 15절]은 이렇게 진술하고 있습니다.

> *"그런즉 어찌하리요 우리가 법 아래에 있지 아니하고 은혜 아래에 있으니 죄를 지으리요 그럴 수 없느니라*
> *(롬 6:15)"*

기억은 정확하지 않지만 어느 목사님의 설교를 잠깐 인용하겠습니다.

『*이렇게 한번 생각해봅시다. 사형을 당할 수밖에 없는 큰 죄를 지은 어떤 망나니가 그 죗값으로 자기의 목숨을 내어놓을 수밖에*

없었습니다. 그런데 그 망나니의 죗값을 어머니가 받아 대신 죽었습니다. 그렇다면 그 망나니 아들은 **"어머니가 죗값을 치러 대신 죽었으니 이제 막살아도 된다"** 이렇게 말합니까?

물론 그렇게 표현은 하지 않겠지만, 이 망나니는 자기의 본성이 그대로 남아 있는 이상, 분명 또다시 유사한 죄를 짓게 될 것입니다.

그렇다면 이 망나니 아들은 자신을 대신해서 죽은 어머니의 은혜를 '아는 겁니까? 모르는 겁니까?' 당연히 모르는 것입니다.

적어도 어머니가 자기 대신 죽음으로서 자기가 생명을 건졌고, 또 적어도 그것이 은혜인 줄 안다면, 만약 그 망나니 아들이 예전의 망나니짓을 버리지 못하고 그 버릇이 튀어 나왔을 때, 당연히 자신의 가슴을 치면서 울어야 하지 않겠습니까? 이것이 옳은 것이며, 이것이 바로 은혜이며, 열매입니다.

따라서 은혜는 우리를 죄의 종이 아니라 의義의 종으로 살아가게 합니다. 나 자신의 본성을 바꾸고 새 사람으로 거듭나게 합니다. 적어도 하나님으로부터 '작정된 자'들은 이러한 삶을 살아가야 합니다.

또 하나 예를 들어보겠습니다. 만약 어떤 사람이 심장병을 앓아 당장 이식수술을 받지 않으면 죽는다고 합시다. 그런데 그 환자의 어머니가 환자인 아들에게는 비밀로 하고, 자신의 장기를 자식에게 이식하기 위해 장기적출 수술을 받고 죽었습니다. 왜냐하면 사람은 심장이 하나밖에 없기 때문입니다.

그런데 이 사람은 뒤늦게 그 사실을 알고는 장기 이식을 거부하면서, 어머니의 사랑만 기억하겠다고 고집을 피웁니다. 하지만 어머니는 장기를 떼어내자마자 이미 죽어버렸습니다. 그런데 만약 이 환자의 어머니가 살아계셨다면 어떻겠습니까? 한마디로 억장이 무너지지 않겠습니까? 이미 장기는 떼어 버렸고, 이미 어머니는 죽었는데 말입니다』

그렇습니다. 이렇듯 우리의 죄는 이미 십자가에서 끝이 났습니다.

예수님께서는 우리를 살리시려고 이미 자기의 생명을 십자가에 던지셨기 때문입니다. 그런데도 우리는 죄책감을 가지고 살아갑니다. 우리가 죄를 지었으면 통회하는 마음으로 죄를 자복하고 회개하여 그 죄를 십자가로 보내면 됩니다. 그래야만 우리는 그 분의 은혜 속으로 더욱더 빠져들어 가게 되는 것이며, 은혜의 지배에 근거한 삶을 살아갈 수 있다는 사실입니다.

주님께서 우리를 다 깨끗하게 하셨는데, 우리는 스스로를 정죄하고 또 정죄하면서 죄책감을 가지고 살아간다면 우리가 주님의 십자가를 무용지물로 만드는 것입니다. 우리는 은혜 안에서 자신을 철저히 자신을 내려놓고 그 '은혜의 때'를 놓쳐서는 안 됩니다. 그렇다고 '죄를 지어도 된다'는 뜻은 아닙니다. 스스로 '정죄하지 않아야 된다'는 말입니다.

당신은 어머니를 위해 죽을 수 있습니까? 아니면 아버지를 위해서 죽을 수 있습니까? 또는 당신의 동생이나 형제를 위해 죽을 수 있습니까? 아마 고민조차도 하지 않고, 오히려 그 질문을 한 사람에게 '당신 미쳤냐?' 라고 따질 것이 뻔합니다.

197

그렇다면 당신의 부모님께 물어봅시다. '당신은 자녀를 위해 죽을 수 있습니까?'

아마 이 문제를 고민하는 부모는 극소수에 불과할 것입니다. 만약 자녀인 당신이 어머니가 보는 앞에서 괴한으로부터 칼을 맞는다면, 또 그것을 당신의 어머니가 본다면 아마 당신의 어머니는 단 1초도 고민하지 않고 당신에게 몸을 던질 것입니다.

이렇듯 우리는 그저 받기만 했습니다. 우리는 우리의 생명을 살리기 위해, 십자가에 생명을 던지신 예수그리스도를 위해 한 것 역시 아무것도 없다는 사실입니다.

> "그런즉 이 일에 대하여 우리가 무슨 말 하리요 만일 하나님이 우리를 위하시면 누가 우리를 대적하리요
> (롬 8:31)"

인생에는 '고생 총량 법칙' 이 있다고 합니다. 누구나 할 것 없이 죽을 때 계산해보면 고생한 총량은 같다는 것인데 물론 겉으로 보기에는 자신보다 고생이 훨씬 덜한 사람도 분명 있을 것입니다. 큰 문제도 대수롭지 않게 여기는 사람이 있는 반면 남들이 볼 때는 아주 사소한 문제도 견디지 못하는 사람들이 있듯이 '고생 총량 법칙' 이라는 것은 '내적 고통지수' 를 말하는 것입니다.

자신이 미처 기억도 못하는 어린아이 시절에 죽음 직전까지 갔다가 살아서 덤의 인생을 누리는 사람도 있고 또한 어른이 되어서 갖은 병으로 고생하는 사람도 있습니다. 그리고 이 사람들이 고통을 겪고 있는 사이에 또한 한 편에서는 행복하게 잘 살아가는 사람

들도 있습니다.

하지만 이것은 누구에게나 동일하게 주어지는 시간 속에서 서로 다른 시간대에 겪는 상황이기 때문에 이들의 고생 총량과 당신의 고생 총량을 비교하기는 매우 힘듭니다.

동일한 역경속에서 각기 다른 형태로 다가오는 고난과 시련은 우리에게는 피할 수 없는 '시간의 함정' 입니다. 그렇기 때문에 당신이 겪는 그 고난과 시련이 세상 누구에게나 주어지는 동일한 인생 역경이라고 한다면 당신은 다른 사람들보다 더 힘들고 더 손해 보는 것과 같은 억울한 감정을 가질 필요가 없습니다.

그렇습니다. 당신에게 닥치는 인생의 역경이 누구든지 간에 그 총량이 같다고 한다면 굳이 남들과 비교하여 '나는 다른 사람들보다 불행하다' 는 감정을 만들지 마십시오.

당신은 다른 사람의 감정을 완전히 이해할 수 있습니까? 당신은 정말 있는 그대로 다른 사람을 알고 이해해주는 것이 가능하겠습니까? 사실 그것은 불가능합니다. 마치 노래 가사처럼 '내가 나를 모르는데 네가 나를 어떻게 알겠느냐? 가 되지 않겠습니까? 당신은 이런 사실을 인정해야 합니다.

당신이 인생에서 외로움을 느끼는 것은 바로 이런 것 때문입니다. 당신이 다른 사람을 완전히 이해할 수 없듯이 다른 사람 역시 당신을 완전히 이해하지 못합니다. 그렇기 때문에 당신과 또 다른 사람과의 비교 자체가 모순입니다.

따라서 모든 이들의 고생의 총량이 같다고 인식한다면 오히려 당신에게 다가오는 그 고난과 시련은 오히려 기적처럼 찾아오는 '형통함의 본 모습'이라는 것을 알 수 있습니다. 그렇기 때문에 우리는 하나님의 은혜에 더욱더 감사할 수밖에 없으며, 우리에게 형통함을 주시기 위해 그 속에서 훈련받게 하시는 하나님의 사랑을 깨닫는 그 기쁨으로 하나님께 영광을 드릴 수밖에 없는 것입니다. 외로울 이유가 없습니다.

이제 예수그리스도와 당신은 한 성령 안에서 하나가 되었기 때문에(엡 2:18), 하나님께서는 '작정된 자'들인 우리에게 고난과 시련을 충분히 이겨낼 수 있도록 믿음과 담대함을 주십니다. 우리의 '믿음'은 예수그리스도의 은혜로 말미암아 더욱 깊어졌습니다.

> *"그러나 이 모든 일에 우리를 사랑하시는 이로 말미암아*
> *우리가 넉넉히 이기느니라 (롬 8:37)"*

그럼 이제 하나님께서 '작정한 자'가 어떤 모습으로 세상을 살아가고 성공이라는 열쇠를 어떻게 거머쥐었는지 유명 연예인의 삶을 잠깐 소개하겠습니다.

방송인 유재석을 모르는 사람은 없을 것입니다. 방송에서 그는 많은 기도로서 일상을 살아간다고 고백하였습니다. 유재석은 자기 직업에 대해 스스로 성찰하면서 철저하게 자기 자신을 관리한 결과 팬들로부터 '유느님'이라는 별칭을 얻기도 했습니다.

그는 한 때 방송이 너무 안 되고 하는 일마다 자꾸 엇나가고 했을 때 정말 간절하게 기도를 했다고 합니다. 하나님 진짜 한 번만 기회를, 단 한 번만이라도 개그맨으로서 기회를 주시기를 기도하였습니다.

그리고 그는 나중에 소원이 이루어졌을 때 지금의 마음과 달리 초심을 잃어 이 모든 것이 '나 자신의 노력으로 이루어진 것' 이라고 단 한 번만이라도 생각한다면 정말 그때는 이 세상 그 누구보다도 더 엄청난 어떤 아픔을 받아도 하나님께서 저한테 왜 이리 '가혹하게 하시느냐고 단 한마디의 원망도 하지 않겠다' 고 서원했다고 합니다.

그리고 유재석은 기도 후, 지체하지 않고 내일부터가 아니라 당장 오늘부터 스스로를 바꾸고자 하는 그런 마음의 준비가 있었고, 또한 실천했으며 자기 자신이 겪고 있는 그 고난과 시련속의 기도를 통해 그동안 일상에서 반응했던 그 인격까지도 몽땅 바꾸려고 노력했습니다.

그렇게 그는 하나님과 약속을 지키려는 마음으로 한순간 한순간, 매일, 매주 모든 일에 최선을 다했습니다.

그 결과 그는 놀라운 성공을 이루었습니다. 그는 지금도 그러한 초심을 잃지 않고 하루하루를 자신의 삶을 성공된 삶으로 이끌어 가고 있습니다. 이렇듯 그는 하나님께 믿음의 기도로 준비를 했으며 또한 하나님의 설득으로 한순간 한순간, 매일, 매주 모든 일에 최선을 다한 것입니다. 하나님께서는 이런 방식으로도 응답을 하시는 분입니다.

"그런즉 한 사람이 심고 다른 사람이 거둔다 하는 말이

*옳도다 내가 너희로 노력하지 아니한 것을 거두러 보내
었노니 다른 사람들은 노력하였고 너희는 그들이 노력
한 것에 참여하였느니라 (요 4:37,38)"*

　다시 말씀드리지만, 우리 그리스도인들에게는 성공은 있으나
실패는 없습니다. 우리가 실패라고 부르는 단어의 속성을 알고
보니 과정이었다는 사실을 알았습니다. 하나님의 '작정하심' 속
에 살아가는 우리에게는 어려움이 실패가 아니라, 성공의 과정이
될 수밖에 없다라는 이러한 사실은, 세상을 이기신 예수그리스도
와 한 몸 된 우리가 흔히 세상에서 실패라고 불리는 고난과 시련
을 믿음으로 담대히 극복해 낼 수 있기 때문입니다.

　예수님께서는 우리가 처한 상황에 따라 바뀌는 분이 아니십니
다. 우리가 처음 구원받을 때 기쁨으로 함께하셨던 예수님이나 지
금 고난과 시련에 빠졌을 때 예수님은 동일한 한 분 이십니다.
　그렇기에 예수님께서는 두 분일 수 없고(고전 1:13), 삼위일체이
신 주님 역시 한분이십니다. 그리고 하나님의 모든 법칙도 하나입
니다. 앞에서 지적하였듯이 '허용하심과 작정하심' 역시 동일한
하나님의 사역입니다.

　"주도 한 분이시요 믿음도 하나요 세례도 하나요 (엡 4:5)"

　고난과 시련은 죄의 결과로서 이 세상에 허용되고 나타납니다.
그것은 이 세상에서 살아가는 우리들은 곧 죄인이기 때문입니다.
　하지만 우리는 '예수그리스도의 십자가 피 흘림으로 우리의 죄

를 사함 받았다고 고백하고 예수님을 그리스도로 영접함으로써 의롭다 함을 얻은 하나님의 자녀 된 자' 들입니다.

앞에서 말씀드린 대로 우리는 태초로부터 하나님의 지명(롬 8:30; 엡 1:4)을 받은 자들입니다. 우리는 생명책에 기록된 사람들이기 때문에 하나님 앞에 섰을 때 예수그리스도와 하나 된 우리에게 더 이상 죄를 묻지 않으실 뿐 아니라, 만약 생명책에 기록되지 아니한 자들에 대해서는 '불 못에 던질 것(계 20:15)' 이라고 하셨습니다.

"내가 그들의 불의를 긍휼히 여기고 그들의 죄를 다시 기억하지 아니하리라 하셨느니라 (히 8:12)"

우리는 그냥 어쩌다가 우연하게 예수님을 만나서 구원받은 것이 아닙니다. 만약 우연이라고 한다면, 이 세상이 그냥 우연으로 생겼습니까? 태양계라는 그 넓고 넓은 우주에서 아주 정밀한 간격으로 태양과 떨어져 생명체가 살 수 있는 지구라는 별이 탄생된 것도 우연입니까?

호주국립대학의 천문학자들은 우주에 있는 별의 총수는 7 곱하기 10의 22승 개라고 발표한 적이 있습니다. 이 숫자는 7 다음에 0을 22개 붙이는 수로서 이것은 7조 곱하기 1백억 개에 해당하는 것이라고 합니다. 이렇게 계산된 우주의 총별의 수는 세계의 모든 해변과 사막에 있는 모래 알갱이의 수보다 10배나 많은 것인데, 만약 우연이라면 왜 그 엄청난 별들 중에 지구와 같은 별이 없을까요? 그리고 생명체는 어떻게 된 것일까요?

이 세상에 존재하는 모든 것은 누군가가 만들었습니다.

핸드폰, 자동차, 장롱, 책상 등등, 이런 것들은 모두 다 만든 사람이나 그것을 생산하는 공장이 있습니다. 그렇다면 생명이 있는 꽃이나 나무나 물고기나 동물 등은 누가 만들었을까요? 그것은 석가도, 공자도, 플라톤도, 소크라테스도, 그리고 세상 어느 누구도 자신들이 '이것들을 만들었다' 고 하지는 않았습니다.

하지만 하나님께서는 "내가 만들었다" 라고 말씀하셨습니다.

성경의 진술은 "집마다 지은이가 있으니 만물을 지으신 이는 하나님이시니라(히 3:4)." 그리고 [시편 139편 14절]에는, "내가 주께 감사하옴은 나를 지으심이 심히 기묘하심이라 주께서 하시는 일이 기이함을 내 영혼이 잘 아나이다" 라고 진술하고 있기 때문입니다.

우주생물학자들이 무한 광대한 우주에서 생명이 존재할 수 있는 행성의 확률을 계산해 본 '희귀한 지구' 가설에 의하면, 약 100억 분의 1에서 1조분의 1의 확률이 지구와 같은 조건이 될 수 있는 확률이라 합니다. 그렇기 때문에 이 우주 만물이 만약 우연이라고 한다면, 그 수 없이 많은 모든 것 즉 꽃, 나무, 동물, 산, 바다, 강 등 우연으로 생길 경우의 수는 과연 얼마일까요?

이러한 이론이 맞다면 지금 이러한 환경을 가진 또 다른 지구, 또 다른 환경, 또 다른 생명을 가진 동식물들이 엄청 많이 생겨나야 하는 것입니다.

그렇기 때문에 이러한 것들은 우연하게 생긴 것들이 아니며, 인간의 과학으로 풀 수 있는 문제가 아닙니다. 그리고 우리가 예수그리스도를 만난 것 역시 마찬가지 입니다. 하나님께서 이미 창세 전에 예수님을 통한 우리들의 계획을 세우신 것이며, 하나님께서 '작정' 하시고 우리를 예수그리스도에게 보내신 것(요 6:37,45)입니다.

> "선지자의 글에 그들이 다 하나님의 가르치심을 받으리
> 라 기록되었은즉 아버지께 듣고 배운 사람마다 내게로
> 오느니라 (요 6:45)"

우리가 예수님을 만난 것은 결코 우연이 아닙니다. 그렇기 때문에 우리는 그분을 기억하고 그분과 함께 복음을 증거 하는 삶을 살아가야 함에도 불구하고 세상 속 자연인들과 다를 바 없이 살아가고 있는 것입니다. 그렇다면 이는 불로 다 타버린 집에서 몸만 겨우 빠져나온 것과 같다고 성경은 진술합니다.

> "누구든지 그 공적이 불타면 해를 받으리니 그러나 자신
> 은 구원을 받되 불 가운데서 받은 것 같으리라
> (고전 3:15)"

우리는 이 아름다운 세상에서 주인이신 하나님을 만나는 것이 얼마나 행복한 일인지 모릅니다. 나무가 흙을 떠나 살 수 없고 물고기가 물을 떠나서 살 수 없는 것처럼, 우리를 만드시고 세상을 만드신 하나님을 만날 때 우리는 가장 행복한 인생을 살게 되는 것입니다.

하나님께서는 우리를 위해 이 세상을 만드셨고, 분명한 목적을 가지시고 만드신 것입니다. 즉 세상 모든 것은 하나님의 계획 하에

서 이루어진 것이며, 하나님께서는 만세 전부터 우리의 구원을 위해 기다리셨습니다.

> "...(중략)...하늘을 창조하신 이 그는 하나님이시니 그가
> 땅을 지으시고 그것을 만드셨으며 ...(중략)...사람이 거
> 주하게 그것을 지으셨으니 나는 여호와라 나 외에 다른
> 이가 없느니라 (사 45:18)"

그렇기 때문에 하나님께서는 자기로부터 빚어지고 생명을 받은 우리에게 일상에서 각각의 형태로 그 모습을 나타내십니다. 그리고 우리를 향한 하나님의 꾸준한 설득은 오늘날에 이르러서야 우리의 마음과 눈과 귀를 열어서 그때 본 일을 깨닫게 하십니다.

하지만 우리에게 믿음을 더하게 하시려는 '하나님의 뜻'이 우리의 일상을 통해 나타남에도 불구하고 많은 성도들이 마음과 눈과 귀를 닫고 있다는 사실은 참으로 안타까운 일이 아닐 수 없습니다.

앞서 밝혔듯이 '과거에서 하루를 시작할 때가 미래의 전체적인 상태'입니다. 이것이 무슨 뜻이냐 하면 익숙한 과거가 곧 '예측 가능한 미래가 된다'는 말로서, 과거는 오늘 지금 느끼는 감정보다 더 위대한 것을 생각할 수 없다는 사실입니다.

우리는 혼자서 외로운 시간을 많이 보냈습니다. 기다린다는 것은 참으로 힘든 일입니다. 이제 또다시 외로운 시간을 보낼 수 없습니다. 하지만 우리가 좀 더 하나님을 알아간다면 예수그리스도

께서 항상 우리와 함께하신다는 사실을 알게 될 것이고, 또한 우리가 예수그리스도를 만나며 하나님 역시 볼 수 있습니다(욥 2:45).

그것은 하나님께서는 오늘날에 이르러서야 우리의 마음과 눈과 귀를 열어 그때 본 일을 깨닫게 하시기 때문입니다.

"그러나 깨닫는 마음과 보는 눈과 듣는 귀는 오늘 여호와
께서 너희에게 주지 아니하셨느니라 (신 29:4)"

우리는 하나님께 지음 받은 피조물이지만 모두 다 그모습이 다르고 능력 또한 다릅니다. 그리고 살아가는 방식도 다릅니다.

인생은 이 땅의 인구 수만큼 존재하지만 어느인생 하나도 동일한 인생이 없습니다. 그렇기에 우리는 하나님의 이런 사역에 대해 반문할 수 없습니다. 우리 각각의 모습은 하나님께서 디자인하신 것입니다. 좀 예쁘게 해주시지, 좀 더 튼튼하게 근육도 붙여주시지, 돈을 잘 버는 능력도 좀 주시지등 우리가 어찌 우리를 만드신 분에게 '왜 나를 이렇게 만들었느냐고' 따질 수 없는 것입니다.

하나님께서는 인간사회의 조리와 부조리를 초월한 존재이시며 오직 하나님 자기만이 지혜로우신 분이시기 때문입니다.

"이 사람아 네가 누구이기에 감히 하나님께 반문하느냐
지음을 받은 물건이 지은 자에게 어찌 나를 이같이 만들
었느냐 말하겠느냐 (롬 9:20)"

우리는 한때 이방인自然人이었으며, 사탄의 종으로 살았습니다.

하지만 하나님께서 잊지 않고 찾아오셔서 우리에게 예수그리스도를 영접하게 한 것은 우리를 향한 하나님의 지극하신 사랑 때문입니다.

> *"이 그릇은 우리니 곧 유대인 중에서뿐 아니라 이방인 중*
> *에서도 부르신 자니라 (롬 9:24)"*

이제 우리는 사탄의 종이 아닙니다. 하나님께서 이 세상을 향해 우리를 '하나님의 백성'이라 하신 것은 우리를 통하여 하나님의 영광을 나타내시고자 하시기 때문입니다. 하지만 많은 그리스도인들은 세상에서 일어나는 일들에 대해 그저 일상에서 우연히 일어나는 일들이며 그냥 예수 그리스도만 믿으면 천국 간다고 생각하고 있습니다. 이 얼마나 동상이몽적同床異夢的이며 이기적인 생각입니까?

앞서 지적한 대로 당신이 이러한 삶을 살아간다면 당신은 '불속의 다 타버린 집에서 몸만 겨우 빠져나온 것과 같다(고전 3:15)'라고 한 성경의 진술을 생각하십시오.

> *"호세아의 글에도 이르기를 내가 내 백성 아닌 자를 내*
> *백성이라, 사랑하지 아니한 자를 사랑한 자라 부르리라*
> *너희는 내 백성이 아니라 한 그 곳에서 그들이 살아 계*
> *신 하나님의 아들이라 일컬음을 받으리라 함과 같으니*
> *라 (롬 9:25,26)"*

누차 강조하듯이 하나님께서 우리 모두를 '허용의 법칙' 안에 두신 것은 하나님의 순전한 은혜이며 은총입니다.

하나님께서는 그동안 우리의 온갖 불순종을 참아 오셨기 때문에, 이제부터라도 세상의 일상에서 겪는 모든 환경에서 오직 하나님만을 중심으로 세우는 반응을 통하여 세상 것과 구분된 삶을 살아가도록 훈련되어야 합니다. 그리고 거룩하신 하나님의 자녀답게 복음이 증거되는 삶으로 일상을 변화시켜야 합니다.

그것이 곧 우리의 인격을 변화시켜 그 변화된 인격으로 인해 하나님께서 세상에게 그 영광 받으실 수 있으며 또한 우리 역시 하나님의 영광으로 인해 영광되게 될 것입니다.

> *"이같이 너희 빛이 사람 앞에 비치게 하여 그들로 너희 착한 행실을 보고 하늘에 계신 너희 아버지께 영광을 돌리게 하라 (마 5:16)"*

약속을 이루시는 하나님

하나님의 '작정하심'으로 나타나는 약속應答을 우리가 어떻게 알 수 있을까요? 하나님께서는 우리의 일상을 통해 여러 모습으로 나타나시면서 지속적으로 간섭하고 계신다고 했습니다. 그렇기 때문에 우리가 이러한 사실을 깨달을 때, 그것이 곧 서원誓願드리는 순간이며 응답받는 순간입니다.

다시 말하자면, 하나님의 간섭하심을 우리가 느끼게 됨으로써, 그에 대한 반응은 곧 '하나님의 약속'으로 이루어지는 것이며 응답이 됩니다.

예를 들어 당신이 차를 몰고 가다가 '실수로 사고를 내었다'고 하면 그 순간 그러한 사고를 통해 그동안 무사고를 기도해왔던 당신이 *"하나님 그렇게 기도하면서 무사고를 기원했는데, 왜 이런 사고가 납니까?"* 하는 식의 반응으로 나타나는 것이 아니라 돌이켜서 *"잘못된 운전 습관을 발견하게 하는 기회를 주심에 감사드린다"*고 하면 하나님께서는 그 사고를 통하여 당신에게 운전 습관을 바꾸고 더욱 조심할 마음을 주시기 위해 간섭하신 것입니다.

즉 당신이 그동안 기도로서 드린 서원이 응답받은 것입니다. 그렇기 때문에 기도로 드린 서원은 하나님께서 그 기도를 들으셨음을 믿고 매 순간, 매일, 매주 초심을 잃지 않고 모든 일에 최선을 다해야 합니다.

배우 차인표씨는 너무나 유명해서 다들 잘 아실 것입니다.
그의 간증을 통하여 하나님께서 어떻게 역사하시는지 알아보겠

습니다. 차인표씨는 모태신앙으로 태어나서 평생 동안 예수그리스
도 이름으로 기도하고 성경을 읽어왔지만 단 한 번도 그분의 음성
을 직접 들은 적이 없었다고 합니다.

그는 예수님의 음성을 듣기 위해 별짓을 다 했다고 고백하는데
심지어는 '지저스 지저스' 라는 뮤지컬에 4년 동안 예수 역할로
출연했지만 예수님께서는 음성을 들려주지 않았다고 합니다.

그러던 중 2016년 어느 날 아내인 신애라씨가 한국 컴패션의 홍
보대사가 되어 동인도의 콜카타지방으로 아이들을 만나러 여행을
가게 되었는데, 갑자기 아내인 신애라에게 일이 생겨 못 가게 되었
습니다. 신애라씨는 이미 지원 봉사자들과 함께 컴패션 여행을 가
기로 약속이 되어 있는 터라 취소할 수가 없어서 남편인 차인표씨
에게 부탁을 했습니다.

차인표씨는 가기 싫어서 변명만 늘어놓다가 결국 끌려가듯이 가
게 되었다고 고백하는데, 다른 자원 봉사자들과 함께 얼굴 섞이는
것이 싫어서 혼자 일등석을 타고 갔습니다.

그는 자조섞인 말을 합니다. *"텅 빈 일등석에 혼자 타고 왕처럼
자원봉사를 갔다"* 라고 말입니다. 차인표씨는 그런 강퍅한 마음을
가지고 일행들과 인도에 도착하여 버스를 갈아타고 서너 시간을
더 달려서 어느 시골교회의 컴패션 프로젝트에 도착했습니다.

가는 도중에 자원봉사자들을 인솔해서 함께 간 컴패션 목사님이
차인표씨에게 『*"차인표씨, 인표씨가 지금부터 만날 아이들은 이 세
상에서 제일 가난하고 보잘 것 없는 아이들입니다. 이 아이들을 만나
면, 아이들을 꼭 안아주시고, 너희들은 귀한 존재다. 사랑받기 위해*

서 태어났다. 내가 너희들을 사랑한다고 한마디만 해주십시오."』
하고 부탁 했습니다. 그래서 차인표씨는 그런 말은 누구나 충분히
할 수 있다는 생각에 '그렇게 해야겠다' 고 생각했습니다.

교회에 도착하니 교회 앞에는 수백 명의 아이들이 자원봉사자들
을 반기려고 서 있었는데, 다들 흰옷을 입었지만 구겨지고 더러워
진 흰옷이었습니다.
차인표씨가 다가가니 마침 줄 앞에 있는 6~7세가량 되어 보이
는 남자아이가 먼저 손을 내밀었습니다. 그래서 차인표씨는 그 아
이가 내민 손을 무심코 맞잡았다고 합니다. 그런데 그 아이의 손을
잡는 그 순간 차인표씨가 수십 년 동안 그렇게 듣고 싶고 찾아 헤
맸던 그 예수님께서 그 아이를 통해 차인표씨에게 음성을 들려주
셨다고 고백합니다.
*"인표야 잘 왔다 내가 너를 여기서 기다리고 있었어. 이 아이 옆
에서 너를 기다리고 있었어. 내가 너를 사랑한다. 너는 나의 사랑
을 받기 위해서 이 세상에 태어났단다."*
차인표씨가 이 아이를 만나면 해주려고 했던 말을 예수님께서 그
아이를 통해서 차인표씨에게 그대로 해주셨습니다.
차인표씨는 그동안 예수님을 찾아서 일등석을 타고, 또 무대 위
에서 헤매고 있는 사이 예수님께서는 가난하고 보잘 것 없는 아이
옆에서 차인표씨를 기다리고 계셨다는 것입니다. 그렇습니다. 하
나님의 응답은 이렇게 나타납니다.

"심령이 가난한 자는 복이 있나니 천국이 그들의 것임이
요 (마 5:3)"

당신은 당신의 내면의 목소리를 들을 줄 알아야 합니다. 하나님께서 속삭이는 그 목소리를 들어야 합니다. 그것은 당신에게 무엇이 올바른지 무엇이 올바르지 않은지를 말해주고 언제 떠날지 그리고 어디로 가야 할지도 알려줍니다.

그러나 이 목소리는 어떤 기억될 만한 문장으로 말해주지 않고 또한 당신에게 질문을 던지지 않습니다. 가끔 그 내면의 목소리는 당신에게 직설적으로 말하기도 합니다.

당신이 어떤 결정을 내릴 때 '그렇다' 라고 말할 때와, '아니라' 고 말할 때, 그리고 당신 옆에 있는 사람이 당신과 평생을 함께할 사람인지 아닌지 '맞아', '틀렸어', '안 돼, 해도 돼', '나가', '기다려' 등 그 목소리는 가끔 아주 명확하게 나타나기도 합니다. 또 가끔은 너무 작게 속삭이기도 해서 순간적으로 "어! 이게 뭐지?" 하는 생각이 들기도 합니다.

우리는 너무나 시끄러운 세상에 살고 있습니다. 우리의 일상은 먹고살기 위해 분주히 다니느라 몸이 시끄럽고 마음은 지나간일과 아직 다가오지도 않은 일의 염려로 시끄럽습니다. 흔히들 '속 시끄럽다' 고 하는 말들입니다.

오직 예배만 생각하고 거룩한 예배를 드리고 하루를 경건한 마음으로 보내야 하는 주일에도 세상의 일로 마음은 전혀 엉뚱한 곳에 가 있습니다. 성도들 사이에 허탄한 대화들이 오고 가고 목사님의 설교는 아랑곳없이 예배 마치면 무엇을 할 것인지부터 마음속에 계획을 합니다. 이것이 시끄러움입니다.

이렇게 마음이 시끄러우면 당신은 도저히 하나님의 속삭임을 들을 수가 없습니다.

시끄러운 세상에 잠기지 마십시오. 왜냐하면 마지막에 어떤 무엇이 당신에게 다가올지 모르기 때문입니다(마 24:48; 25:13).

항상 내면의 목소리를 믿으십시오. 이 내면의 목소리는 성령님의 소리 방입니다. 즉 성령님의 스피커와 같습니다. 이 내면에 울리는 하나님 목소리는 모두 들을 수 있음에도 아주 소수만이 귀를 기울이고 듣습니다. 그렇다 보니 이 목소리를 듣는 사람들은 기뻐하지 않을 수 없습니다. 인생이 우울할 수가 없고 불행할 수도 없습니다. 그것은 하나님의 속삭임으로 항상 기쁨이 함께하기 때문입니다.

필자는 오래전 부산 초량교회에서 김대훈 목사님의 설교를 들을 기회가 있었습니다. 너무 감동적으로 들은 설교라서 여러분에게 그 목사님의 설교내용을 기억나는 대로 요약하여 소개하겠습니다. 모세가 출애굽하여 가나안까지 가는 여정에서, 하나님으로부터 응답에 마치 어린아이처럼 기뻐하는 모습을 성경의 진술에서 발견할 수 있습니다.

『모세는 하나님의 백성들을 이끌고 '출애굽' 하여 가나안까지 많이 왔습니다. 하지만 아직 조금 더 가야 합니다. 그런데 그 조금 더 가야 할 길이 지금까지 왔던 길보다 훨씬 더 힘들고, 어려운, 올라가야 할 길 (출 33:12 전반 절)이었습니다.

'이제 조금 더 가면 되는데', 그 '조금 더' 가 오히려 훨씬 더 고단한 길이었습니다.

인간은 지치고 고단하며, 약한 몸을 가지고 있습니다. 그래서 모세는 조금 더 올라갈 힘이 될 만한, 그 무엇이 필요했습니다. 그 힘들고 고단한 길을 함께 갈 힘이 될 만한 사람이 있었으면 싶었습니다 (출 33:12 중반 절).

그러나 정작 하나님께서는 아무런 말씀이나 계획을 말해주지 않고 있음을 성경은 진술하고 있습니다. 사실 육중한 강철도 피로의 한계점에 다다르면 맥없이 부러집니다. 인간 '모세' 역시 그 피로점이 한계에 달한 것 같이 위태한 상태 같아 보입니다.

인간 모세는 너무나 힘이 들었기에 하나님께 이렇게 고백합니다. **"나와 함께 보낼 자를 내게 지시하지 아니하시나이다 원하건대 주의 길을 내게 보이사 (출 33:12~13)."**

즉 이 말은 '하나님 이제 올라가야할 더 힘든 길이 있는데, 누구를 저와 함께 보내실지, 하나님 계획이라도 말씀 좀 해주시면 안되겠습니까?' 라고 하는 뜻입니다.

사실 모세가 출애굽의 여정에서 얼마나 힘들었으면 '주께서는 은총을 입었다' 라고 하시면서 함께 보낼 자를 지시하지도 않으시고, 어떻게 하실 작정인지 좀 알려달라 (출 33:12 하반절)'고 매달렸겠습니까?

그래서 [13절]은 **"주님 이 고단한 길을 나 혼자 올라가야 되는데, 저를 마음에 들어 하신다면 주께서 어떻게 하실 작정인지 계획이라도 좀 말씀해주시면 안되겠습니까?"**, **"그래서 이 몸이 여전히 주의 마음에 들 수 있게 해주시면 안 되겠습니까?"** 이것이 [출애

굽 33장 12절]과 [13절]의 내용입니다. 그러자 하나님께서 응답을
하십니다.

"내가 친히 가리라 (출 33:14)"

너무나 놀라운 답변이 아닐 수 없습니다. 모세는 누구라도 함께
가면 힘이 될 것 같았는데, 하나님께서 친히 모세와 '함께 가시겠
다'고 하시니 얼마나 기뻤겠습니까?
이러한 기쁨이 오늘 당신이나 우리의 심장에도, 우리의 가슴에
도 일어나야 합니다.

하나님의 응답을 풀어보면, **"모세야 네가 이 많은 나의 백성들
을 이끌고 여기까지 왔구나, 그런데 이제 힘들고 참으로 고단한 길
을 만났구나. 내가 친히 너와 함께 올라갈 것이다."** 라고 말씀하고
계시는 것입니다.
그러자 '모세'는 다시 하나님의 말씀을 다시 확인합니다. '모
세'가 여호와께 아뢰되 **"주께서 친히 가지 아니하시려거든 (출
33: 15절)."**

그런데 이 말은 하나님에 대한 불신이 아닙니다. **"하나님께서
함께 가실 마음이 없으시거든 우리를 그 땅으로 올려 보내지 마옵
소서"** 라는 뜻입니다.
이 내용을 조금 풀어보면 이렇습니다. '모세'는 마치 아빠와의
약속에 기뻐 어쩔 줄 모르는 어린아이처럼 **"아빠 분명히 저와 약
속하셨어요? 아빠가 저와 같이 가시겠다고 분명히 약속하셨어요?**

만약에 아빠가 저와 같이 올라가시지 않으시면 저는 한 발짝도 가지 않을래요."라고 하는 뜻입니다.

이것이 [출애굽기 33장 15절]의 내용으로서, 하나님의 속삭임은 모세를 어린아이처럼 기쁘게 했습니다. 우리 역시 하나님의 속삭임을 들으려면, 하나님께 온전히 집중하고, 세상일의 염려 등으로 시끄럽지 않아야 하나님의 음성을 들을 수 있을 뿐 아니라, 힘든 삶의 여정에서도 모세처럼 기쁨을 얻을 수 있습니다.

그리고 성경의 진술에서 볼 때,
모세는 **"주께서 친히 가지 아니하시려거든 우리를 이곳에 올려 보내지 마옵소서(출 33:15절)."** 하는 말은, **"하나님이 함께 가시지 아니하시면 저는 한 발짝도 가지 않겠습니다."** 라고 하는 모세의 고백입니다.
이처럼 모세는 '기쁨의 고백이자 믿음의 결심'을 합니다. 이런 믿음이 '모세'를 더욱 '모세' 되게 하였습니다. 모세는 수많은 기적을 체험하였습니다. 그는 승리하였고 하나님이 쓰시는 놀라운 은혜를 입게 됩니다.

이스라엘 백성들이 애굽에서 종살이하다가 하나님의 역사로 출애굽 하였지만, '모세'는 이제 얼마 남지 않은 가나안 땅을 앞두고 너무나 힘들었습니다. 그러나 모세는 주저앉지 않았고, 하나님께 고백하며 믿음의 결심으로 영적인 출애굽을 합니다.
그 현장, 그곳이 바로 [출애굽의 33장]이요, [모세의 33장]입니다.

앞서 필자가 말씀드렸듯이, 이처럼 주님이 우리를 포기하지 않으셨는데, 우리 역시 모세처럼 *"하나님이 함께 가시지 아니하시면 저는 한 발짝도 가지 않겠습니다."* 라고 하는 믿음의 고백을 해야 하는 것 아닙니까? 우리 역시 모세가 포기하지 않았던것처럼, 우리역시 포기할 수 없습니다.

이제 당신이 처음 예수님을 영접했을 때, 그 기쁨을 다시 돌이켜 보십시오. 아마 세상을 다 가진 것 같은 느낌이었을 것입니다. 그래서 우리 모두는 그리스도께 헌신하겠다고 약속했습니다. 그리고 이렇게 우리는 예수님과 형제요, 하나님의 자녀가 되었는데, '처음 약속' 을 어기게 되면 어떻게 되겠습니까?

우리 역시 모세처럼 하나님의 약속을 받기 위해서는 '첫사랑' 을 잊지 않아야 하겠습니다.

> *"처음 믿음을 저버렸으므로 정죄를 받느니라*
> *(딤전 5:12)"*

'자기 확신의 죄'와 '확언으로 얻는 복'

자기확신과 확언確言

우리는 우리 스스로가 만든 계획을 확신하고, 이것을 '이렇게 해주세요, 저렇게 해주세요' 하고 기도합니다. 기도가 구하는 기도가 아니라 마치 언어만 순화된 '명령'에 가깝게 느껴지는 것은 왜일까요?

뿐만 아닙니다. 까닭 없이 자신의 믿음을 앞세워 그 기도의 응답이 지금 당장 눈앞에서 이루어지기를 서원誓願하기도 합니다.

하지만 사람이 아무리 궁리하여도 그 일을 이루시는 분은 하나님이심을 먼저 알아야 합니다. 조바심 낸다고 달라질 것이 없습니다. 정말 믿음이 있다면 믿고 기다리면 그뿐입니다.

> *"사람이 마음으로 자기의 길을 계획할지라도 그의 걸음을 인도하시는 이는 여호와시니라 (잠 16:9)"*

> *"사람의 마음에는 많은 계획이 있어도 오직 여호와의 뜻만이 완전히 서리라 (잠 19:21)"*

만약 당신이 이러한 기도를 드리고 있다면, 이러한 기도는 당신이 '자기 확신의 죄'에 빠졌다는 것을 증거하는 것입니다. 그것은 자기 스스로를 속이는 기도이며, 하나님을 무시하는 일이라는 사실입니다.

하나님은 무시당할 분이 아니십니다. 하나님은 이를 '아주 큰 죄라고 말씀하고 계신다'는 것을 성경은 진술하고 있음을 기억하십시오.

> *"스스로 속이지 말라 하나님은 업신여김을 받지 아니하시나니 사람이 무엇으로 심든지 그대로 거두리라*
> *(갈 6:7)"*

이렇듯 '자기 확신의 죄'는 간교한 뱀에게 꼬인 '하와'가 선악과에 대해 '자기 확신'을 가짐으로써 죄를 지었다는 사실에서 증거되고 있습니다. 우리는 삶의 현장에서 많은 사람들이 '자기 확신'으로 인해 피해를 보는 것을 경험합니다. 이들이 자신의 이익을 위해 책임은 지지 않으면서, 자기 스스로는 잘 안다고 확신하며 주변 사람들을 고통속에 빠트리는 모습을 종종 볼 수 있습니다. 마치 에덴동산이 간교한 뱀에게 유혹당한 하와와 다를 바가 없습니다.

> *"여자가 그 나무를 본즉 먹음직도 하고 보암직도 하고 지혜롭게 할 만큼 탐스럽기도 한 나무인지라 여자가 그 열매를 따먹고 자기와 함께 있는 남편에게도 주매 그도 먹은지라 (창 3:6)"*

그렇다면 아담과 하와가 선악과를 따먹고 선악을 알게 된것이 세상의 시각에서 볼때 '그것이 왜 나쁜 것이며, 죄의 결과인가?' 하고 의문을 가질 수 있습니다.

하지만 그것은 선악이란 하나님만이 온전히 분별하실 수 있는 것이며, 선악을 분별하는 유일한 재판관은 하나님이시기 때문에 곧 죄가 되는 것입니다.

우리는 재판관이 되어 남을 판단하고, 비판할 수 없습니다. 만약 그렇다면 곧 우리가 하나님이 되기 때문입니다. 그렇기 때문에 성경은 '비판하지 말라, 판단하지 말라' 고 계속 강조하는 것입니다.

심지어 모세의 시신을 두고 천사장 미가엘도 마귀와 논쟁할 때, 그 마귀를 비난하거나 조롱하지 않고 '주께서 너를 꾸짖으실 것이다' 라고만 했다는 사실을 알아야 합니다.

> *"천사장 미가엘이 모세의 시체에 관하여 마귀와 다투어 변론할 때에 감히 비방하는 판결을 내리지 못하고 다만 말하되 주께서 너를 꾸짖으시기를 원하노라 하였거늘 (유 1:9)"*

아담과 하와는 선악과를 따 먹고 나서 선악을 갖게 되었습니다.

하지만 이 말은 그들이 이미 하나님의 명령을 어겼기에 죄인의 신분임에도 불구하고 오히려 자기들이 선악을 분별하는 나름의 판단기준을 갖게 되었다는 말입니다. 그리고 그의 후손인 우리 역시 우리의 형제 자매들을, 그리고 이웃들을 판단하며 정죄하고 있는 것입니다.

이러한 일들은 우리의 일상에서 너무나 쉽게 경험합니다. '이러면 안 되지, 저러면 안 되지' 하며 계속 판단하는 사람들을 볼 수 있습니다. 곧 이러한 행위가 곧 '자기 확신'의 결과로 나타나는 죄라는 사실을 모른 체 말입니다. 앞서 지적했듯이 '자기 확신'이란 자기 스스로가 자신에게 설득함으로 나타나는 것입니다.

> *"너희끼리 서로 차별하며 악한 생각으로 판단하는 자가 되는 것이 아니냐 (약 2:4)"*

> *"형제들아 서로 비방하지 말라 형제를 비방하는 자나 형제를 판단하는 자는 곧 율법을 비방하고 율법을 판단하는 것이라 네가 만일 율법을 판단하면 율법의 준행자가 아니요 재판관이로다 입법자와 재판관은 오직 한 분이시니 능히 구원하기도 하시며 멸하기도 하시느니라 너는 누구이기에 이웃을 판단하느냐 (약 4:11~12)"*

하나님께서는 성령님을 통하여 우리의 마음을 실시간 감찰하시는 분(롬 8:27)입니다. 그렇기 때문에 '자기 확신'에 의한 믿음에 대해서는 하나님께서는 전혀 모른다고 하실 수밖에 없습니다.

우리가 하나님께서 우리의 확신과는 상관없이 오직 '자기의 뜻대로 관철하시는 분'이라는 사실을 절대 잊어서 안 되는 것은 그것이 곧 작정이기 때문입니다.

이 세상에 살아가고 있는 사람들의 생각이 얼마나 악하고 비뚤어졌는지 하나님께서는 잘 알고 계십니다. 그렇기에 우리는 하나님의 '작정하심'에 더욱더 깊이 빠져야 합니다. 그리고 일상에서 간섭으로 나타내시는 꾸준한 설득에 마음을 열고 눈과 귀를 열어서 듣고 보고 또한 마음 깊이 받아들여 믿음을 더욱더 공고하게 해야 합니다.

이렇듯 우리는 일상에서 나타내시는 하나님의 속삭임을 들을 수 있도록 훈련되어야만 마음의 밭에 자라는 가라지처럼 빈틈을 타고 들어오는 악을 물리칠 수 있습니다.

> *"여호와께서 사람의 죄악이 세상에 가득함과 그의 마음*
> *으로 생각하는 모든 계획이 항상 악할 뿐임을 보시고*
> *(창 6:5)"*

하나님께서 예수님을 이 땅에 보내신 것은 단순히 이스라엘 백성들만을 위한 것이 아니었습니다. 하나님께서는 메시아를 통한 구원 소식을 이스라엘 선지자들에게 계시하였고, 또한 그들로부터 후대로 전승되었습니다.

이스라엘은 기원전 63년부터 이미 로마의 통치를 받고 있었고, 예수님께서 이 땅에 오셨을 때, 로마는 최고의 번성기를 누리는 시대였습니다.

신약성경에서 세례자 요한은 사람들을 회개시켜 예수님을 맞이할 준비를 하였고 또한 예수님께서 그리스도임을 증언하는 역할로 등장합니다. 구약성경의 예언서들이 이스라엘 백성들에게 회개를 촉구하고 회개하는 자에게 긍정적인 미래를 약속한 것처럼 세례자 요한 역시 이스라엘 백성들에게 '천국이 가까이 왔으니 회개하라'고 하면서 백성들이 신앙을 바로잡습니다.

즉 세례요한은 예수님의 길을 예비하는 자였으며 구약과 신약의 연결고리로서 구약시대 최후의 예언자라 할 수 있습니다.

세례요한의 아버지는 제사장이었고 이것은 전통에 따라 세습되는 역할이었습니다. 하지만 본인이 이 역할을 거부해야만 이렇듯 맹렬한 예언자적인 인물이 되어서 오늘날 사회정의라 부르는 것을 설교하게 되는 것입니다.

하지만 세례요한은 오시는 예수님이 메시아로서 이스라엘 민족을 로마의 압제로부터 해방시키려고 오시는 줄 알고 있었습니다. 즉 '자기 확신'에 빠졌던 것입니다.

따라서 예수님이 오시자 세례요한은 동생을 죽이고 동생의 아내를 취한 헤로데 헤로데 안티파 왕과 그의 아내 헤로디아를 비판하기 위해 스스로 왕궁을 찾았다가 감옥에 갇히게 됩니다.

사실 세례요한은 메시아를 종말론적 의미로 기대했습니다. '천국에서 내려온 자가 로마를 불태우고 지상에 하나님 왕국을 다시 세울 것'이라고 생각하고 있었습니다.

그리고 예수님이 오시자 요한은 위험을 감수하고 그 땅에서 부도덕을 뿌리부터 끌어내기 위해 정치적 지도자들과 대결하기로 결심합니다. 그 부당함의 중심지가 갈릴리라는 도시로서 유대 대부분의 도시는 총독이 다스렸지만, 갈릴리는 북쪽 도시이기 때문에 의뢰받은 총독인 분봉왕 헤롯의 아들 헤롯 안디바가 통치하고 있었습니다.

감옥에 갇힌 세례요한은 불타는 심판을 예상하고 있었지만 제자로부터 전해 들은 예수님의 이야기는 전혀 뜻밖이었습니다. 예수님께서는 '사랑과 용서의 설교를 하고 있다' 는 것입니다.

세례요한은 예수님을 로마를 물리칠 혁명가로 생각한 자신의 생각을 다시 확인하기 위해 자신의 제자들을 예수님에게 보냅니다.

> *"요한이 옥에서 그리스도께서 하신 일을 듣고 제자들을*
> *보내어 예수께 여짜오되 오실 그이가 당신이오니이까*
> *우리가 다른 이를 기다리오리이까 (마 11:2,3)"*

이처럼 세례자 요한은, 메시아의 역할을 '자기 확신' 으로 인해 앞서서 왕궁을 찾아가 비판함으로써 결국 목이 잘리는 운명을 맞이합니다. 세례자 요한은 선구자로서 메시아의 오심을 준비하기는 했지만 메시아의 말씀과 행적을 직접 듣고 보지는 못했기 때문에 예수님께서는 *"여자에게서 난 가장 큰 이는 세례자 요한이지만, 천국에서는 아무리 작은 사람이라도 저보다는 크다 (마 11:11)"* 고 말씀하신 것입니다.

이렇듯 구약과 신약의 연결고리 역할을 한 세례요한은, 구약의 마지막 선지자로 생을 마감하였지만 성경은 '자기 확신' 으로 일어나는 이러한 사건들을 통해 우리를 교훈하고 있습니다.

이 세상 속에서도 기적은 빈번하게 일어납니다. 우리 역시 기적을 체험합니다. 그것은 하나님께서는 '허용하심' 의 법칙 속에서도 공의를 위해 기적을 행사하시기 때문입니다. 하지만 많은 사람들은 세상 속에서 그 기적을 찾으려고 합니다.

그렇다면 우리는 영의 세계에 계신 성령님이 우리와 어떤 관계를 가져야 세상 현실에서 우리가 기적을 경험할 수 있는지 알아야 합니다. 그러기 위해서는 하나님을 알아야 합니다. 하지만 하나님을 알려면 '초자연적인 계시'가 필요합니다. 그렇기에 먼저 예수 그리스도를 아는것이 곧 하나님을 아는 것입니다.

즉 우리가 그리스도의 마음을 가져야 성령님을 통해 하나님을 알 수 있을 뿐 아니라 하나님을 알게 되면 이 세상 모든 것들이 기적으로 이루어져 있으며, 기적으로 가득 차있다는 사실 역시 깨닫게 됩니다.

> *"예수께서 외쳐 이르시되 나를 믿는 자는 나를 믿는 것이 아니요 나를 보내신 이를 믿는 것이며 나를 보는 자는 나를 보내신 이를 보는 것이니라 (요 12:44, 45)"*

> *"내가 아버지 안에 거하고 아버지는 내 안에 계신 것을 네가 믿지 아니하느냐 내가 너희에게 이르는 말은 스스로 하는 것이 아니라 아버지께서 내 안에 계셔서 그의 일을 하시는 것이라 (요 14:10)"*

> *"나를 사랑하지 아니하는 자는 내 말을 지키지 아니하나니 너희가 듣는 말은 내 말이 아니요 나를 보내신 아버지의 말씀이니라 (요1 4:24)"*

그럼 우리의 평범한 일상에서 하나님께서 어떤 방식으로 우리에게 간섭하시고 기적을 보여주시는지 실제 사건을 토대로 잠깐 소개하도록 하겠습니다.

그리스도인들이라면 샬롬Shalom이라는 말을 모르시는 분은 없을 것입니다. 잘 아시다시피 히브리어 샬롬[מ7ש]은 평화, 평강, 평안 하라는 인사말인데 만나는 사람마다 "샬롬Shalom" 이라고 인사를 하는 목사님이 계셨습니다.

한번은 얼굴이 시꺼멓고 뼈만 앙상하게 남은 남자가 길을 지나가는데 목사님은 평상시처럼 "샬롬~!" 하며 큰소리로 인사를 건넸습니다. 그런데 이 사람은 그 다음주일부터 이 목사님 교회에 나와서 주일 예배를 드리고는 바로 나가곤 했습니다.

그러다가 3개월이 지난 어느 날, 이 사람은 교회로 찾아와서 목사님께 식사를 함께하자고 제안했고, 목사님은 그 사람과 식사를 함께하게 되었는데 목사님은 여기에서 놀라운 이야기를 듣게 됩니다.

이 사람은 원래 그리스도인이었는데 세상 속에 살면서 '예수님을 잊고 살았다'고 고백합니다. 그동안 사업이 잘되어서 "돈을 많이 벌었고 명예도 얻었으며 쾌락도 즐겼을 뿐 아니라 집안도 평안하고 자녀들도 잘되었다"고 합니다.

그러던 어느 날부터 갑자기 몸이 나른하고 부어오르면서 기력이 떨어지더니 급기야는 얼굴이 시꺼멓게 변해가서 종합병원에 진료를 받아보았는데 뜻밖에 간암이라는 진단이 나왔다고 합니다. 도저히 손을 쓸 수 없는 간암 말기 상태라는 것입니다.

의사는 "잘해야 3개월입니다" 라고 선고했고 이 청천벽력 같은

3개월 사형선고에 가족과 친구들까지 안절부절못할 수밖에 없었습니다. 이 사람은 그때부터 자기 자신이 이제는 '죽을 놈'이라는 생각에 매우 하루하루가 매우 고통스러웠다고 합니다.

그런데 목사님이 자기를 보자마자 *"살 놈!"* 이라는 '말을 했다'는 것입니다.

모두가 다 *"죽을 놈"* 이라고 하는데 목사님이 길에서 만나자마자 *"살 놈!"* 하시니 그때서야 *"이게 뭐지?"* 하며 정신이 번쩍 들었습니다. 이 사람 역시 그리스도인이었기 때문에 샬롬의 인사말에 대해서 모르는 바가 아니었지만, 그것은 생각나지 않고 자꾸 '살 놈'으로만 각인되었다고 합니다.

그때부터 이 사람은 *"그래 나는 '죽을 놈'이 아니고 살 놈이다."*, *"하나님께서 분명 저 목사님을 통해서 나에게 전하는 말씀이다."*

그래 '한번 살아보자'라고 생각이 들자, 갑자기 그 목사님이 모시는 교회로 나가고 싶었다고 합니다. 의사는 3개월밖에 못 산다고 하는데, 목사님이 '살 놈'이라고 하니 목사님에게 어떤 영적 느낌도 받았고 또한 자신감이 생기다 보니 매주 교회에 참석하고 돌아와서는 약을 충실히 먹고 몸을 추슬렀습니다.

이 사람은 '목사님이 살 놈이라고 말씀하셨으니 분명 하나님께서 목사님을 통해 나에게 전한 말씀이야, 나는 살 놈이야' 하고 생각하니 금세 몸이 가벼워지는 것 같아서 운동도 조금씩 하며 잘 먹고 잘 쉰 결과 결국 3개월 시한부 인생에서 간암을 이겨내고 기적처럼 건강을 회복했다고 합니다.

이 사람은 "샬롬!"이라는 인사말을 비록 '살 놈'으로 알아들었음에도 불구하고 진짜 '샬롬'의 역사가 실현된 것입니다. '살 놈'이라는 소리 그대로 기적이 일어났습니다.

일본에도 언령言靈이란 개념이 있다고 합니다. 말에 혼魂이 있다는 뜻인데, 이것은 단순히 전설이나 풍습이 아닙니다.

다만, 여기에는 말을 소리 내어 읊어야 한다는 조건이 하나 붙습니다. 즉 낭송을 해야 하는데, 이처럼 낭송할 때 말은 영적인 힘을 발휘합니다. 모든 것은 말 한마디로부터 시작됩니다. 무의식적으로 하는 말 조차 자꾸만 반복하다 보면 말한 대로 결과가 이루어지는 것을 볼 수 있습니다.

우리나라에도 '말이 씨가 된다'는 말이 있습니다. 이를 과학적 용어로는 자기 이행적 예언Self-Fulfilling Prophecy이라고 합니다.

부정적인 말은 실패와 불행을 부르고, 긍정의 말이 성공과 행복을 가져옵니다. 사용하는 언어를 바꾸면 운명이 바뀝니다. 말은 하는 대로 이루어지는 힘을 가지고 있습니다. 이는 이미 고대에 씌워진 성경을 통하여서도 진술하고 있기 때문에 우리는 하나님 안에서 이러한 기적을 경험할 수 있습니다.

우리는 매일 '샬롬'을 전하고 노래해야 합니다. 세상의 허탄한 말보다 믿음의 말로서 입술을 굳게 지키면 우리는 우리의 삶에서 많은 기적을 경험할 수 있습니다.

> "사람은 입의 열매로 인하여 복록을 누리거니와 마음이
> 궤사한 자는 강포를 당하느니라 (잠 13:2)"

*"그들에게 이르기를 여호와의 말씀에 내 삶을 두고 맹세
하노라 너희 말이 내 귀에 들린 대로 내가 너희에게 행
하리니 (민 14:28)"*

하지만 조심해야 할 것은 *"사람이 마음으로 믿어 의에 이르고 입
으로 시인하여 구원에 이른다(롬 10:10)"* 는 성경의 진술처럼, 자기
자신을 속이는 말은 하지 마십시오. 말을 함부로 하는 사람은 자신
을 속이는 것이기 때문입니다.
특히 그리스도인의 경우는 각별히 언행을 조심해야 합니다.
자신을 속이는 언행의 신앙생활은 아무런 가치가 없다고 성경은
진술하고 있음을 명심하십시오.

*"누구든지 스스로 경건하다 생각하며 자기 혀를 재갈 물
리지 아니하고 자기 마음을 속이면 이 사람의 경건은 헛
것이라 (약 1:26)"*

이제 우리는 '입으로 시인함으로써 믿음이 더 한다' 는 사실을
성경의 진술을 통해서 알았습니다. 이렇듯 입으로 시인한다는 말
은 확언確言을 뜻합니다.
성경의 말씀은 오류가 없습니다. 확언은 '자기 확신' 의 개념이
아님을 이미 앞에서 지적했습니다. 이렇듯 확언은 '자기 확신' 과
는 전혀 다른 개념이며 당신 스스로가 입으로 뱉음으로써 결정짓
는 확신이기 때문에 자기의 행위가 외부로 드러나는 즉 열매로 나
타나는 것입니다.
다시 말하자면, 확언을 외부로부터 그 확신을 충족시키는 자기

이행적 예언Self-Fulfilling Prophecy이기때문에 이 확언은 세상의 시크릿이라는 책의 내용처럼 자기 최면이나 주술적인 것이 아닌 것입니다.

그러나 이와는 달리 '자기 확신' 은 자기 행위가 외부로 표현되는 것이 아니라 마음속에서 지속적으로 자기 스스로가 자신을 설득하는 과정을 통해 생겨나기 때문에 당신이 인위적으로 만들어내는 스스로를 속이는 마음이 된다는 사실입니다.

탈무드의 교훈처럼 '말이 당신 속에 있을 때는 당신이 주인이 되지만 말이 입 밖을 나가게 되면 그 말이 당신의 주인' 이 됩니다. *"말은 한번 입 밖으로 나오면 당신의 주인이 된다"* 는 이 말은 말이 당신의 입 안에 들어 있는 한 말은 당신의 종으로 있지만 한번 밖으로 나오면 말이 당신의 주인이 된다는 뜻입니다.

당신은 당신이 하고 싶은 대로 무슨 말이든지 마음대로 할 수 있습니다. 주인은 종에 대한 절대권리가 있기 때문에 만약 말이 당신 입 안에 들어 있어서 밖으로 나오지 않았다고 한다면 그 말을 죽이든 살리든 팔아먹든 먹든 내다 버리든 상관없이 마음대로 할 수 있습니다.

하지만 말이 한번 입 밖으로 나와 버리면, 당신의 마음은 이미 당신이 말한 그대로 행동하려고 하기 때문에 말이 당신의 주인이 되고 또 말의 종이 되는 것입니다.

이토록 확언이 가지는 힘은 대단하기 때문에 그리스도인들은 자기 자신의 온전한 믿음을 확언으로 증명해야 합니다. 확언은 입으로 시인하는 힘으로서 이 힘은 과학적으로도 충분히 증명되는 것이지만 이미 오래전 하나님께서 이를 실현하고 계셨고 성경이 이를 진술하고 있습니다(잠 3:2; 민14:28)

그리고 또 한 가지 예를 든다면 우리가 고 사양 게임을 하려면 그에 맞는 컴퓨터 사양이 필요하다는 것은 알고 있을 것입니다. 그렇기에 '586 컴퓨터로는 3D 게임을 할 수 없다'는 사실을 잘 알고 있습니다.

이처럼 사람들 역시 무의식을 바꿔야 의식을 바꿀 수 있습니다.

우리가 하나님 말씀대로 살아가려면 어떻게 해야 하는지 알고는 있지만 그것을 위해 노력하지 않은 이유는 무의식이 바뀌지 않았기 때문입니다.

우리가 가진 문제는 그것이 내면이든 외면이든 '뭐가 문제인지 모른다'는데 있습니다. 이러면 우리는 그 문제에 대항할 수가 없습니다. 온종일 거북목이 되어 쳐다보는 핸드폰을 '이제는 그만해야 한다'는 것을 알면서도 그만두지 못하는 것은 무의식의 목표가 명확하지 않기 때문에 나타나는 현상이며 그것은 당신의 자의식自意識이 습관을 유지하기 때문입니다.

우리는 아침에 집 밖을 나서기 전에 하루의 일과를 하나님께 기도를 드리고 저녁에 집에 들어와서는 '하루의 일을 마감하는 기도를 드려야겠다'고 생각은 하고 있지만 습관화 되어 있지 않아 쉽지 않다는 사실을 알고 있습니다.

만약 무의식의 목표가 명확하다면 자면서도 놀면서도 화장실

가면서도 그 목표가 계속 생각나게 되어 있습니다. 무의식에 목표를 입력하는 방법은 입술로서 확언하는 반복뿐입니다. 하루에도 100번씩 말하면서 당신의 의식을 담당하는 뇌의 방향을 바꾸십시오. '확언'의 힘은 무의식에 목표를 입력시켜 우리의 의식이 저절로 행동하도록 만들어 목표를 향하도록 합니다.

당신이 이것을 할지 저것을 할지는 자유입니다. 하지만 우리는 우리 스스로를 바꾸는데 많은 두려움을 느끼면서도, 또 한편으로는 욕망덩어리이기도 합니다. 그렇기 때문에 의식을 옮겨야 합니다. 하나님의 플러그에 의식의 전기코드를 꽂으십시오.

우리를 향한 하나님의 뜻

어느 드라마의 대사 하나를 소개합니다. 아마 남자가 사업에 실패했는지 대화를 보니 여자와 남자의 엄청난 고통이 느껴지는 듯합니다.

『"죽고 싶으면 죽어, 근데 내일 죽어", "내일도 똑같이 힘들면 그 다음날 죽어", "그 다음날도 똑같이 고통스러우면 그 다음 다음 날 죽어도 안 늦어", "그렇게 하루씩 더 살아가다보면 반드시 좋은 날이 와", "그때 안 죽기를 정말 잘했다싶은 날이 온다고", "그동안 노력한 것이 아깝지 않게 한번 살아보게 해줘", "그동안 너무 힘들었는데 행복해질 가능성까지 빼앗는 것은 너무하잖아"』

그렇습니다. 지금 우리에게 생긴 모든 일은 언젠가는 일어나야 하는 일입니다. 모든 것은 세상 속 자연인이든 그리스도인이든, '하필' 이라는 순간에 기가 막히게 찾아옵니다. 참고 견뎌야 하는데 너무 고통스럽고 힘듭니다.

그러나 이렇게 닥친 고난과 시련은 이미 내가 겪을 수밖에 없는 현실이기 때문에 나 자신이 고민하고 염려한다고 해서 달라질 것은 없습니다. 오히려 우리의 영혼만 피폐해질 뿐입니다.

만약 우리가 고민하고, 염려한다고 해서 없어질 고난과 시련이었다면 애초에 우리를 찾아오지도 않았습니다. 우리는 이러한 시기를 우리와 한 몸으로 계신 예수그리스도께 전적으로 의지하고 견뎌내면서, 말씀으로 양육 받으면서 인내로 극복해야 합니다. 그렇기 때문에 우리에게 있어 고난과 시련이라는 과정은 성공의 과정이며 우리의 인생에서 실패라는 단어는 당연히 삭제되어야 하는 것입니다. 앞서 *"시련은 있지만 실패는 없다"* 라는 말을 기억하십시오.

2011년 6월, TV 유명 프로그램인 '코리아 갓 탤런트' 오디션 프로그램에 출연한 한 소년이 우리를 행복하게 한 사연 하나를 소개합니다.

그는 22살인 최성봉이며 직업은 막노동이라고 자기소개를 한 그는 3살 때 고아원에 맡겨져서 5살 즈음에 잦은 구타에 못 이겨, 결국 고아원을 도망쳐 나온 후 여기저기를 전전하면서 껌이나 박카스 등의 음료를 팔았다고 합니다. 잠은 계단이나 공용 화장실 등에서 잤지만 누구에게도 의탁하지 못한 채 10여 년 동안 '하루살이처럼 살아왔다' 고 고백합니다.

그런데 나이트클럽에서 껌과 박카스 등의 음료를 팔던 어느 날, 우연히 보았던 어느 성악가의 무대에서 하루살이 같은 자신의 삶에서 '난생처음 하고 싶은 것이 생겼다' 고 합니다.

그는 *"노래를 배우고 싶어요. 저는 돌봐주는 사람도 없고, 돈도 없어요. 그냥 가르쳐주면 안 되나요?"* 라며, 무작정 찾아와서 부탁하는 14살의 최성봉을 하나님의 섭리로 받아들인 그의 선생님으로 인해, 그때부터 그는 선생님을 따라 교회성가대에서 찬양하면서 처절한 몸부림으로 성악을 배우기 시작했다고 합니다.

그리고 검정고시를 마치고, 예술 고등학교 성악과에 입학하여 졸업하기까지 그의 삶에서 고된 노동은 여전히 계속되었지만 달라진 것이 하나 있었는데 그것은 자신은 노래할 때 '우리를 공평하게 사랑하시는 하나님의 사랑을 알게 되었다' 고 고백합니다.

그는 정말 훌륭한 가창력을 가지고 있었습니다. 노래를 부르면서 다른 사람처럼 자신 역시 귀한 존재이며, 살아갈 이유가 있다는 것을 깨달았다고 고백하는 그는, 그해 이 프로그램의 시즌1의 준우승자가 되어 국내외 수많은 콘서트에 초청받아 지금도 그 감동을 이어 나가고 있습니다.

오히려 많은 것을 가지지 못했기에 깨달을 수 있었던 그는, '하나님의 넘치는 사랑' 을 노래했고 그가 고백한 '공평하신 하나님의 사랑' 은 그래서 많은 사람들에게 감동을 줄 수 있었습니다.
'외로움과 슬픔 그리고 원망' 의 삶에서 울려 퍼지는 '희망의 노래' 는 지금 최성봉을 통해, 전 세계를 하나님의 사랑으로 물들이고 있습니다.
그렇습니다. 우리가 모자라고 부족할 때 하나님의 지극하신 사랑을 생각합니다. 우리가 힘들고 지칠 때 무한하신 긍휼로서 베푸시는 하나님의 은혜를 경험합니다. 우리는 고아가 아니었습니다.

"내가 너희를 고아와 같이 버려두지 아니하고 너희에게로 오리라 (요 14:18)"

하지만 이 책의 출간을 앞둔 2023년 6월21일, 충격과 같은 소식이 들렸습니다. 최성봉씨가 전날인 20일, 자택에서 숨진 채 발견되었기 때문입니다. 아마 극단적인 선택을 한 것으로 보이는데, 사실 이 때문에 최성봉씨에 대한 내용을 삭제할까 하고 망설여졌지만 이에 대한 '하나님의 뜻을 전하는 것이 바람직한 것이다' 라고 생각되어 그대로 싣기로 결정했습니다.

사실 그는 2021년 대장암, 전립선암, 갑상선암 등을 동시에 진단받고 암투병중이었지만 한 유튜브가 그는 거짓 암투병중이고, 후원자들의 후원금을 '사치와 유흥으로 사용하고 있다' 라고 폭로하면서 논란에 휩싸였다고 합니다. 물론 그는 반박하였지만 통화녹취록과 거짓진단서 등이 공개되면서 구설에 올랐습니다.

최성봉씨는 하나님의 은혜를 깨달았던 사람이었습니다. 그러나 팝페라 가수로서 인기를 누리는 정점에서 이러한 소식은 우리에게 너무 충격적이 아닐 수 없습니다. 이제 그의 나이는 33세였습니다. 그 모질고 혹독한 어린 시절과 청소년기를 거치면서 '하나님의 공평하신 사랑을 알게 되었다' 라고 고백한 그는 결국 믿음의 부재로 스스로를 정죄하게 된 것입니다. 이렇듯 믿음의 성벽을 제대로 쌓지 않으면 사탄은 침범하게 되는 것입니다.

앞서 전날 오전에 자신의 유튜브 채널 커뮤니티에 *"나의 어리석은 잘못과 피해를 받은 분들에게 진심으로 죄송하고 거듭 잘못했다. 지난 2년 동안 후원금 반환을 문의 해주신 모든 분들에게 반환했다"* 고 밝히고 난 후, 다음날 극단적 선택을 했던 것입니다. 사실 가룟 유다 역시 자신이 예수님을 판 대가로 받은 돈을 다시 돌려 줬지만 결국 스스로 정죄하고 극단적인 선택을 했다는 사실을 성령은 진술합니다.

그렇습니다. 예수님을 세 번씩이나 부인하고 못견뎌했던 베드로를 찾아오신 예수님의 용서를 베드로는 받아들였습니다. 예수님께서는 방황하는 자기의 형제인 우리를 반드시 다시 찾아오시기 때문에 우리는 끝까지 견딜 수 있다고 앞서 밝혔습니다.

많은 그리스도인이 *"주님 저가 끝까지 견뎌야 되는데, 고난에 지쳐서 견디지 못할 것 같아요"* 라고 고백하지만, 정작 찾아오신 예수님께서 내민 용서의 손길은 뿌리치고 맙니다. 이것은 사탄 마귀가 마음속에 심어 놓은 '자기 확신' 때문에 자기 스스로가 정죄하기 때문이며, 이처럼 '자기 확신'이 마음속에 사악한 뿌리를 내리는 것은 결국 교만 때문입니다. 가룟 유다 역시 믿음에 의지하여 예수님을 찾아야 함에도 그리 하지 못했던 것도 교만한 마음 때문이었습니다.

어디 자기목숨 끊기가 그리 쉬운 일입니까? 그리고 받은 돈도 다 돌려줬는데 말입니다. 사실 인간적으로 본다면 공개적으로 자기의 잘못을 뉘우친다는 것은 정말 아무나 할 수 있는 일이 아닙니다. 가룟 유다가 받은 돈 다 돌려주고도 자기 목숨을 끊는다는 것 역시 분명 아무나 할 수 있는 일이 아니었습니다.

최성봉씨는 이처럼 자신의 잘못을 스스로 뉘우치고도 결국 스스로를 정죄하였습니다. 정말 안타까운 일이 아닐 수 없습니다. 주 예수그리스도의 은혜와 위로를 전할 뿐입니다.

주님 안에서 승리하기 위해 5가지 원칙을 제안합니다.

첫째는, 주님 안에서 사랑과 열정을 찾으십시오.

당신이 정말 예수그리스도를 사랑하는지 진심으로 알아야 합니다. 사랑하지 않고서는 주님 안에서 성공할 수 없고, 만족도 느낄 수 없습니다. 열정을 가지고 나아가야 지칠 줄 모르고 주님 안에서 도전할 수 있습니다.

둘째는, 끈기를 가지십시오.

어려움이 생기더라도 좌절하거나 두려워하지 말고 끊임없이 노력하십시오. 실패가 아니라 성장과정이라고 했습니다. 실패를 인정하고 두려워하는 순간 당신의 성장은 멈추게 됩니다.

셋째는, 당신의 내면의 소리를 믿으십시오.

흔히들 직관이라고 하지만, 당신 안에 내재된 본능에 따라 옳다고 하는 일을 추구하십시오. 논리와 이성만으로는 한계가 있습니다. 그러한 직관을 믿고 독창적인 길을 걸어가십시오. 성령님께서 인도하십니다.

넷째는 끊임없이 배우십시오.

학습은 성장의 원동력입니다. 배움의 자세를 유지하고 새로운 성경 지식과 말씀의 경험을 통해 역량을 키워내고, 주님 안에서 성공의 기반을 닦으십시오.

다섯째, 혁신을 추구하십시오.

기존의 생각을 깨트리고 당신을 두껍게 감싸고 있는 껍질을 벗어 버리십시오. 그리고 당신이 가장 약한 상태에서 믿음으로 세워지는 그리스도의 가치를 창출하십시오. 나를 버리고 뒤집는 믿음과 도전정신은 당신뿐 아니라 세상의 변화를 가져옵니다.

이제 마지막으로 공자의 사상을 이어 발전시킨 유학자인 중국 전국 시대의 사상가(B.C.372~B.C.289)인 맹자의 어록을 소개합니다. 맹자는 공자의 인仁 사상을 발전시켜 성선설性善說을 주장하였으며, '인의의 정치'를 권하던 사람이었습니다.

물론 이때에는 중국에 복음이 전파되지 않았던 시대였지만, 당시의 동양의 사상에서 '하늘'이라는 표현은 포괄적인 '신격'을 뜻합니다. 고난과 시련을 대하는 그의 생각을 다음과 같이 소개합니다.

天將降大任於是人也인대 必先苦其心志하며 勞其筋骨하
천장강대임어시인야　　　　필선고기심지　　　　노기근골

며 餓其體膚하며
　아기체부

"하늘이 장차 큰일을 어떤 사람에게 맡기려 할 때는 반드시 먼저 그 마음을 괴롭히고, 그 몸을 지치게 하고, 그 육체를 굶주리게 하고",

空乏其身하야 行拂亂其所爲하나니 所以動心忍性하야 曾
공핍기신　　　　행불란기소위　　　　소이동심인성　　　증

益其所不能이니라
익기소불능

"그 생활을 곤궁하게 해서 행하는 일이 뜻과 같지 않게

하나니 이것은 그들의 타고난 못난 성품을 인내로서 담금
질하여 하늘의 사명을 능히 감당할 수 있도록 그 기국과
역량을 키워주기 위함이다."
〈맹자 고자 장구 하 (告子 章句 下) 중에서〉

이 어록의 결론은 '고난과 시련이 닥치더라도 인내하며 강하고,
담대하라' 로 압축됩니다. 즉 *"하늘이 나와 함께 하고 계시니 내가
무엇이 두렵겠느냐"* 하는 뜻입니다.

하늘이 함께 한다는 말은 그 하늘의 주인이신 하나님이 나와 함
께 하고 계시다는 뜻으로서 우리에게 불같이 불어 닥친 고난과 시
련은 오직 '하나님께서 함께하심으로 인내로서 담대하게 이겨내
는 강인함' 이라고 소개하고 있습니다.

니체는 '길이 험하면 험할수록 가슴이 뛴다' 라고 했습니다.

만약 우리의 인생에 있어서 고난과 시련이 자취를 감추었다고
생각해봅시다. 그 이상 삭막한 일은 없을 것입니다. 우리는 엄청난
고난과 시련을 겪으면서도 결국 일어서는 사람들을 볼 수 있습니
다. 그런 사람들을 우리는 '초인' 이라고 부릅니다.

초인이란 필요한 일을 견디어 나갈 뿐만 아니라 자신에게 닥친
그 고난과 시련을 오히려 사랑하는 사람이며 '고난과 시련이 크면
클수록 얻는 열매 역시 커진다' 는 것을 알고 있는 사람입니다.

창조는 고난과 시련속에서 열매를 맺습니다. 그리고 그 창조는
괴로움의 구원인 동시에 삶의 위로가 됩니다. 그렇지만 '그 열매

는 괴로움 속에서 당신에게 많은 변화를 요구한다' 는 사실을 잊지
마십시오.

마치면서

우리 그리스도인들은 하나님의 '허용하심'의 법칙에 의해 세상 권세 아래에서 살아가고 있지만, 또 한편으로는 하나님의 자녀로서 예수님과 동행하며 함께 살아가고 있습니다. 그리고 우리는 일상에서 많은 사건 사고를 경험합니다.

사실 이러한 경험은 세상 속 자연인이든 그리스도인이든 모든 사람이 똑같이 겪는 것입니다. 하지만 우리에게 닥치는 고난과 시련은 자연인들이 겪는 고난과 시련과는 분명 다릅니다. 그것은 하나님의 '작정하심'에 따라 주어지는 것이기 때문에 반드시 '형통함 승리'이 전제된 것이라 할 수 있습니다.

이렇듯 고난과 시련은 '축복으로 다가오는 고난'이자 기쁨의 시련이라는 특별한 선물이 됩니다. 이제 우리는 다가올 소망을 가슴에 품고, 성령님 안에서 우리와 한 몸 되신 예수 그리스도와 함께 담대히 극복해 나가야 합니다.

시인 김춘수님의 '꽃'이라는 시처럼 길바닥에 잡풀 같은 우리의 인생들을 주님이 불러주시고 주님이 눈여겨보아 주고, 호흡을

넣어준 순간 그 잡풀이 꽃이 되기에 우리는 그 분이 불러주심으로
존재의 가치를 느낍니다.

> "......(중략)...... 너는 두려워 말라 내가 너를 구속하였고
> 내가 너를 지명하여 불렀나니 너는 내 것이라
> (사 43:1)"

꽃

김춘수

내가 그의 이름을 불러주기 전에는
그는 다만
하나의 몸짓에 지나지 않았다.

내가 그의 이름을 불러주었을 때,
그는 나에게로 와서
꽃이 되었다.

내가 그의 이름을 불러준 것처럼
나의 이 빛깔과 향기에 알맞는
누가 나의 이름을 불러다오.
그에게로 가서 나도
그의 꽃이 되고 싶다.

우리들은 모두
무엇이 되고 싶다.
너는 나에게 나는 너에게
잊혀지지 않는 하나의 눈짓이 되고 싶다.

물극필반物極必反이라는 말이 있습니다.

'사물이 극에 달하면 반드시 반전하게 된다' 는 뜻인데 달도 차면 기울듯 세상 모든 것들은 '필연적으로 변화한다' 는 의미입니다.

그렇게 되면 지금까지와 완전히 다른 정반대의 국면이 펼쳐지게 됩니다. 다시 말하자면 모든 것은 변한다는 사실이 변하지 않은 것입니다.

세상 모든 것은 하나님께서 만드신 '허용하심' 법칙으로 운행되는 시스템입니다. 이는 세상에 영원한 것은 없다는 사실을 우리에게 알려주고 있습니다.

우리에게 닥친 고난과 시련역시 마찬가지입니다. 만약 극복하는 것이 두렵고 고민이 된다면, '고민이 된다는 것은 방법이 있다' 고 하는 다른 말임을 꼭 명심해야 합니다.

하나님께서 물극필반의 세계를 만드셨다면 하나님께서 허락하지 않는 고난과 시련 역시 없다는 뜻입니다. 하지만 많은 사람들이 그 과정을 이겨내지 못하고 쉽게 포기하며 절망합니다. 그것은 기대했던 것들이 오히려 '자기 확신' 에 의해 무너지기 때문입니다.

이렇게 '자기 확신' 이 잘못된 것이라고 깨닫게 되면 올바른 믿음으로 가면 되는데 오히려 그렇지 못하고 무너지는 경우가 많습니다. 앞서 지적했듯이 '자기 확신' 이란 자기 스스로가 자신을 설득하는 과정이 들어가는 것이기 때문에 '자기 확신' 은 스스로를 속이는 마인드 컨트롤이며 하와를 범죄 하게 한 사탄 마귀의 것이며 세상의 것이라는 사실을 알아야 하는 것입니다.

앞서 지적한 대로 조바심 내지 마십시오. 조바심 낸다고 달라질 것은 없습니다. 오직 믿음으로 인내하면서 기다리면 됩니다.

우리가 괴로운 것은 자기가 뭘 원하면 자기의 뜻대로 안되기 때문입니다. 세상이 내 뜻대로 되어야 한다고 잘못 생각하기 때문에 그것이 안 되었을 때 괴로움이 생기는 것이며 또한 자기가 원하는 그것이 모두 이루어질 것이라고 생각하고 또 이루어져야 된다고 생각하기 때문입니다.

세상일이라는 것은, 사람이 원하는 대로 다 이루어질 수 없습니다. 또한 '이루어진다' 고 하더라도 꼭 좋다고 할 수도 없기 때문에 그것을 괴로워할 일이 아닙니다.

이것도 되고 저것도 되어야 하는 것은 욕심이라 할 수 없지만, 그것이 이루어지지 않을 때 스트레스받고 괴로워하는 것은 욕심이 됩니다. 이러한 욕심이 우리의 마음을 움직이기 때문에 오히려 이루어지지 않는 것입니다.

만약 당신이 돈을 벌고 싶다고 하는 것이나 환경이 좋은 아파트를 갖고 싶거나, 멋진 해외여행을 하고 싶거나 하는 것들은 욕심이라 할 수 없습니다. 하고 싶다는것 뿐입니다. 그러나 욕심이란 당신이 아파트 청약부금을 넣고 추첨을 했는데 떨어졌다고 낙담하고 괴로워하는 것이 욕심이며, 해외여행 가려고 몇 년을 저축하고 온갖 계획을 다 세웠는데 여행 당일 비행기가 뜨지 않아 당신이 여행을 취소할 수밖에 없다고 짜증이 나고 화가 난다면 바로 그것이 욕심이라는 말입니다. 괴롭고, 짜증내고, 화를 낼 필요가 없습니다.

다시 말하자면 당신이 돈이든 일이든 매사에 많은 것을 바라고 이루고 싶은 것이 많다고해서 욕심이 아니라는 말입니다. 안되면 안 됐구나하고 생각하십시오. 그것에 어떤 의미를 두고 고민하면서 속 시끄럽게 하지 마십시오. 속이 시끄러우면 하나님의 미세한 음성을 들을 수가 없습니다. '당신이 이러한 비밀을 알면 안 되는 것이 너무나 당연하다'는 사실을 깨닫게 될 것입니다.

우리는 어떤 문제가 생기면 하나님의 도움을 절실히 원하며 기도합니다. 하지만 그렇게 기도하고 매달려도 문제가 해결되지 않으면 '하나님이 응답을 하지 않으신다', '자신을 버렸다' 등 '자기확신'에 빠져 그만 실족하거나, 예수님을 배척하고 배교 하는 사람들이 많습니다. 자신의 뜻대로 안 된다고 너무나 쉽게 하나님을, 예수님을 팽개쳐 버립니다.

그래서 기도하면 소원을 한번은 들어준다는 종교가 있다더라, 어디에 가면 불상이 있는데 코를 만지고 기도하면 아이가 없는 집에 아이가 생긴다더라, 또 어느 종교는 요한계시록을 기똥차게? 풀었는데 그동안 성경 말씀의 비밀이 다 풀렸고 특히 성도들이 가족 같아서 서로 도움을 주고받고 한다고 하더라 등등, 주변의 말에 솔깃하여 여기저기를 기웃거리다가 '혹' 하고 순간에 넘어갑니다.

그렇다면 한 번 다 바꿔보면 어떨까요? 부모님도 바꾸고, 남편이

나 아내도 바꾸고 자식도 바꾸면 됩니다. 종교는 법적 제한이 없으니 두세 개 가지면 또 어떻습니까? 국적도 두 개 세 개면 뭐 어떻습니까? 친구들 많이 사귀듯이 많으면 좋지 않겠습니까? 특히 정치인들을 보면 종교인들이 많습니다. 부모님은 절에 다니고 자신은 교회 다니면서 아내는 천주교 다닙니다. 그래야 표를 많이 얻을 것 아닙니까?

절에서 법문 듣고, 교회에서 찬송하고, 천주교에 헌금한다고해서 누가 뭐라 할 사람은 아무도 없습니다. 그래도 그 사람들은 세상 적으로는 속칭 잘 나간다고 하는 사람들 아닙니까? 그들이 곧 우리 사회의 상위층을 구성하고 있습니다. 이것이 세상입니다. 하지만 그들이 그렇게 한다고 우리도 이들처럼 살아야 할까요?

> *"주권자에게 은혜를 구하는 자가 많으나 사람의 일의 작*
> *정은 여호와께로 말미암느니라 (잠 29:26)"*

우리가 잘 모르는 사실이 있습니다. 하나님의 계획은 우리의 처지나 형편에 따라 바뀌는 그런 계획이 아닙니다. 하나님께서는 '작정하시는 분이시고, 말씀으로 훈련시키시는 분' 이시며 반드시 자기의 뜻을 관철시키는 분이십니다.

> *"이로 말미암아 땅이 슬퍼할 것이며 위의 하늘이 어두울*
> *것이라 내가 이미 말하였으며 작정하였고 후회하지 아*
> *니하였은즉 또한 거기서 돌이키지 아니하리라 하셨음*
> *이로다 (렘 4:28)"*

하나님께서는 우리가 시련을 겪는 과정에서 어떠한 형태로든 분명히 응답을 하셨습니다. 다만 우리가 현실의 고통에 너무 집착한 나머지 응답이 어떻게 나타났는지 몰랐을 뿐입니다. 외적으로나 내적으로 너무나 많은 일들과 계획에 시끄러워 듣지를 못했습니다.

자연인들이나 그리스도인들이나 동일하게 적용되는 '허용'의 세계에서는, 그 어느 것도 하나님의 허락 없이 이루어질 수 없지만 그렇다고 그것이 왜 하나님으로부터 허락되었는지 알 수도 없습니다.

세상 속 자연인들이 겪는 고난과 시련은 하나님을 믿지 않는 상태에서 그 환경을 감내해야 하기 때문에 그 과정이 고통과 실패라는 단어로 귀착됩니다.

혹자는 실패하면 다시 도전하면 되지 않느냐? 고 하겠지만, 사실 실패라는 확신이 들게 되면 그게 그렇게 쉽지 않습니다.

왜냐하면 실패란 세상의 용어이며, 이 세상은 실패를 용납하지 않는 비즈니스 세계이기 때문입니다.

어떤 이들은 세상을 살아가는 인간이란, 배신하는 존재이기 때문에 인간이라는 존재는 절대 믿으면 안 된다고 말을 하기도 합니다. 심지어는 사람은 언제 떠나갈지 모르기 때문에 사람에게 의지하거나 잘 믿으면 결국 본인만 상처를 입는다고 합니다, 그래서 배신당하지 않으려면 관리를 잘해야 한다고 말을 합니다.

그러면 사람들이 자신을 떠나가지 않게 끊임없이 관리 해야 하는데, 이 얼마나 피곤한 인생입니까? 그 속에는 이타심利他心이란 조금도 찾아볼 수가 없습니다.

'캘리포니아 대학교' 무어 박사팀은 대뇌의 핵심이자, 인간으로서 가장 마지막에 발달하는 전전두엽을 잠시 마비시켜봤다고 합니다. 전전두엽을 마비시킨 이유는 인간의 본성이 어떤지 확인해보고자 한 것인데 이 전전두엽이 억제되자마자 우리의 이타심과 관련된 '뇌 부위가 활성화된다' 는 것을 발견했습니다.

이러한 뇌 과학 연구는, 인간의 성향이 기본적으로 이타적인 성향을 내재內在하고 있음을 밝혀주는 내용입니다.

생각해보면 뇌가 이타적인 성향을 기본적으로 갖추고 있기 때문에 이기적인 행동을 할 때 마음이 불편하고 기분이 안 좋아지며 오히려 많은 부작용이 생기는 것이 아닐까 생각 되기도 합니다.

이렇듯 이타적인 행동을 하면 뇌가 활성화되고 뇌 활성화에는 우리 인간의 핵심이자 가장 마지막에 발달하는 전전두엽도 포함되어 함께 활성화된다는 것은, 올바르고 이성적이며 의미 있는 삶을 살면서 더 나은 선택과 판단을 할 수 있다는 사실을 우리에게 알려줍니다.

그리스도인들은 예수그리스도와 한 몸으로 연합되어 있습니다. 그렇기 때문에 우리는 적어도 나 자신의 이익때문에 사람들에게 기대거나 의지하지 않아야 합니다. 왜냐하면 그들을 위해서도 예수님께서 죽으셨기 때문입니다. 따라서 우리는 오직 주님께 의지하면서, 타인에 대해서는 먼저 손을 내밀고, 배려를 아끼지 않아야 합니다.

그리고 우리에게 닥친 고난과 시련보다 타인들의 고통을 바라보고 먼저 그들에게 위로를 전해야 하는것은, 왜냐하면 우리에게 닥친 고난과 시련은 우리가 기쁨으로 담대히 이겨낼 수 있기 때문입니다. 적어도 이러한 이타利他적인 삶이 그리스도인의 삶이며 이는 곧 복음을 증거 하는 삶이 되는 것이기 때문에, 하나님께서 긍휼함으로 우리에게 은혜를 베풀어주시는 삶이 되는 것이기 때문입니다.

이런 실화가 있습니다. 미국의 '수잔' 이라는 사람이 눈 수술을 받다가 그만 실명했습니다. 그래서 남편은 매일같이 아내의 직장 출퇴근을 도와주었는데, 어느 날 남편이 말했습니다. *"여보, 계속 이렇게 할 수 없으니 내일부터는 혼자 출근해요"*. 그 말에 남편에게 배신감을 느낀 수잔은 이를 악물고 혼자 출퇴근을 했습니다.

수잔은 앞을 볼 수 없으니, 여러 번 넘어지며 서러워서 눈물도 흘렸지만 점차 출퇴근이 익숙해졌습니다. 그러던 어느 날 수잔이 버스를 탔을 때 운전기사가 이렇게 말했습니다. *"부인은 좋겠어요. 좋은 남편을 두셔서요."* 운전기사의 말에 수잔은 *"네? 뭐가요?"* 하며 되물었습니다. 버스 기사는 이렇게 말했습니다. *"매일 한결같이 남편이 뒤에서 부인을 보살피잖아요."* 알고 보니 남편은 매일 아내가 버스를 타면 차 뒷자리에 앉아 아내의 등 뒤에서 말없이 지켜보고 있었던 것입니다.

그렇습니다. 당신 곁에는 당신을 사랑하고 지켜주는 누군가가 없는 것 같지만 항상 주님이 함께하고 계셨습니다.

당신이 고통받으며 울 때 하나님께서도, 예수님께서도, 성령님께서도 우리와 똑같이 고통받고 우시면서 당신이 흘리는 그 눈물방울을 세고 계신다는 사실을 알아야 합니다. 그리고 당신에게는

하나님으로부터 예수님의 이름으로 보내진 성령님이 함께 '내주
來駐' 하고 계시면서, 말로 다 표현할 수 없는 절실한 감정으로 당
신을 위해 기도하십니다.

> "이와 같이 성령도 우리의 연약함을 도우시나니 우리는
> 마땅히 기도할 바를 알지 못하나 오직 성령이 말할 수
> 없는 탄식으로 우리를 위하여 친히 간구하시느니라
> (롬 8:26)"

앞서 지적하였듯이 하나님께서는 자기로부터 택함을 입은 '작
정된 자들' 은 절대 포기하지 않으십니다. 왜냐하면 그는 독생자이
신 예수님을 십자가에 매달면서까지 우리를 작정하셨기 때문에 우
리는 예수님과 같이 하나님께 순종하며 그분의 영광을 위해 그분
의 뜻을 반드시 따라야 합니다.

일상에서 우리를 설득하시는 하나님의 미세한 음성은 우리가 경
험하는 여러 상황들을 통하여 우리에게 나타내시고 또한 우리가
고난과 시련에 처했을 때 인내하며 견디는 과정에서도 나타내신다
고 했습니다.

그것은 우리 내면의 양심의 소리로 다가오기 때문에 만약 우리
가 깨어 있지 않고 자신이 처한 고통과 현재 처한 상황에만 집착하
게 되면 자칫 그 음성을 놓칠 수 있습니다.

따라서 우리는 늘 '오늘' 이라는 시간에 깨어 있어야 하며 산들
바람 속에서도 임하시는 하나님 '미세한 음성' 을 들을 수 있도록,
일상에서 하나님을 중심으로 '반응' 하는 '작정된 자' 로서 말씀으

로 훈련되어야 합니다.

아마 '솔개'의 이야기를 독자들도 알고 계실 것입니다. 바로 환골탈태換骨奪胎라는 이야기인데, 솔개는 새들 중 수명이 메우긴 새로서 약 70~80년을 살 수 있다고 합니다. 하지만 솔개가 그렇게 오래 살기 위해서는 반드시 거쳐야 할 힘든 과정이 있습니다.

솔개가 40년 정도 살게 되면 부리는 구부러지고 발톱은 닳아서 무뎌지며 날개는 무거워서 날기도 힘든 볼품없는 모습이 됩니다. 그렇게 되면 솔개는 아주 중요한 선택을 해야만 하는데, 그것은 그렇게 지내다가 '서서히 죽음을 맞이할 것이냐' 아니면 '고통스러운 과정을 통해 새로운 삶을 살 것이냐' 하는 결정입니다.

결정은 이별을 전제해야 한다고 앞서 말씀드렸습니다.

만약 솔개가 변화와 도전을 선택하게 되면 솔개는 바위산으로 날아가서 둥지를 틀고 먼저 자신의 구부러진 부리로 바위를 마구 쪼이기 시작해서 그 부리가 쪼고 쪼아서 닳아 없어질 때까지 멈추지 않고 그 일을 계속한다고 합니다. 물론 그 고통이란 이루 말을 할 수 없을 정도이겠지만, 새로운 인생을 위해 충분히 감수할 만한 도전인것은 분명한 사실입니다.

그렇게 부리가 다 닳아 없어지고 나면 이제 닳아진 부리 자리에서 매끈하고 튼튼한 새 부리가 자라는데, 이제는 새로 나온 부리로 자신의 발톱을 하나씩 뽑기 시작합니다. 이 고통 역시 솔개는 참고 넘겨야 하는 것은, 그렇게 낡은 발톱을 뽑아 버려야 새로운 발톱이 나오기 때문입니다.

그런 다음 이제 솔개는 마지막으로 자신이 무거워진 깃털을 새 깃털이 나도록 하나하나씩 새로운 부리로 물어서 뽑아 버립니다.

이 역시 솔개의 고통은 이루 말할 수 없을 것입니다. 그렇게 생사를 건 130여 일이 지나면, 솔개는 새로운 40년의 삶을 살아갈 수 있게 됩니다.

우리는 인생을 살면서 많은 선택을 해야만 할 때가 있습니다. 그러나 우리에게 필요한 것은 선택choice이 아니라 결정Decision입니다. 중요한 변화를 위한 선택의 기회가 찾아와도 용기 있는 결정을 하지 못하면 아무것도 달라지는 것은 아무것도 없습니다.

다만 우리에게 필요한 변화가 무엇인지 무엇이 기회인지, 어떤 결정을 내려야 할지는 오직 당신만 알고 있습니다.

그러나 그 결정으로 얻게 될 변화는 모두가 알게 될 것이라는 사실입니다. 오늘 당신의 결정은 당신의 미래가 됩니다.

당신이 만약 하나님의 자녀라면 오늘 당신이 결정해야 할 것은, 당신에게 닥친 고난과 시련의 고통을 믿음으로 '견뎌내어야 한다'는 사실입니다. 그것은 하나님께서 그 고통 다음에 다가올 형통을 준비하고 계시기 때문입니다.

그리고 당신이 하나님의 작정된 자로서 한 가지 알아야 할 사실은, 예수님을 그리스도로 믿지 않은 세상 속 자연인들을 지금 하나님께서 당신을 통하여 '부르고 계신다'는 사실과 또한 예수님께서 그들을 '기다리고 계신다'는 사실을 당신을 통해 알기를 원하십니다.

왜냐하면 *예수님께서는 당신만을 위해 죽으신 것이 아니라, 그*

들을 위해서도 죽으셨기 때문입니다(고전 8:11).

우리는 태초로부터 하나님께 택함을 받은 자들입니다. 이처럼 하나님으로부터 '작정된 자'들은 생각을 경계해야 합니다. 우리의 마음이 이 세상의 것들을 과도히 생각하고 외람되지 않게 경계하고 생각할 수 있는 여유 가능한 한 모든 시간에는 신령한 일들을 생각해야 합니다.

대부분의 사람들은 자신들의 생각을 아무렇세나 풀어놔도 괜찮은 것처럼 생각하고 있습니다. 물론 생각은 자유이며, 당신이 무엇을 생각하든 불법은 아닙니다. 하지만 생각은 우리 자신에게 은밀하게 엄습하여 우리의 마음에 큰 영향을 미치기 때문에 생각을 엄밀하게 경계해야 합니다.

그리고 우리는 '작정된 자'로서 당신의 생각이 성경이 정해 놓은 한계를 벗어나 외람되게 생각하는 일이 없도록 경계하고 오직 성경이 정해 놓은 한계 안에서만 생각해야 합니다.

우리의 어린 시절을 생각해봅시다. 남자아이들은 구슬과 딱지가 정말 보물처럼 소중했습니다. 그리고 여자아이들은 소꿉 장난감이 그렇게 소중할 수 없었습니다.

하지만 철이 들어가면서 나이가 듦에 따라 지금 우리는 그것이 어디에 있는지도 모릅니다. 왜냐하면 소중한 것이 바뀌었기 때문입니다. 이제 청장년이 되면서 부모님을 소중하게 생각하고 또 물질을 소중하게 생각합니다.

그리고 결혼하고 가정을 꾸리게 되면, 부모님 보다 자신의 자녀를 더 소중하게 생각하게 됩니다. 이제 부모님들은 그러면 남은 것은 물질뿐이니 그것만이라도 악착같이 붙잡고 살아갑니다. 그러다가 황혼이 다가오고 이 세상을 떠날 때쯤이면, 그렇게 악착같이 붙잡아 왔던 그 물질조차 소중하지 않다는 것을 깨닫게 되지만, 그때는 이미 때가 늦어 버립니다.

하지만 하나님으로부터 '작정된 자' 인 우리 그리스도인들의 인생은 그렇지 않습니다. 그것은 이 세상에서 무엇보다 소중한 믿음을 지니고 있기 때문입니다.

세월이 흘러도 변치 않고 세상 무엇 하고도 바꿀 수 없는 그것, 그리고 이 세상 떠날 때는 기쁘게 품에 안겨 함께 갈 수 있어 더욱 감사하게 되는 바로 그것, 그 변치 않는 소중함으로 우리의 인생 끝까지 함께 하시는 그분은 바로 '예수 그리스도' 이십니다.

그 믿음을 끝까지 붙들어 주시는 만군의 주 여호와께 감사경배 드립니다. 아멘.

오늘 이시간, 하나님께서 우리에게 다섯 가지의 충고를 주십니다.

〈하나님의 다섯 가지 충고〉

첫째, '당신의 생각은 중요' 합니다. 그리고 그 생각은 숨겨지지 않습니다.

"소망 중에 즐거워하며 환난 중에 참으며 기도에 항상 힘
쓰며 (롬 12:12)"

둘째, 당신을 위해 '나 주 여호와가 길을 개척하신다' 는 말씀을 믿으십시오.

"보라 내가 새 일을 행하리니 이제 나타낼 것이라 너희가
그것을 알지 못하겠느냐 반드시 내가 광야에 길을 사막
에 강을 내리니 (사 43:19)"

셋째, 당신의 싸움은 '나 주 여호와의 것' 이라는 말씀을 믿으십시오.

"여호와께서 너희를 위하여 싸우시리니 너희는 가만히
있을지니라 (출 14:14)"

"너를 치려고 제조된 모든 연장이 쓸모가 없을 것이라 일
어나 너를 대적하여 송사하는 모든 혀는 네게 정죄를 당

하리니 이는 여호와의 종들의 기업이요 이는 그들이 내
게서 얻은 공의니라 여호와의 말씀이니라 (사54:17)"

"의인이 부르짖으매 여호와께서 들으시고 그들의 모든
환난에서 건지셨도다 (시 34:17)"

"그런즉 이 일에 대하여 우리가 무슨 말 하리요 만일 하
나님이 우리를 위하시면 누가 우리를 대적하리요
(롬 8:31)"

넷째, '기도는 모든 문제의 해결 방법' 이라는 사실을 믿으십시오.

"아무 것도 염려하지 말고 다만 모든 일에 기도와 간구로,
너희 구할 것을 감사함으로 하나님께 아뢰라 그리하면
모든 지각에 뛰어난 하나님의 평강이 그리스도 예수 안
에서 너희 마음과 생각을 지키시리라 (빌 4:6,7)"

"그를 향하여 우리가 가진 바 담대함이 이것이니 그의 뜻
대로 무엇을 구하면 들으심이라 (요일 5:14)"

"그러므로 내가 너희에게 말하노니 무엇이든지 기도하
고 구하는 것은 받은 줄로 믿으라 그리하면 너희에게 그
대로 되리라 (막 11:24)"

다섯째, '나 주 여호와의 때를 기다리라' 고 하시는 말씀을 믿으

259

십시오.

"이 묵시는 정한 때가 있나니 그 종말이 속히 이르겠고 결코 거짓되지 아니하리라 비록 더딜지라도 기다리라 지체되지 않고 반드시 응하리라 (합 2:3)"

"우리가 선을 행하되 낙심하지 말지니 포기하지 아니하면 때가 이르매 거두리라 (갈 6:9)"

"너는 여호와를 기다릴지어다 강하고 담대하며 여호와를 기다릴지어다 (시 27:14)"

"기다리는 자들에게나 구하는 영혼들에게 여호와는 선하시도다 사람이 여호와의 구원을 바라고 잠잠히 기다림이 좋도다 (애 3:25~26)"

이스라엘 민족은 자신들이 하나님의 약속을 받은 '선택받은 민족', 즉 하나님으로부터 선택받은 선민임을 믿습니다.

이를 영어로 표기하면 'The Chosen Race'입니다. 여기서 선택이라고 하는 단어는 조선Chosen인데 택하다Choose의 과거분사이며, 여기서 택하다Choose는 3인칭 단수로서 현재형은 chooses, 과거형은 chose, 과거분사는 chosen입니다. 즉 '선택하다', '선정하다', '고르다' 입니다.

한국의 역사에서 조선은 원래 영문 표기가 'Chosen조센' 이었습니다. 이는 일제 강점기 이후 1948년에 일본 잔재를 청산하기 위해 'Chosen조센'에서 'Chosun조선'으로 바뀌었다가 다시 한국식 발음인 '조'라는 정확한 발음을 살리기 위해 'Josun조선'으로 바뀌었다는 사실에서 볼 때 정말 실망하지 않을 수가 없습니다.

조선Chosen은 우리나라 최초의 국가로서 기원전 2333년 무렵에 단군왕검이 세운 나라입니다. 조선Chosen은 중국의 요동과 한반도 서북부 지역에 자리 잡았으며, 위만衛滿이 집권한 이후 강력한 국가로 성장하였지만 기원전 108년에 중국 한漢나라에 멸망하였습니다.

그리고 1392년 고려의 이성계 장군이 자신의 나라인 '고려'를 무너뜨리고 다시 조선Chosen이라는 국호로 나라를 세웠고, 이후 1897년에 '대한제국'으로 국호를 개칭하였지만 19세기에 구미 열강과 일본의 압력을 받다가 1910년 일본에 국권을 강탈당하였습니다.

필자는 이스라엘 민족이 '선택받은 민족'이라는데 이의가 없습니다. 하지만 왜 우리나라 최초의 국가가 조선Chosen이었는지 그 연관성에 대해 좀 더 연구를 해봐야 하겠지만, 필자는 우리 한국이 복음의 종지국終止國으로서 필경 여기에는 '하나님의 뜻이 숨겨져 있다'고 생각합니다.

즉 복음의 탄생국은 '이스라엘', 복음의 유통국은 '유럽을 거쳐 미국', 그리고 마지막 복음의 '종착국'은 한국이며, 한국은 마지막 날에 복음의 꽃을 피우고 완성될 복음의 '종지국'임을 믿습니다.

물론 우연의 일치이며, 한국과 이스라엘은 역사적으로 관련성이 없다라고 하는 학자들도 있습니다.

　하지만 필자가 역사적 관련 자료나 성경 말씀을 토대로 거론할 수 있지만, 논쟁을 피하기 위해 이 책에서는 숨겨두겠습니다. 필자는 한국은 하나님께서 마지막 날을 위해 숨겨두고 준비하신 '작정하심'의 나라라는 것을 믿어 의심치 않습니다.

　그리고 마지막으로 그리스도인들은 정말 인생에서 최고의 복을 받은 분들입니다. 이미 성공하신 분들입니다. 여러분의 인생이 하나님안에서 하나님의 말씀으로 성공하고 늘 기쁨으로 충만한 삶이 되시기를 축원 드립니다. 아멘

단 일분만이라도 나타내소서

예수님을 단 일분만이라도 뵐 수 있다면
그 무서운 십자가의 형벌을 어떻게 감당하셨는지 여쭙고
못 박혔던 두 손 고이 내 가슴에 받쳐 안아
고개 숙여 그의 손등 못 자국에 입 맞추고(입 맞추겠나이다)

예수님을 단 일분만이라도 뵐 수 있다면
그 발아래 무릎 꿇고 향유 바른 나의 긴 머리칼로
못 박혔던 거친 두발 고이 닦아 내어
엎드려 그의 발 등 못 자국에 입 맞추고(입 맞추겠나이다)

아, 골고다여
너의 죄는 어찌하고 십자가만 서 있느냐
세상아, 나의 썩을 육신아
가슴 터질 울음으로 폐부에 남아있는 마지막 호흡까지 뱉어 버려라

예수님을 단 일분만이라도 뵐 수 있다면
왜 심판의 징벌 사역이 아니라 구원사역을 펼치셨는지
왜 이토록 사악한 우리의 죄를 대신 지셨는지
왜 우리를 이토록 사랑하시는지
여쭙고 또 여쭙고

혹여 시간지나 사라지실까
그의 옆구리 창 자국에 나의 얼굴 묻어
열 손가락 깍지 낀 손 예수허리 꼭 붙잡고(함께 가겠나이다)

부록

ές Ἰησοῦς

한국 교회에 드리는 서신

샬롬,

하나님의 뜻에 따라 한국의 교회 지도자들에게 이 서신을 보냅니다.

하나님 우리 아버지와 주 예수 그리스도께서 내리시는 은혜와 평강이 교회와 성도여러분들과 교회지도자들에게 있기를 기도합니다.

그리스도 예수 안에서 우리에게 주신 하나님의 은혜로 말미암아 나는 늘 하나님께 감사드립니다. 우리의 교회가 예수그리스도 안에서 모든 말하는 것과 모든 지식 등 모든 면에서 풍성한줄 압니다. 그러나 내가 이렇게 서신을 통하여 말씀드리고자 하는 것은 그리스도에 관하여 증언하고자 하는 것이 우리들의 교회 안에서 더욱더 확고해졌기 때문입니다.

교회지도자 여러분,

나는 교회지도자 여러분들께서 그리스도의 가르침대로 우리의 형제와 이웃을 위해 늘 기도하면서 또한 이들을 돕기 위해 노력해 왔던 사실을 감사하며 잊지 않습니다.

하지만 우리 믿음의 형제들이 급변하는 세상 속에서 겪는 각종 생활상들을 바라보면서 과연 우리가 주 예수 그리스도의 가르침대로 살아가며 행하고 있는지, 우리가 주 안에서 놓치고 있는 것은 무엇인지 다시 한번 살펴볼 필요가 있다고 생각했습니다.

따라서 사도바울의 고백에 힘입어 우리가 십자가의 죄 사함으로 자유롭게 된 우리의 영혼들이 세상법에 의해 드러나야만 하는 죄의 고통들에 대해 함께 기도하면서 느낀 바를 성경말씀을 통하여 여러 교회에 권면의 말씀을 드리고자 하는 것입니다.

여러분, 우리 모두는 그리스도인으로서 하나님의 자녀입니다. 그리고 세상을 살아간다는 것은 믿는 자이든 아니든 교제가 매우 중요합니다.

그러나 우리가 세상 속에서 겪는 많은 일들 중, 만약 이웃과 분쟁 등이 생겼을 때 과연 우리는 어떤 모습으로 이에 대처하고 있는지 우리 스스로에게 묻지 않을 수 없습니다.

성경의 가르침은 뒤로한 채, 그 이웃을 원수같이 대하며, 세상법 이 시각으로 그 들을 정죄하고 있지는 않는지 한 번 돌아보아야 하지 않겠습니까? 우리 믿음의 형제자매들이 이러한 문제에 대해, 교회외적 문제라고 쉽게 속단하고 그 일들로 인해 우리 자신의 영혼을 피폐하게 만들고 있지는 않는지 심히 염려스러울 뿐입니다.

만약 그렇다면 우리들은 하나님의 가장 큰 가르침을 배척하는 불순종의 죄를 저지르고 있다는 사실을 그들에게 알려야 할 책임이 있습니다.

하나님께서는 우리에게 *"아무에게나 악으로 갚지 말고 모든 사람 앞에서 선한 일을 도모하라(롬 12:17)"*, 또한 *"원수를 갚지 말며*

동포를 원망하지 말며 네 이웃 사랑하기를 네 자신과 같이 사랑하라 나는 여호와니라 *(레 19:18)*" 고 명령하고 있음을 우리는 너무나 잘 알고 있기 때문입니다.

사실 성도들은 그리스도의 사랑에 대해서는 아주 쉽게 "아멘"이라고 합니다. 이렇듯 우리가 "아멘" 으로 응답하듯, 만약 그들이 이웃들과 분쟁이 발생되었다고 하더라도 그들에게 그리스도께서 보여주신 사랑을 보여줄 수 있어야 하지 않을까? 생각합니다.

솔직히 우리는 하나님과 그분의 독생자이신 주 예수그리스도의 값없는 사랑을 잘 알고 있기에 입술로는 *"내 이웃을 위해 사랑을 베풀겠다"* 고 다짐하지만 실상은 '나만을 위한 그리스도, 나만을 위한 하나님' 으로 변질시키고 있지는 않는지 되돌아보아야 할 것입니다. 따라서 나는 지금 우리교회가 사회에 전해야 하는 그리스도의 사랑을 혹여 우리 믿는 자들로 인해 연출된 사랑으로 만들고 있지는 않는지 깊은 염려를 하고 있을 따름입니다.

"너희는 믿음 안에 있는가 너희 자신을 시험하고 너희자신을 확증하라 (고후 13:5)" 는 성경의 진술처럼, 우리는 우리 스스로를 시험에 던져서라도 주 예수 그리스도의 사랑을 제대로 실천하고 있는지 다시 점검해보아야 하겠습니다.

성경은 *"빛 가운데 있다 하면서 그 형제를 미워하는 자는 지금까지 어둠에 있는자 (요일 2:9)"* 라고 진술하고 있습니다. 그렇기에 우리는 *"말과 혀로만 사랑하지 말고 행함과 진실함으로 해야 하는 것 (요일 3:18)"* 은 *"법아래 모든 사람들은 죄인이며 법아래에서는 죄를 깨닫는 것 (롬 3:20)"* 뿐이기 때문입니다.

[고린도후서 2장 7절~11절]의 말씀처럼 '용서로서 우리가 사랑을 나타내어야 함은 그것은 우리를 위하여 그리스도 앞에서 한 것이니 우리로 사탄에게 속지 않게 하는 것이라는 사실을 알게 하려는 것' 이라 교훈하는 바, 비록 그리스도를 믿지 않는 이웃이라 할지라도 우리는 그들이 세상의 법아래 서지 않도록 하게 함으로서 사탄에게 우리의 영혼을 피폐하게 만드는 틈을 주지 않도록 해야 할 책무가 있습니다.

우리는 성경에 기록된 "믿지 않는 사람들과 멍에를 함께 메지 말라 (고후 6:14)" 는 말씀을 잘 알고 있습니다. 솔직히 많은 성도들이 스스로들이 겪는 세상의 분쟁의 문제에서 이 성경구절을 인용하여 자신의 행위를 정당화 하는 것을 많이 볼 수 있습니다.

하지만 "우리가 아직 연약할 때에 기약대로 그리스도께서 경건치 않은 자를 위하여 죽으셨도다 (롬 5:6)" 는 사실과, "그러면 네 지식으로 그 약한 자가 멸망하나니 그는 그리스도께서 위하여 죽으신 형제라 (고전 8:11)" 고 진술하는 성경의 말씀은, 오히려 우리가 이들과 멍에를 함께 멜 수가 없다고 이들과 함께 세상법 아래에 함께 묶일 것이 아니라, 오히려 믿는 우리 스스로들이 이들에게 의로운 양심으로 경건하게 손을 내밀어야 한다는 사실입니다.

그렇게 함으로써 주 예수그리스도의 이웃사랑에 더욱 더 앞장서야 한다는 사실을 우리가 깨닫기만 한다면, 우리는 '한 알의 겨자씨를 천국인 우리의 마음 밭에 심게 되는 것' 입니다.

"비유를 베풀어 가라사대 천국은 마치 사람이 자기 밭에

갖다 심은 겨자씨 한 알 같으니 (마13:31)"

성경은 *"경건은 범사에 유익하니 금생과 내생에 약속이 있다 (딤전 4:8)"* 라고 진술하고 있습니다. 이제 우리들의 교회는 양심을 회복시켜 경건에 두어야 합니다.

사도바울은 우리에게 *"이 세상 지혜는 하나님께 어리석은 것이니 기록된바 하나님은 지혜 있는 자들로 하여금 자기 꾀에 빠지게 하시는 이"* 라 하였고, 또 *"주께서 지혜 있는 자들의 생각을 헛것으로 아신다 (고전 3:19~20)"* 고 고백하고 있습니다.

그리고 사도바울은 *"우리가 율법을 신령한 것으로 알거니와 나는 육신에 속하여 죄에 팔렸도다 (롬 7:14)"* 함과 같으며, *"이제는 그것을 행하는 자가 내가 아니요 내 속에 거하는 죄 (롬 7:17)"* 로서, *"내가 원하는 바 선을 행하지 아니하고 도리어 원하지 아니하는 바 악을 행한다 (롬 7:19)"* 고 고백하고 있습니다.

그리스도께서 교회에 지도자를 세우신 것은 그리스도의 복음을 전할 뿐만 아니라 치리하기 위함입니다. 그리고 우리는 성경을 통하여 성도들과 함께 하나님 안에서 하나 되고 또한 간증을 통해 그리스도의 은혜와 하나님의 무한하신 사랑에 대해 고백하고 있습니다.

하지만 잊고 있는 사실이 하나 있습니다.

예수님께서는 말씀하시길 *"하나님은 살아있는 하나님이시지 죽은 사람의 하나님이 아니시다 (마 22:32)"* 라는 말씀에서 하나님께서는 항상 우리와 함께하고 계시다는 사실을 발견하게 됩니다. 하나님께서는 항상 우리와 함께 기뻐하시고 또한 고통도 함께

받고 계십니다.

우리는 예수님이 이 세상을 떠나시기 전에, 우리들에게 새 계명을 주신 것을 너무나 잘 알고 있습니다. "서로 사랑해라 내가 너희를 사랑한 것 같이 너희도 서로 사랑해라 (요 13:34)", "네 이웃을 네 자신과 같이 사랑하라 (마 22:39)" 는 이 말씀을 우리는 꼭 기억하고 지켜야 합니다.

나는 하나님과 함께 일하는 일꾼으로서 이 서신을 읽는 교회지도자 여러분들께 권면합니다. 우리들의 영성이 회복되기 위해서는 무엇보다도 우리들 자신의 양심을 올바르게 하는 "양심회복운동"이 필요하다는 것을 말씀드립니다.

성령님의 말씀이 머무는 우리의 양심은 하루에도 수십 번 바뀌는 간사한 마음과는 다릅니다. 양심이 먼저 회복되어야 우리의 영성도 회복될 수 있는 것이며, '성시화 운동' 역시 그 결과를 확신할 수 있을 것입니다.

성경은 이에 대해 "율법 없는 이방인의 본성으로 율법의 이를 행할 때에는 이 사람은 율법 없이도 자기에게 율법이 되나니 이런 이들은 그 양심이 증거가 되어 그 생각들이 서로 혹은 고발하며 혹은 변명하여 그 마음에 새긴 율법의 행위를 나타낸다 (롬 2:14~15)" 라고 진술하고 있는 것입니다.

그리고 "내 자신이 마음으로는 하나님 법을 육신으로는 죄의 법을 섬긴다 (롬 7:25)" 는 사도바울의 고백처럼, 우리역시 비록 죽을 수밖에 없는 율법으로부터 주 예수그리스도로 인하여 자유 함을 얻었지만, 육으로는 죄 속에 거할 수밖에 없기 때문에 이 양심이 증거 된다는 사실에서 이 세상에 변명될 수 없도록 해야 할 것입니다.

우리는 심판자가 아닙니다. 다른 사람을 판단하는 사람은 자기 자신도 똑같은 행동을 하고 있으므로 자기 스스로가 자신을 판단하고, 정죄하고 있는 것입니다.

이에 대해 사도바울은 *"네가 핑계하지 못할 것은 남을 판단하는 것으로 네가 너를 정죄함이니 판단하는 네가 같은 이를 행함이라"* 고 이러한 행위를 지적하고 있을 뿐만 아니라, 이런 일을 행하는 자에게 *"하나님의 심판이 진리대로 되는 줄 우리가 알고 이런 일을 행하는 자를 판단하고도 같은 일을 행하는 우리에게 하나님의 심판이 있을 것(롬 2:1~3)"* 이라는 교훈을 통하여 우리에게 무서운 경고를 전하고 있습니다.

따라서 *"우리는 법아래 있지 아니하고 은혜아래 있음에 죄가 우리를 주장 하지 못한다 (롬 6:4)"* 는 성경말씀의 올바른 뜻을 하루 바삐 깨달아야 합니다.

이제 우리는 양심에 근거한 *"행함이 따르는 믿음"* 을 사회에 전파해야 합니다. 야고보는 성경을 통하여 *"행함으로 믿음이 온전하게 된다 (약 2:22)"* 고 고백하고 있기 때문입니다.

그렇습니다. 우리는 *"믿음으로 의에 이르고 (롬 10:10), 행함으로 의롭다 함 (약 2:24)"* 을 받을 수 있습니다. 믿음이 있다면 반드시 행함이 뒤따라야 합니다.

앞서 인용했듯이 *'율법 아래 모든 사람들은 죄인'* 일 수밖에 없으며 또한 세상 법으로 부터 그 권력에 복종하는 삶을 살아가고 있기에 오히려 이 세상법으로 인해 자칫 우리들의 영혼이 사탄에게 지배당할 수 있음을 깨달아야 할 것입니다.

지금 우리는 우리자신도 모르는 사이, 우리의 이웃들을 세상의 법 아래로 이끌고 있는 모습에서 사탄으로부터 마치 천국이 침노당하듯 침노당한 참 영혼의 피폐한 모습을 볼 수 있습니다.

"네 이웃을 네 자신과 같이 사랑하라 (마 22:39; 막 12:31; 눅 10:27)" 는 말씀이 그저 입술로 내뱉는 공허한 말이 되어서는 안 될 것입니다. *"말씀이 네게 있으니 네 입에 있다 (롬 10:8)"* 는 성경 말씀을 우리는 잊어서는 안 됩니다.

행함 없는 믿음은 *"믿음에서 떠나 미혹하는 영과 귀신의 가르침을 따르는 양심이 화인 맞은바 되어 경건함을 잃은 거짓말 하는 자들 (딤전 4:1,2)"* 이라고 성경은 진술하고 있는바, 오히려 우리를 자유롭게 하는 것은 *"들은 것을 잊어버리지 않고 그 말씀대로 행하는 것 (약 1:25)"* 입니다.

예수님께서는 범죄 하는 형제에 대해 *"하루 일곱 번이라도 네게 죄를 짓고 일곱 번 돌아와 회개하노라 하거든 너는 용서하라 (마 18:15~17; 눅17:3)"* 고 말씀 하셨습니다.

이렇듯 용서는 많으면 많을수록, 그리고 많은 용서는 우리로 하여금 성령님의 인도하심으로 이루어진다는 사실을 깨달아야 하며, 이는 우리가 주 예수 그리스도의 거룩성을 닮아가는 과정에서 무한하신 하나님의 사랑을 실천하는 것이므로 결국 홀로 주재이신 주 여호와께 영광을 드리는 일이 되는 것입니다.

예수님께서는 이 땅에 오셔서 *"너희가 땅에서 매면 하늘에서도 매일 것이요 무엇이든지 땅에서 풀면 하늘에서도 풀리리라 (마 18:18)"* 라고 말씀 하셨습니다. 이는 우리 주 예수 그리스도와 한 몸 된 우리들의 행위를 보시고자 함입니다.

만약 그렇지 않다면, 즉 *"형제를 마음으로부터 용서하지 않는 다면 하늘에 계신 내 아버지께서도 우리에게 이 같이 하실 것이다 (마 18:35)"* 는 엄중한 경고를 우리는 어떻게 받아드려야 하겠습니까? 하늘나라는 우리의 본향임을 잊어서는 안 될 것입니다 (히 11:13~6).

사실 교회에서 형제자매들이 서로 분쟁이 발생되면, 성도들은 세상법이 아니라 교회 안에서 해결하려 노력하는 것은 사실입니다 (고전 6:1~11). 이는 곧 성경의 가르침 때문이라는 것을 우리는 너무나 잘 알고 있습니다. 그러나 믿지 않는 이웃과 분쟁이 발생되면 이는 세상 법에 맡길 뿐, 여기에는 믿는 자들의 어떠한 긍휼함이나 사랑을 찾아 볼 수가 없는 것 역시 사실이며 현실입니다.

하지만 예수님께서는 누가 우리의 이웃이라 했습니까? 바로 우리가 강도만난자의 이웃이며 곧 자비를 베푸는 자가 되어야 한다 (눅 10:29~37)고 가르치시지 않았습니까?

즉 역설적으로는 바로 나 자신이 강도만난자로서 내가 자비를 베풀 수 있는 이웃을 만나야 한다는 것을 뜻이며, 또한 이는 나 자신이 강도 만난 자이거나 또는 자비를 베풀 이웃이 되거나 하는 것입니다. 곧 예수님의 가르침은 나의 이웃은 바로 나 자신이라는 것을 말씀하고 계시는 것입니다.

우리는 화평하게 하시는 '하나님의 자녀들' 입니다.

성경에는 *"화평하게 하는 자들은 화평으로 심어 의의 열매를 거둔다 (약 3:18)"* 라 기록된바 내 이웃이 곧 나 자신인 것처럼, 나의 이익이나 또는 어떤 목적을 이루려는 수단으로 나의 이웃을 세상 법정에 세우는 심판관이 되어서는 안 될 것입니다.

만약 그렇다면, 이는 *"하나님의 이름이 너희 때문에 이방인 중에 모독을 받는 도다 (롬 2:24)"* 함과 같이, 우리의 양심이 화인 맞은 바 된 것이며 이로서 우리 스스로가 주 여호와의 영광을 가리는 행위를 저지르는 것입니다.

다시 말하자면 만약 우리가 *"네 이웃을 네 자신과 같이 사랑하라 (마 22:29)"* 는 말씀을 지키지 못한다면, 우리는 세상 모든 법보다 우선시 되어야 하는 하나님의 법을 어긴 것이 된다는 사실입니다.

"간음하지 말라 살인하지 말라 도둑질하지 말라 탐내지 말라 한 것과 그 외에 다른 계명이 있을 지라도 네 이웃을 네 자신과 같이 사랑하라 하신 그 말씀 가운데 다 들어있다 (롬 13:9)" 는 성경의 진술은 물질만능의 현시대를 살아가는 우리들이 회개시켜 다시 하나님의 품으로 되돌리려는 하나님의 뜻이며 설득이며 간섭입니다.

우리는 주 예수그리스도께서 말씀하신 그 이웃이 바로 나였고 곧 우리들 자신이었다는 사실에서 그것은 분명 깨달음의 충격을 주기에 충분할 것입니다.

교회의 형제자매 여러분들께 권면 드립니다.

우리는 우리의 고귀한 양심에 대해 핑계할 수 없습니다. 우리를 스스로를 돌아보면 내 이웃을 세상 법 아래에 세우고 경건함 마저 잃은 양심으로 오직 나 자신의 옳음을 위해 맹세까지 하는 모습을 볼 수 있습니다.

양심은 성령님의 살아있는 말씀의 방입니다. 성경에 이르기를 *"하늘로나 땅으로나 아무것도 맹세하지 말라 (약 5:12)"* 고 하셨 지만 우리는 스스로의 정당함을 주장하기 위해 세상법에 맹세하는 것을 서슴지 않습니다.

기록되었듯이 그렇다고 생각하는 것은 '그렇다' 하고 아니라고 생각하는 것은 '아니다' 라고 하면 됩니다 (약 5:12).

다시 말하자면, 세상법에 하늘과 땅을 두고 맹세각오를 하면서 까지 내 이웃을 심판하려 해서는 안 된다는 사실입니다.

우리는 율법의 준행자로서 재판자가 될 수 없습니다. 그렇기에 내 이웃을 나의 잣대로 재단하거나 판단해서는 안 되는 것입니다 (약 4:11~12). 천사 장 미가엘도 마귀와 다투어 변론할 때에 감히 훼방하 는 판결을 쓰지 못하였다(유 1:9)는 성경의 진술을 우리는 가슴 속에 새겨 두어야 합니다.

만약 우리가 이웃과의 분쟁에서 그 현실을 우리 자신에게 유리 하게 이끌기 위해 우리 이웃을 세상 법아래 세우며 갖은 변명으로 그들의 영혼을 피폐하게 만든다면 이는 이미 우리 자신 스스로가 사탄이 별려놓은 멸망의 입 속에 들어갔음을 확증하는 것입니다.

즉 이는 성경의 진술에서 *"죄가 너희를 주장하지 못하리니 이는*

너희가 법아래 있지 아니하고 은혜아래 있음이라 (롬 6:14)" 하셨으므로, 이렇듯 은혜 아래 있는 우리가 "네 이웃을 네 자신과 같이 사랑하라(롬 13:9)" 하신 말씀을 지키지 못한다면 하나님의 말씀을 정면으로 거역하는 것이 되기 때문입니다.

이제 우리는 잠에서 깰 때가 되었습니다 (롬 13:11). 우리는 우리의 양심을 회복하여 우리의 마음을 경건하게 해야 합니다. 우리의 이웃을 세상법 아래에 세우지 맙시다.

사도바울은 "형제들아 사람이 무슨 범죄 한 일이 드러나거든 신령한 너희는 온유한 심령으로 그러한 자를 바로잡고 너 자신을 살펴보아 너도 시험을 받을까 두려워하라 (갈 6:1)"고 하였고 또한 "너희가 짐을 서로지라 그리하여 그리스도의 법을 성취하라 (갈 6:2)"고 권면하고 있습니다.

사실 하나님의 자녀된 우리의 역할에서 볼 때, 성경에서 "그리스도로 말미암아 우리를 화목하게 하시고 또 우리에게 화목하게 하는 직분을 주셨다 (고후 5:18)"고 진술하는 것은, 그리스도께서 우리를 하나님과 화목하게 하셨듯이 우리역시 그분을 통하여 화목하게 되고 또한 이웃들과 화목하게 하는 직분이라는 사실입니다.

그리고 그것은 우리의 일상에서 생겨나는 죄, 즉 미움, 질투, 욕심 등, 회개하지 않고는 이웃을 축복할 수 없기 때문에 '화목하게 하는 직분'이 무엇을 전제로 하는지 되새겨 이해하여야만 할 것입니다.

즉 우리는 부활의 복음, 그 기쁜 소식을 세상 속 자연인들에게 전해야 하는 직분을 가지고 있습니다. 그렇기에 하나님과 세상 사람들을 화목하게 하는 행위는 곧 기쁜 소식을 전하는 것이며, 그들을 축복하는 행위가 되지 않겠습니까?

따라서 축복은 불평이나 불만을 가지고 할 수 없습니다. 성경은 *"형제들에게 원망들을 일이 생각나면 형제와 화목하고 그 후에 예물을 제단에 드려라 (마 5:23~24)"* 고 진술하고 있기 때문입니다.

기록된 바 *"율법 조문은 죽이는 것이요 영은 살리는 것이니라 (고후 3:6)"* 하였습니다. 그렇습니다. 율법은 죄를 드러나게 합니다. 따라서 우리는 우리의 신령함으로 이웃들의 영혼을 살려야 할 책무가 있습니다.

앞서 말씀 드렸듯이 *"우리가 아직 연약할 때에 기약대로 그리스도께서 경건하지 않은 자를 위하여 죽으셨다 (롬 5:6)"* 는 성경의 진술대로, 예수님께서는 불의한 나를 위해서 죽으셨지만, 나뿐만 아니라 내가 법아래 세운 그토록 미워하는 '그 이웃을 위해서도 죽으셨다(고전 8:11)' 는 사실을 깨달아야 할 것입니다.

이러한 사실에서 볼 때 나 역시 예수님의 은혜를 입은 자이지만 내가 미워하는 그 이웃 역시 그들을 위해서도 예수님이 죽으셨다는 사실은, 나 자신은 바로 우리의 이웃이며 우리의 이웃은 바로 나 자신임을 다시 한번 깨닫게 합니다.

"너희는 자유의 율법대로 심판 받을 자처럼 말도 하고 행하기도 하라 (약 2:12)" 는 성경의 진술처럼, 세상법은 하나님의 '허용하심' 속에 운행되는 공의임으로, 믿는 자라고 하여 특별히 그 '허용하심의 법칙' 에서 열외가 될 수 없습니다.

성경을 하나님 말씀으로 믿는 우리들에게는, 우리가 다른 사람에게 자비를 베풀지 않으면 하나님께서 우리를 심판하실 때 자비를 베풀지 않을 것(약 2:12, 13)이라는 말씀을 통하여, 하나님께서는 우리에게 특별히 '작정하심의 법칙' 을 적용키고 있음을 진술하고 있습니다.

따라서 성경은 "모든 권세들을 다스리는 자들은 선한 일이 아니라 악한 일이 두려움이 된다 (롬 13:13)" 고 진술하고 있는 것이므로 우리에게 선을 행하라고 명령하고 있는 것입니다.

사도바울이 "마음으로는 하나님의 법을 육신으로는 죄의 율법을 섬긴다 (롬 7:25)" 고백하고 있듯이, 우리가 비록 악을 행하지 않았다고 해서 그것이 의로움이 되는 것은 아니기 때문에 오히려 우리의 이웃을 세상 법아래 세우는 행위는 그 어떠한 변명과 핑계로도 옳다함을 얻을 수 없을 것입니다.

이러한 행위는 성도들에게도 영적 고통을 겪게 하며 또한 이로 인해 하나님뿐만 아니라 예수님과 성령님 역시 함께 고통을 겪는다는 사실입니다.

성경에는 "분을 내어도 죄를 짓지 말며 해가 지도록 분을 품지 말라 (엡 4:26)" 고 하였고, 이는 마귀에게 틈을 주는 것(엡 4:27)이라 했습니다. 우리는 "그리스도 예수 안에 있는 구속으로 말미암아 하나님의 은혜로 값없이 의롭다 하심을 얻은 자 되었느니라 (롬 3:24)" 가 되었으므로 그렇다면 이제 우리는 더더욱 우리의 이웃을 세상 법아래 세울 수 없습니다.

만약 그렇지 않다면 하나님이 허락하신 모든 권세가 하나님의 사역자로서 악을 행하는 자에게 진노하심을 따라 보응하는 자(롬 13:4)

가 되어 우리가 그 진노의 대상이 될 수 있다는 사실입니다.

"그러므로 굴복하지 아니할 수 없으니 노를 인하여만 할 것이 아니요 또한 양심을 인하여 할 것이라 (롬 13:5)"는 성경의 진술처럼, 이제 우리는 우리의 이웃들을 세상 법아래 세울 것이 아니라 양심의 경건함으로 이를 내려놓고 오히려 용서로서 그들에게 그리스도의 손을 내밀자고 가르치고 인도해야 합니다.

우리는 "악에게 지지 말고 선으로 악을 이기라 (롬 12:21)"는 말씀처럼 용서와 사랑으로 이웃에 그리스도의 은혜를 전해야 할 의무가 있습니다. 그것은 우리가 하나님의 자녀로서 이미 복음을 증거 하는 삶을 살아가고 있기 때문입니다.

그리고 우리는 '믿음의 형제들이 화평의 일과 서로 덕을 세우는 일을 힘쓰고 (롬 14:19)' 형제들은 믿음이 강하므로 믿음이 약한 자의 약점을 담당하고 자기를 기쁘게 할 것이 아니라 (롬 15:1), "우리 각 사람이 이웃을 기쁘게 하되 선을 이루고 덕을 세우도록 할지니라 (롬 15:2)"는 성경의 진술을 따라야 합니다.

이는 곧 "(이웃과) 한 마음과 한 입으로 하나님 곧 우리 주 예수 그리스도의 아버지께 영광을 돌리게 하려 하노라 (롬 15:6)"라는 성경의 말씀처럼 우리의 사역은 이웃사랑이 목적임을 분명히 하고 있습니다.

'양심회복운동'은 성령님의 사역이십니다. 성령님께서는 이런 모든 사실을 통해 한 가지를 이루려고 하시는 것은 바로 우리가 그리스도와 한 몸 되어 성령 안에 거하게 하려 하시기 때문입니다.

　우리의 양심이 오염되면 우리에게서 나오는 모든 행위도 오염된 것일 수밖에 없습니다. 만약 우리가 그리스도와 한 몸 되지 못한다면, 그분이 소유하신 모든 것이 우리와 아무상관 없게 됩니다.

　이제 우리는 *"악에게 지지 말고 선으로 악을 이기라 (롬 12:21)"*는 성경의 말씀처럼 우리의 이웃을 용서와 사랑으로 그리스도의 은혜를 전해야 합니다. 그래야만 우리의 양심이 흔들림 없는 확고한 평안을 누리게 될 것입니다. 그리스도의 은혜는 우리에게 족합니다. 그리스도의 피가 우리의 양심을 깨끗하게 합니다.

　제안 드립니다. 매주 첫째주일은 세상과 화평이 아니라, 하나님과 화평할 수 있도록 전국의 모든 교회 성도들과 지도자들이 이 나라의 국민들과 위정자들과 이웃사랑을 위해 기도하는 양심회복기도로 성스러운 주일이 되도록 합시다. 주 예수 그리스도께서 친히 가르쳐주신 '주 기도문'을 기억합시다.

　그리고 *"사랑은 이웃에게 악을 행치 아니하나니 그러므로 사랑은 율법의 완성 (롬 13:10)"* 이라고 한 사도바울의 고백을 끝으로, 우리 주 예수그리스도의 은혜와 하나님의 사랑과 성령님의 친교가 교회와 성도여러분들과 교회지도자 여러분에게 있기를 바랍니다.

경건한 사람들 hasidhim 『양심회복국민경건운동본부』
김만근 목사 드림

기억하라

2008년 作
작사,곡 : 김만근
신명기 32장 7절

장엄하게

1

기억하라

기 억 하 라   역 대 의 연 대 를

생 각 하 라   네 아 비 에 게

2

283

기억하라

3

기억하라

285

기억하라

5

기억하라

기억하라

기억하라

8

기억하라

9

기억하라

(테너)3. 저 희가 잃어버린 한 마 리 양으로 주를 사랑하게 하소 서

(테너) 주 여 3. 저 희가 구원받은 후 에 도 끝 없이 주를 기 억 하게 하소

(앨토) 주 여

(바리톤) 주 여

10

기억하라

11

기억하라

293

기억하라

13

기억하라

아아아아　　아아아아 아　아아 아 아　아아아아

14

놀라운 은총

TEMPO : 92

2008년 作
작사,곡 : 김만근

따스한 봄볕을 느끼는 감정으로

(전주)

(1,2절)

주 님 의 사 랑 은 정 말 - 로 놀 라 워

1

놀라운 은총

내 마-음 아 플 때 훈풍같이 어루만지 네~~~

에~~~~~~ 이 놀라운은총 정말로 감사

해

1. 세 상 고 통 죄 짐 괴 롬 지 쳐 슬 피 울 고
2. 세 상 속 에 길 을 잃 어 헤 메 이 고 방 황

2

297

놀라운 은총

1. 있을 때   항상곁에친구 되어나~를 위로하 며안아주시
2. 을할 때   주님등 불비추 어서나~를 희망으로 인도하시

네
네   나   의주   님의사랑은   정말로

놀라워

(간주)

3

놀라운 은총

주 님 의 사 랑 은
정 말 로 놀 라 워 내 마 - 음 아 플때
훈풍같이 어루만지 네～～～ 에～～～ 이 놀 라 운 은

4

놀라운 은총

5

하나님의 허용하심과 작정하심

놀라운 은총

님 의사 랑은   정 말로   놀 라 워

6

사도바울의 신앙 고백

TEMPO : 92

2008년 作
작사,곡 : 김만근

바울이 기독교인들을 박해하다가 회개한 후, 광야를 거쳐 복음을 전하면서 오직 주님만을
의지하여 갖은 핍박을 견뎌내고 주께 영광 돌리며 쓸쓸히 순교하는 과정을 동양의 서정적인
감정으로 노래 함.

애절한 느낌으로

1

사도바울의 신앙 고백

(노래 1,2,3절)

303

사도바울의 신앙 고백

주 핍박 하 던 자
밤 하 늘 별 보 며
죄 수 중 괴 수 를

주 핍 박 하 던 자

샬 롬 샬 ~ 롬

샬 롬 샬 ~ 롬

3

하나님의 허용하심과 작정하심

사도바울의 신앙 고백

사도바울의 신앙 고백

하나님의 허용하심과 작정하심

사도바울의 신앙 고백

6

사도바울의 신앙 고백

주 여 구 원 원 하 옵 니 다
눈 물 만 이 흐 르 옵 니 다
저 의 영 혼 맡 기 옵 니 다

우 우 우 우

샬 롬

우 우 우 우

7

아 - 멘

TEMPO : 92

2008년 作
작사,곡 : 김만근

경건한 마음으로

자 비 하 신   우 리 구 주 하 나 님

아 - 멘

우 리 마 음   예 수그리스도닮게 하 소 서

에 이 멘   어 느 날 내 가
                세 상 살 면 서

세상 속에 빠 져 서   주 의 계 명 어 겨
마귀 의 속 삭 임 에   주 님 품—— 살 며

2

아 - 멘

아 - 멘

자 비 하 신   우 리 구 주 하 나

님   우 리 마 음   예 수 그리스도닮게

하 소 서   에 이 멘   이 제 내 갈

4

아 - 멘

5

아 - 멘

구 원 하 사　　천 국 면 류 관 씌 우 시 네

에 이 멘　　　자 비 하 신

우 리 구 주 하 나 님　　우 리 마 음

6

아 - 멘

예수그리스도닮게 하 소 서   에 이 멘

주님 밖에 의지할 곳 없네

TEMPO : 94

2008년 作
작사,곡 : 김만근

1. 주님의 지하 옵니다 세상부족함 없어도
2. 나의몸은마 귀손에 잡혀비록힘 들어도

1

주님 밖에 의지할 곳 없네

1. 주님의 지하 옵니다 내육신 과내 영혼
2. 항상주 를사 모하는 마음지 켜주 소서

(후렴)
누 가감히나를 치 리오 누 가나를범접
누 가감히나를 치 리오 누 가나를범접

해 나의 구 주예수의지 하 는데 누 가나를볼모
해

주님 밖에 의지할 곳 없네

주님 밖에 의지할 곳 없네

주님 밖에 의지할 곳 없네

하나님의 허용하심과 작정하심